JN228705

新城道彦
浅羽祐樹
金香男
春木育美
著

知りたくなる

韓国

有斐閣

# はしがき

　突然ですが，現職の大統領や首相の名を日本以外で5人あげてみてください。誰が頭に浮かびますか？

　20年前の大学生にこの質問をしたら，アメリカのクリントン大統領，イギリスのブレア首相，フランスのシラク大統領，ドイツのシュレーダー首相，ロシアのエリツィン大統領など，主に欧米の人物を上位にあげたでしょう。しかし，現在の大学生に聞いたらどうでしょうか。北方領土問題とかかわりのあるロシアのプーチン大統領以外でヨーロッパの大統領や首相の名はなかなか出てこないと思います。1番手がアメリカのトランプ大統領なのはまず間違いないとして，もしかしたら2番手に韓国の文在寅（ムンジェイン）大統領の名があがるかもしれません。

　こうした各国の大統領・首相に対する印象の濃淡は，日本人が国際社会に抱く関心の度合いに比例していると思います。現在の日本では，徴用工問題からK-POPまで，韓国に関連する情報があふれかえっています。しかも，文在寅大統領はトランプ大統領に負けず劣らず就任数年で日本人に強烈なイメージを焼き付けました。今や韓国は日本にとって良くも悪くも無視できない存在となったのです。

　ただし，韓国に対する関心が高まったからといって，それにあわせて日本人の理解が深まったわけではありません。中学や高校の歴史で習うのは相変わらずヨーロッパ中心で，朝鮮半島はほとんど登場しないのだから，当然といえば当然でしょう。

　21世紀に入ってから日本で韓流ドラマが普及し，「韓国」に接す

る機会は増えました。そして，そのような娯楽から得た情報で，自分は「韓国」を知っていると思い込んでいる人は少なくないような気がします。しかし，ドラマだけで膨らませたイメージは理解を妨げます。大学の講義で朝鮮王朝の事大主義や荒廃した社会のようす，現代韓国における若者の就職難や困窮などについて話すと，「イメージとの違いに衝撃を受けた」というコメントが数多く提出されます。きっと色あざやかなチマチョゴリを着た女性が活躍するドラマを観て，朝鮮王朝は固有文化あふれる豊かな時代だったと想像したり，豪邸や大企業を舞台に端正な顔立ちの俳優が恋愛するドラマを観て，韓国では優雅な暮らしが一般的なものだと錯覚していたのでしょう。

　イメージの殻を打ち破って韓国の実像を知る，そしてさらに知りたいという意欲を掻き立てる，それが本書の目的です。


　本書は一般財団法人ワンアジア財団の助成により刊行されました。財団のみなさまには厚く御礼申し上げます。また，出版事情の厳しいなかで本書の刊行を引き受けてくださった有斐閣と，編集を担当してくださった四竃佑介氏・岡山義信氏に心より感謝申し上げます。

　2019 年 6 月

新城道彦

著者紹介————————————————————————————

**新城道彦**（しんじょう みちひこ）　　　　　　　　　　〔第Ⅰ部〕

フェリス女学院大学国際交流学部准教授

主著『朝鮮王公族――帝国日本の準皇族』中公新書，2015 年

　　　『天皇の韓国併合――王公族の創設と帝国の葛藤』法政大学出
　　　　版局，2011 年

**浅羽祐樹**（あさば ゆうき）　　　　　　　　　　　　　〔第Ⅱ部〕

同志社大学グローバル地域文化学部教授

主著『戦後日韓関係史』（共著）有斐閣，2017 年

　　　『「憲法改正」の比較政治学』（共著）弘文堂，2016 年

**金　香男**（きむ ひゃんなむ）　　　　　　　　　　　〔第Ⅲ部〕

フェリス女学院大学国際交流学部教授

主著『現代韓国の家族政策』（共編）行路社，2010 年

　　　『アジア共同体への信頼醸成に何が必要か――リージョナリズム
　　　　とグローバリズムの狭間で』（編著）ミネルヴァ書房，2016 年

**春木育美**（はるき いくみ）　　　　　　　　　　　　　〔第Ⅳ部〕

早稲田大学韓国学研究所招聘研究員

主著『韓国の少子高齢化と格差社会――日韓比較の視座から』（共
　　　　編）慶應義塾大学出版会，2011 年

　　　『現代韓国と女性』新幹社，2006 年

# 目　　次

## 第Ⅰ部　歴　史

### 第Ⅳ部　文　化

第 | 部

# 歴　史

# 第1章

# 朝鮮王朝時代

朝鮮王朝末期のソウル（南大門）

（出所）『開港以後ソウルの近代化とその試練』ソウル特別市史編纂委員会, 2002 年。

# 1 朝鮮王朝の誕生

**高麗王朝に反旗を翻した李成桂**

14世紀末まで朝鮮半島には高麗という王朝がありました。この高麗を倒して1392年に誕生したのが朝鮮王朝です。まずは高麗から朝鮮へとどのようにして王朝が変わったのか，その過渡期の様子から見ていきましょう（表1-1）。

　朝鮮半島は中国大陸と接しています。それゆえ，朝鮮半島の命運は常に中国の動向に左右されてきました。13〜14世紀に中国大陸を支配していたのはモンゴル民族が建てた元です。高麗はこの元に

表1-1　朝鮮半島における統治体制の変遷

| （年） | | | | |
|---|---|---|---|---|
| | | 檀君朝鮮 | | |
| | | 箕子朝鮮 | | |
| | | | | 衛氏朝鮮 |
| | 辰韓 | 弁韓 | 馬韓 | 楽浪郡など |
| | 新羅 | 伽耶 | 百済 | 高句麗 |
| | | | | 渤海 |
| 918 | | 高　麗 | | |
| 1392 | | 朝　鮮 | | |
| 1897 | | 大韓帝国 | | |
| 1910 | | 日本統治期 | | |
| 1945 | | 米ソ軍政期 | | |
| 1948 | | 大韓民国<br>（韓　国） | | 朝鮮民主主義人民共和国<br>（北朝鮮） |

服属する王朝でした。元は 14 世紀に入ると反乱が頻発し，急速に衰退していきます。やがて反乱軍のなかで頭角を現した朱元璋（洪武帝）が元を北方に追いやり，1368 年に漢族の国家・明を樹立しました。

　高麗は元の支配が弱まったこの隙をついて，鉄 嶺（チョルリョン）以北の地を接収します。この地はもともと高麗の領土でしたが，13 世紀に元に奪われていました。つまり，高麗としてはようやく失地を回復できたのです。ところが，元を倒した明は高麗に対して鉄嶺以北の地を引き渡すよう要求しました。それまで元が支配していた領域を明が継承するのは当然だという認識があったからです。

　高麗の禑王（うおう）は当然ながら明の要求に反発し，1388 年に軍人の李成桂（イソンゲ）に明討伐を命じました。しかし，遠征に消極的だった李成桂は，「小国の高麗が大国の明に逆らうのはよろしくない」「農繁期の夏に兵を動員するべきではない」などの理由をあげて反対します。

　それでも禑王の意思は変わりませんでした。李成桂は鴨緑江（アムノッカン）までしぶしぶ軍を進め，大河に浮かぶ威化島に布陣します。ところが，長雨で増水した本流を渡ることはできず，何日も駐留し続けました。食料は途絶え，雨に濡れて疲れ果てた兵士たち……とても戦える状況ではありません。李成桂は高麗の首都である開 京（ケギョン）（現・開城（ケソン））に使者を送り，禑王に窮状を訴えました。しかし，それでも禑王は退却を認めませんでした。そこで李成桂は意を決し，クーデターを起こします。軍を反転させて開京に攻め込んだのです（図 1-1）。

　禑王の守備軍を蹴散らした李成桂は開京に入城しました。禑王は江華島（カンファド）に追放となり，9 歳の昌王が即位します。しかし，その昌王も 1 年余りで廃位となり，李成桂派が擁立した恭 讓王（きょうじょうおう）が新たに即位しました。このとき恭讓王の命により禑王・昌王親子は殺害さ

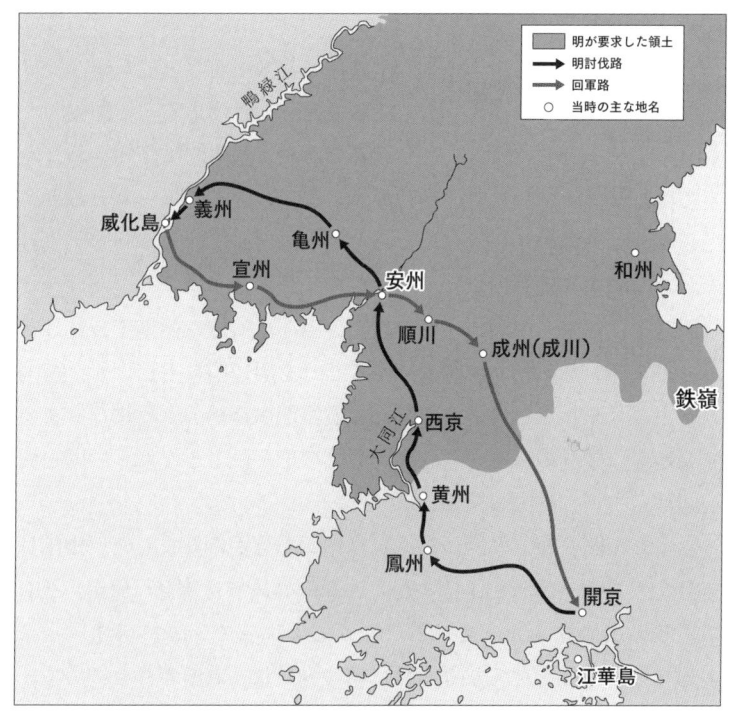

図1-1　李成桂の威化島回軍（1388年）

れています。それから3年後の1392年に恭譲王が李成桂に王位を譲り，高麗王朝は幕を閉じました。

　権力を掌握した李成桂は高麗王室（創建者が王建なので王氏一族）の殲滅に取りかかりました。まず，王氏一族を江華島と巨済島に移して生きたまま海に突き落とし，溺死させています。さらに恭譲王（王瑶）とその子を絞殺しました。現在韓国に王氏が少ない理由は，朝鮮王朝時代に虐殺されたり，命を守るために「王」に点や線を加えて「玉」「全」「田」などのように姓を変えたからだと言い伝えら

れています。

中国皇帝の指示で国号
を朝鮮に変える

李成桂は恭譲王から王位を譲り受け
ましたが，これはあくまで国内的な
行為であり，国際的に認知されたも
のではありませんでした。当時の東アジアの国際関係を考えるうえ
で必ず押さえておかなければならないものとして冊封体制というも
のがあります（図1-2）。

冊封とは本来，中国の皇帝が自国の臣下に爵位や領地を分け与え
ることをいいました。中国はやがてこれを周辺国にも拡大し，諸国
の君主に「王」などの爵号を与えて君臣関係を結ぶようになります。
すなわち，中国の皇帝が君主，周辺国の王が臣下となり，中国と周
辺国は宗主国と属国の関係（宗属関係）になったのです。

こうした関係が成り立つ根底には中華思想がありました。中国は
自分たちを華（文明）と見なし，外部の異民族を夷狄（野蛮）とし
て蔑視していました（図1-3）。しかし，夷狄であっても中国皇帝
の徳を慕って礼を尽くすならば，華の一員になれるとしたのです。
ただし，そのために異民族は朝貢が義務づけられ，しかも中国の暦
や年号の使用が強制
されるなど，「時間
の支配」も受け入れ
なければなりません
でした。朝鮮半島，
ベトナム，琉球など
にできた王朝はこう
した国際秩序に従い，
中国皇帝に臣下の礼

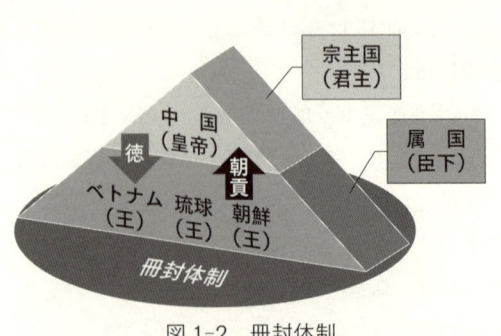

図1-2　冊封体制

を尽くしてきたのです。

中国皇帝から与えられた王の爵号は子や孫へと世襲されます。しかし，その継承に関しても中国の許可を得ずに勝手にできるわけではありませんでした。次の王を立てるためには，冊封使という中国皇帝の勅使を接待し

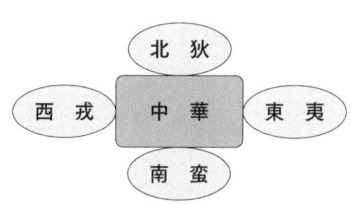

(注) 中国は周囲諸民族を北狄・東夷・南蛮・西戎と称して蔑視した。これらの総称が夷狄。

図1-3 夷狄

て許可を得るという手順を踏まなければならなかったのです。朝鮮王朝の首都漢城（現・ソウル）には冊封使を迎えるための迎恩門や彼らを接待するための慕華館が設けられていました。これら建造物の名称からも朝鮮王朝の事大主義（大に事える）をうかがい知ることができます。

李成桂（太祖）は国内で王位に就くとすぐに明の洪武帝に使者を送り，国王交代の承認を求めました。そのさいに「権知高麗国事」（権に高麗の国事を知る）と名乗り，高麗王の代理という立場を表明しています。まず洪武帝は国号を新たに定めるよう命じました。そこで，李成桂は「和寧」と「朝鮮」の2案を候補とし，最終決定を洪武帝に委ねます。「和寧」は李成桂の出生地である和州の古地名でした。一方「朝鮮」は古代中国の歴史書にたびたび登場する名称で，とくに前漢の時代に司馬遷が編纂した『史記』には，周の武王が殷の末裔である箕子を朝鮮の諸侯に封じたと書かれています。この伝説によると，朝鮮のルーツは中国にあり，しかも周の諸侯国だったということになります。こうした背景もあり，洪武帝は「朝鮮」を新たな国号として選択しました。

洪武帝は結局死ぬまで李成桂を「朝鮮国王」として認めませんで

した。朝鮮の君主が正式に王として冊封されたのは第3代の太宗のときです。礼を尽くす態度をとったことで，ようやく明の皇帝から誥命（爵位を与える辞令）と印信が下付されました。

# 2 宮　中

**廟号が表す歴代王の'評価'**

朝鮮王朝には26人の王がいました（表1-2）。第27代に純宗の名がありますが，先代の高宗の時代に大韓帝国となり，「皇帝」の称号を用いるようになったので，厳密にいうと，純宗は「王」にはなっていません。朝鮮王朝から大韓帝国への移行については次章でくわしく説明します。

　歴代王の名称は主に「〇祖」や「〇宗」となっています。これは王の本名ではなく，廟号といいます。王や王妃は死んだ後に位牌が宗廟に祀られますが，廟号とはそのさいに贈られる称号のことです。したがって，生前に王を廟号で呼ぶことはありませんでした。存命中の王を呼ぶときは，「チョーナー（殿下）」と言いました。ちなみに同じ敬称でも「殿下」は「陛下」よりも格が落ちます。朝鮮

表 1-2　朝鮮王朝の 26 人の王

| 1 | 太　祖 | 6 | 端　宗 | 11 | 中　宗 | 16 | 仁　祖 | 21 | 英　祖 | 26 | 高　宗 |
|---|---|---|---|---|---|---|---|---|---|---|---|
| 2 | 定　宗 | 7 | 世　祖 | 12 | 仁　宗 | 17 | 孝　宗 | 22 | 正　祖 | (27) | 純　宗 |
| 3 | 太　宗 | 8 | 睿　宗 | 13 | 明　宗 | 18 | 顕　宗 | 23 | 純　祖 | | |
| 4 | 世　宗 | 9 | 成　宗 | 14 | 宣　祖 | 19 | 粛　宗 | 24 | 憲　宗 | | |
| 5 | 文　宗 | 10 | 燕山君 | 15 | 光海君 | 20 | 景　宗 | 25 | 哲　宗 | | |

王朝では中国皇帝陛下に対する配慮から，自国の王に対して「殿下」を用いたのです。

廟号の「○祖」と「○宗」の違いには意味があり，「○祖」のほうが「○宗」よりも徳が高いとされます。つまり「○祖」が付くのは秀でた功績のあった王，「○宗」が付くのは普通の王となります。これによると，訓民正音（ハングル）を制定したことで有名な第4代の世宗は，現代でこそ人気がありますが，当時はとくに優れた王として評価されていなかったことがわかります。中国の冊封下にあった朝鮮王朝において最も優れた文字と見なされたのは漢字であり，その漢字を使える両班（官僚・貴族：コラム①参照）がエリートでした。それゆえ，ハングルのような庶民でも読み書きできる朝鮮独自の文字を制定したとしても，両班たちからは秀でた功績のある王とは評価されなかったのです。なお，訓民正音をハングル（偉大な文字）と呼称しはじめたのは20世紀以降のことであり，それまで両班たちは卑俗な文字として蔑んでいました。

ところで，歴代王のなかには廟号のない人もいました。第10代の燕山君と第15代の光海君です。この「○○君」というのは王子に付ける称号です。燕山君と光海君は失政により王位を追われたため，死後の評価で正統な王と認められず，王子時代の称号で呼ばれているのです。廟号がないので，宗廟にも祀られていません。

さて，みなさんは王と聞くと，絶大な権力を持って自由気ままな暮らしをしている姿をイメージするのではないでしょうか。しかし，実際は制約だらけで息苦しい毎日を送っていました。たとえば，王は威厳を保つために走ってはならず，基本的に座り続けます。移動の際も輿に乗らなければならなかったため，慢性的な運動不足でした。また，プライベートの時間もありません。傍らには常に史官が

## コラム①──両　班

　朝鮮王朝の身分は大きく「良」と「賤」の2つに分かれていました。「良」（良民）に属するのは主に両班（官僚・貴族），中人（通訳・医術などの技術職官吏），常民（主に農民）であり，一方「賤」（賤民）に属するのは被差別民の奴婢です。

　良民の最上位にあった両班は，儒教を学んで官吏登用の国家試験「科挙」に合格した官僚のことです。宮中で行われる儀式のさいに，王を中心として，東側に文官，西側に武官が官位の高い順に列を作って並びました。この列のことを班といったので，文官を「文班」，武官を「武班」と表現し，2つを合わせて「両班」と呼ぶようになります。朝鮮王朝は文治主義の国だったので，文班がより上位にありました。

　科挙は3年に1度の実施が原則でしたが，臨時でたびたび行われました。文班になるための「文科」の定員はわずか33名で，競争率は約3000倍という狭き門でした。

　科挙は法的にはすべての良民に受験資格がありました。しかし，毎日休みなく農業などに従事しなければならない常民が教育の機会を得るのは容易ではありませんでした。また，受験のさいには首都漢城までの旅費や滞在費，答案用紙の購入代も必要となります。そのような経済的な理由から，実際は両班の一族以外が受験するのは困難でした。

　ところで，両班は本来官僚を意味していましたが，やがて貴族的な特権身

ひかえていて王の発言をもらさず記録するので，気軽に話せませんでした。寝室でも宮女が待機しており，ひとりになれないのです。このように王はストレスいっぱいの生活を送り，しかも軽食を含めて1日5回も食事をとったせいで，高血圧，脳卒中，糖尿病に苦しみ，ほとんどが短命でした。

### 「悪女」を生み出す後宮の世界

宮中では，王妃を別格として，その下に厳格な品階（序列）が存在しました。品階の数は第一品から第九品まであり，それぞれが正と従の2種類に分かれていたので，全体

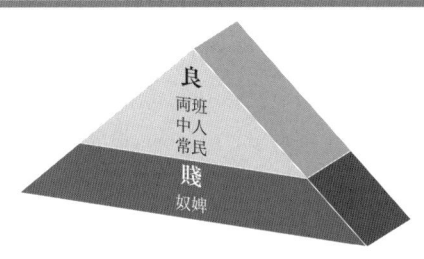

図 1-4　朝鮮王朝の身分

分としても認識されるようになります。前述のように両班の一族以外が科挙を受けるのは難しく、しかも「高名な儒学者を祖先に有し、系譜が明確である」「代々の結婚相手が両班の要件を満たす集団から選ばれている」などの条件に合致すれば、科挙に受からなくても両班として認められたからです。

　このように両班という身分を保障するのは由緒正しき家門（血族）でした。それゆえ、両班たちは自らの家門を証明するために、族譜という家系図を作って大事に保管するようになります。

　両班は学問に励むことを理想の生き方とする者たちであり、肉体労働を卑しい行為として蔑んでいました。したがって、国から支給された広大な田地で実際に働いたのは彼らが所有する奴婢たちでした。なお、両班は商業活動も蔑んでいたため、朝鮮王朝では貨幣経済があまり発達しませんでした。

で 18 階級（9×2）もありました。

　正一品から従四品までは王の側室で、それぞれ呼び名が異なりました（表 1-3）。側室の最上位である嬪に関しては、第 19 代の粛宗の側室だった禧嬪張氏や、彼女と対立していた淑嬪崔氏が有名です。

　禧嬪張氏は一般的には「張禧嬪」の呼び名で知られており、朝鮮王朝の代表的な「悪女」としてたびたびドラマに登

表 1-3　朝鮮王朝の側室

| 正一品：嬪 |
| 従一品：貴人 |
| 正二品：昭儀 |
| 従二品：淑儀 |
| 正三品：昭容 |
| 従三品：淑容 |
| 正四品：昭媛 |
| 従四品：淑媛 |

場します。彼女は賤民出身で，下働きをする宮女として宮中に入りました。そして，美貌を活かして粛宗の側室となり，従四品の淑媛から徐々に出世していくなかで，1688年に男児を産んでいます。粛宗は正室の仁顕王后（イニョンワンフ）を廃妃して宮中から追放し，張氏を王妃としました。しかし，張氏の絶頂期は長くは続きませんでした。1694年に粛宗が仁顕王后を宮中に呼び戻したため，張氏は再び側室に降格します。さらに1701年に仁顕王后が亡くなると，張氏が呪い殺したという嫌疑が浮上しました。粛宗は張氏を叱責し，死罪を命じます。張氏は賜死（し）（王から与えられる名誉の自決）によって毒薬をあおり，絶命しました。

　淑嬪崔氏は同じく粛宗の側室で，ドラマ「トンイ」のモデルになった人物です。彼女も下働きをする宮女として宮中に入りました。やがて従四品の淑媛として粛宗の側室となり，張氏が王妃から側室に降格した1694年に男児を産んでいます。このとき粛宗の心はすでに張氏から崔氏に移っていたのです。そして，崔氏は張氏を追い込みました。仁顕王后が亡くなると，張氏が呪い殺したという不確かな情報を密告したのです。崔氏は張氏を死に追いやった張本人といっても過言ではありません。ちなみに，仁顕王后を宮中に戻すよう粛宗を説得したのも崔氏でした。

　粛宗の死後に張氏の子が第20代の景宗となりますが，身体的な理由により世子（セジャ）（世継ぎ）をもうけることができませんでした。そこで崔氏の子が第21代の英祖（ヨンジョ）となります。こうして，張氏の血は王統からわずか一代で途絶え，逆に崔氏の血が残ることになりました。この2人を見ていると，密かに誰かを「悪女」に仕立てた人物こそが，本当の悪女なのではないかと思えてなりません。

宮中に一生を捧げた宮
女たち

宮中で下働きをした正五品以下の女性たちを宮中女官の別称で宮女といいました。宮女は炊事・洗濯・針仕事など王・王妃・側室の生活にかかわるありとあらゆる雑務に奉仕しました。英祖の治世（18世紀）で600人ほどの宮女がいたといわれています。

　宮女のなかで最も高い地位は管理職の尚宮（サングン）であり，その下で諸業務に従事するのが内人（ナイン）です。内人の正しい発音は「ネイン」ですが，「ナイン」というように訛って定着しているのは，宮女のなかに身分の低い者が多かったことを示しています。宮女は原則的に賤民から選ぶのが通例でしたが，没落した両班が報酬として毎月もらえる3斗の米を目的に娘を宮中に入れた例もあります。また，王の身の回りの世話をする至密（チミル）所属の宮女になるには家柄がよくなければなりませんでした。至密の宮女は王の食膳の上げ下げ，食事や寝床の世話，ときには本の読み聞かせなどもしたといいます。

　宮中に入る歳は，至密で4〜5歳，衣服を作る針房（チムバン）や刺繍を担当する繍房（スバン）は7〜8歳，そのほかは13〜15歳頃でした。まず見習内人として15年働き，一人前の内人になります。そこからさらに15年を経て尚宮に昇格できました。したがって，40歳前後でようやく尚宮になれたのです。

　宮女は終身制であり，自己都合で辞めることはできませんでした。幼くして宮中に入り，多くが処女のまま一生を過ごします。1つの部屋に2人ずつ住むのが通例であり，寂しさを紛らわせるために「対食」（同性愛）が芽生えることも珍しくありませんでした。

　ただし，すべての宮女が独身だったわけではありません。王に見初められて寵愛を受けるという途もありました。このような女性を

「承恩内人」といいます。「承恩」とは"王の御手付きになった"という意味です。彼女たちは仮に王の子を産めなくても「承恩尚宮」「特別尚宮」として王の側に仕えることができました。とはいえ，そのようなチャンスを手にできたのは一握りの宮女だけでした。

王宮内では王の直系以外は死ぬことも病むこともできませんでした。それゆえ，宮女が大病を患うと追放となり，親戚の者が迎えにきます。また，所属殿の主人が亡くなったときも，喪に服したのちに解雇となりました。40代以上の宮女は他の居所に迎えられる場合もありましたが，それ以外は宮中を出ます。当然ながら彼女たちには子がいないので，たいていは甥や姪の家に帰りました。

しかし，外の世界に出ても自由の身になれたわけではありません。基本的には一生独身で過ごさなければなりませんでした。元宮女に手を出した男性は重罪に処せられたからです。至密に属した宮女の場合は，王の側に仕えていたということもあり，とくに規制が厳しかったといいます。このように，宮女たちは宮中制度に一生を捧げて生きていかなければならない不幸な境遇にありました。

## 3  勢道政治

### 安東金氏の台頭を招いた幼き王たち

朝鮮王朝は500年を超える長期にわたって体制を維持しました。しかし，決して安定した強固な国家だったわけではありません。衛生状態は非常に悪く，疫病が頻発し，人口はなかなか増えませんでした。さらに政治腐敗も深刻でした。王朝が急速に衰退する19世紀以降の様子を見てみましょう。

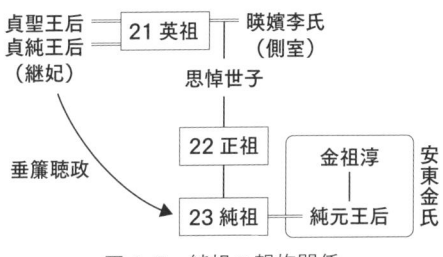

図 1-5　純祖の親族関係

図 1-6　垂簾聴政

　ドラマ「イサン」のモデルにもなった正祖が 1800 年に亡くなると，わずか 11 歳の次男が第 23 代の王位に就きました。純祖です（図 1-5）。年端も行かぬ子どもに政治はできないので，英祖の妃・貞純王后が垂簾聴政を行いました。垂簾聴政とは，幼い王の背後に簾を垂らし，そこに隠れた王后が指示を出すことをいいます（図 1-6）。ちなみに，貞純王后が 66 歳の英祖の第 2 王妃として宮中に嫁いだのは 15 歳のときでした。それゆえ，彼女は曾孫にあ

たる純祖の時代でもいまだ存命だったのです。

　垂簾聴政は3年ほどで終わりますが，今度は金祖淳を筆頭とする安東金氏が実権を握りました。金祖淳は純祖の妃である純元王后の父で，純祖の義父にあたる人物です。このように王の近親になるなどして特定の集団が権力をほしいままにする政治を勢道政治といいました。安東金氏の「安東」は本貫，すなわち一族の発祥地を表します。たとえば，朝鮮半島の南東部にある金海をルーツとする金氏は金海金氏で，同じ金氏でも安東金氏とは祖先が異なります。なお，儒教は同族婚を禁じているので，王室の一族である全州李氏の娘が王妃になるということはありえませんでした。

　安東金氏の権力濫用で社会の風紀は乱れ，役人は私利私欲を満たすために民衆から税を搾り取りました。腐敗政治の打倒を目指して地方両班の洪景来が反乱を起こしますが，数に勝る政府軍に鎮圧されてしまいます。結局，純祖は仰々しい廟号とは裏腹に，民に対して功績らしい功績を残さぬまま，1834年に45歳の生涯を閉じました。

　純祖の跡を継ぐはずだった息子の孝明世子は，その4年前にすでに他界していました。それゆえ，孝明世子の子が第24代の憲宗として即位します。45歳で世を去った純祖の孫なので，憲宗はまだ8歳でした。当然のごとく祖母の純元王后（純祖の王妃）が垂簾聴政を行います。純元王后は安東金氏であり，憲宗が11歳のときに迎えた王妃の孝顕王后も安東金氏でした。こうして安東金氏の勢道政治は継続します。

　しかし，垂簾聴政は6年ほどで終わり，1843年には孝顕王后がわずか16歳で亡くなってしまいます。すると安東金氏の勢いは衰え，今度は憲宗の母神貞王后の一族である豊壌趙氏が力を持ちは

じめました（図1-7）。ところが，豊壌趙氏の重鎮だった神貞王后の父趙万永（チョマニョン）が1846年に世を去ると，再び安東金氏が勢力を拡大し，権力を握るようになります。このように政争ばかりが繰り返され，民の暮らしが顧みられなかったために，世はますます乱れていきました。

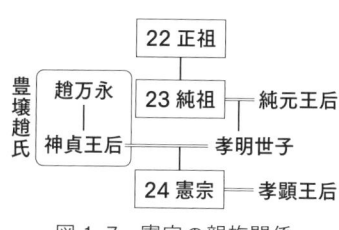

図1-7　憲宗の親族関係

### 農夫が国王となる末期症状

1849年に23歳の憲宗が世子をもうけぬまま瀕死の状態に陥ると，宮中は大混乱に陥りました。近親とされる6親等以内に男子が1人もいなかったからです。早急に傍系から後継候補者を見つけてこなければなりませんでした。

　ここで安東金氏は正祖の弟の孫にあたる李元範（イ ウォンボム）という人物を擁立します（図1-8）。ところが，彼は憲宗を継ぐには不適格な人物でした。さかのぼること5年前に朝鮮王朝では閔晋鏞（ミンジニョン）による王権簒奪計画が露顕しました。そのさいに，閔晋鏞が憲宗にかわる新たな王として推戴しようとしたのが，李元範の兄李元慶（イ ウォンギョン）だったのです。元慶は謀反人として賜死となり，弟の元範は江華島に流罪となりました。つまり，安東金氏はこの「罪人」を江華島から連れてきて

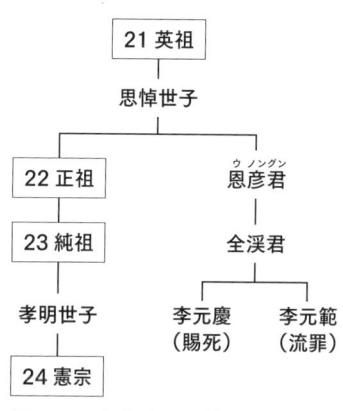

図1-8　安東金氏が擁立した李元範の家系

次の王にしようとしたのです。

　憲宗の後継候補者として名があがった人物は他にもいました。しかし，憲宗が他界した3日後の1849年6月9日に王位に就いたのは，経歴に傷のある李元範でした。当時，長老格として宮中で最も発言力を持っていたのが安東金氏の純元王后だったからです。

　江華島で農夫として暮らしていた李元範は19歳にして突如漢城に連れてこられ，第25代の哲宗（チョルジョン）となりました。とはいえ，長らく学問とは無縁の世界に生きてきた王に政治などできるわけがないという理由で，1851年までは純元王后が垂簾聴政を行いました。さらに同年，安東金氏の娘が哲宗に嫁ぎます。純祖代から半世紀以上も続く安東金氏の勢道政治で王室の権威は失墜し，民衆は圧制に苦しめられ，社会はさらに荒廃していきました。

### 時代に逆行する大院君

　安東金氏の権力維持のためだけに担がれた哲宗は，酒と女に溺れ，1863年に世子をもうけぬまま病に倒れます。このとき，純元王后はすでに亡くなり，宮中の長老格は憲宗の母で豊壌趙氏の神貞王后となっていました。神貞王后は，安東金氏の勢道政治を断ち切るべく，李昰応（イ・ハウン）と結託します。李昰応は王室の血を引いていましたが，第16代の仁祖の時代に枝分かれした傍系で，国王を輩出する宗家からはかなり離れていました。朝鮮王朝では王室であっても傍系の者は冷遇され，庶民のような暮らしをする者もいました。李昰応は安東金氏の勢道政治のもとで屈辱的な生活を送っていた王家のひとりだったのです。

　12月に哲宗が息を引き取ると，神貞王后はすばやく行動を起こしました。李昰応の次男命福（ミョンボク）を亡き夫・孝明世子の養子にするという形で宗家のなかに組み入れ，王位に就けたのです（図1-9）。

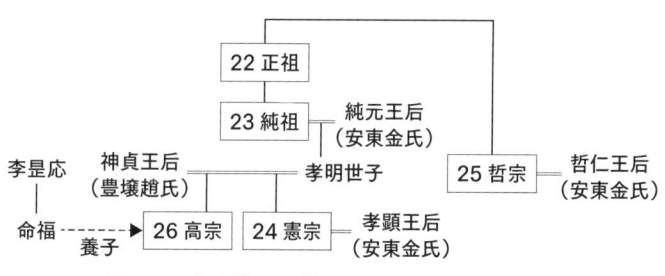

図 1-9　孝明世子の養子となって即位した高宗

　こうして朝鮮王朝最後の王となる第 26 代の高宗がわずか 12 歳で即位しました。なお，生みの親である李昰応には大院君の称号が与えられました。大院君とは，王位が父から子，祖父から孫というように直系で継承されなかった場合に，王の実父に対して贈られる尊号のことです。

　神貞王后は垂簾聴政を行いますが，安東金氏に対抗できるほどの盤石な力はありませんでした。そこで彼女は，自らの意見を擁護する人間を確保するため，大院君に臣下のなかで最も高い地位を与え，廟議に臨席させました。

　神貞王后の信任を得て政権を掌握した大院君は鎖国政策を強化します。1866 年には天主教（カトリック）の弾圧を進め，数千名もの朝鮮人信徒とフランス人宣教師 9 名を殺害しました。フランスは報復として軍艦を派遣して江華島を占領します。しかし，朝鮮側の激しい抵抗を打ち破れずに撤退していきました。

　さらに同年，通商を求めて大同江に侵入したアメリカの商船ゼネラル・シャーマン号を平壌の軍民が火を放って沈めるという事件が発生しました。怒ったアメリカは損害賠償や門戸開放を要求し，1871 年に軍艦 5 隻を派遣して江華島を占領します。しかし，アメ

リカもフランスと同じように朝鮮側の抵抗にあい，早々に撤退しました。

　こうして大院君は欧米の侵略から国を守りました。しかし，それは同時に開国の好機を逃したともいえます。日本がアメリカと戦うことなく 1854 年に日米和親条約を結んですでに開国していたのとは対照的でした。世界情勢を読み切れなかった朝鮮王朝は，結果的に近代化に大きく出遅れることになります。

## 4　落日の王朝

**王妃閔氏の乱脈政治**　　高宗は 22 歳になると親政，すなわち自ら政治を行うことを望むようになります。大院君は王宮再建の資金を集めるために庶民に寄付を強要したり，両班の免税特権を撤廃するなどしたため，民衆からの評判がよくありませんでした。1873 年には承政院（王の秘書室）に所属する官僚が大院君の政治を批判する訴えを提出します。高宗はこうした自分にとって都合のいい意見を利用して大院君から大権を取り上げ，親政を宣言しました。この一連の流れには高宗の王妃閔氏がかかわっていました。幼少の頃から聡明だった閔氏は，年下の高宗をうまく操り，舅の大院君を宮中から追い出したのです。

　大院君が鎖国を強化している間に，日本では江戸幕府が倒れ，明治の世となっていました。明治政府は隣国の朝鮮王朝に国書を送って近代的な国際関係を樹立しようとします。ところが，開国を望まない朝鮮王朝は，国書に中国皇帝しか使えない「皇」や「勅」の字があることを理由に受け取りを拒否し続けていました。大院君が一

線から退いて2年後の1875年，日本は自国が経験した幕末の黒船来航を参考にして軍艦雲揚号を江華島近海に派遣します。朝鮮王朝が挑発に乗って砲撃をはじめると，雲揚号は江華島の南にある永宗島を占領しました。深刻な財政難にあった朝鮮王朝はフランスやアメリカを撃退したときとは比較にならないほど防衛力が低下しており，わずか1隻の小砲艦すら退けることができなかったのです。もはや朝鮮王朝に鎖国を貫いて開国を拒絶する力は残っていませんでした。翌76年に日朝修好条規を締結し，釜山・元山・済物浦（仁川）の港を随時開くこととなります。

　親政を開始した高宗は王権を盤石なものとするために強力な後ろ盾を必要とし，王妃閔氏の一族に依存するようになります。こうして驪興閔氏が台頭し，安東金氏の時代と同じように要職を独占して贅沢な暮らしをするようになりました。王妃閔氏は毎晩のように豪華な宴を開いたので，国庫はすぐに底をついてしまいます。浪費の穴埋めのために庶民に重税を課し，それでも足りなくなると国家予算を削減しました。その結果，軍人の給与（米）が1年間も滞ってしまいます。ようやく配給された米は大量の石で水増しされていたので，軍人たちは抗議の声を上げました。これに対して驪興閔氏の実力者閔謙鎬が逮捕という強硬手段をとったため，軍人たちの不満がついに爆発します。1882年に壬午軍乱と呼ばれる大規模な反乱が首都漢城で起きました。軍人たちの恨みは王妃閔氏へと向かい，彼女を捕らえて殺害しようとします。

　軍人の反乱を好機ととらえたのは，王妃閔氏と対立して政権を追われた大院君でした。彼は暴徒と化した軍人たちを従えて王宮に入ります。しかしながら，閔氏はすでに宮女に化けて脱出していました。高宗は事態を収拾するため，やむをえず大院君に公務を任せる

命を下します。こうして大院君が再び政権の座に就きました。

　しかし，それは長くは続きませんでした。宗主国の清が介入したからです。漢城に乗り込んだ清の馬建忠は大院君に対して，「朝鮮国王が大清皇帝によって冊封された存在であることを理解しているのか」と問い質し，責任を追及しました。そして，大院君を清に拉致し，幽閉してしまったのです。これ以降，清と朝鮮の宗属関係がいっそう強化されていきました。

### 清からの独立＝王朝の終焉

清が大院君を追い出したことで，高宗と王妃閔氏は再び政権の座に返り咲きました。それゆえ，閔氏は事大政策を強化し，清にべったりと寄り添うようになります。国内では旧来の儒教的価値観を重んじて清を宗主国と仰ぐ守旧派が力を持ちました。

金玉均
（『写真で見た百年前の韓国』カトリック出版社,
1986 年）

　一方日本は，清からの独立と近代化を目指す開化派を支援します。とくに福沢諭吉は，科挙の文科（**コラム①**参照）に合格した秀才で開明的な思想を抱く金玉均（キムオッキュン）と親交を深め，開化派の青年たちを慶應義塾に受け入れました。なぜ日本は朝鮮王朝の近代化を後押ししたのでしょうか。当時は欧米列強がアジアを次々と植民地化する弱肉強食の時代でした。そのようなときに日本の隣国朝鮮は政治腐敗でボロボロの状態にあり，反乱まで起きていたのです。まるで現在の北朝鮮のように東アジアの火薬庫＝紛争の火種でした。欧米列強が朝鮮半島に介入し，その紛争に日本まで巻

き込まれる危険性があったのです。その意味で，朝鮮王朝は日本にとって隣家の火事でした。だから福沢諭吉は「朝鮮の国事に干渉するは，あえてことを好むにあらず，日本自国の類焼を予防するものと知るべし」（『時事新報』1882年3月11日）と述べています。つまり，無条件に朝鮮王朝のことを慮って開化派を助けたわけではなく，火の粉から日本を守るという打算のなかで，隣国を近代化すべく干渉したのです。

　こうした状況において朝鮮に駐在する竹添進一郎公使は，金玉均らを支援して閔氏政権の転覆をもくろみました。決行日は漢城で近代的な郵政局が開業した1884年12月4日です。式典終了後の祝宴の最中に火の手が上がり，これが合図となって甲申政変がはじまりました。金玉均らは火災の混乱に乗じて王宮に入り，日本軍に助けを求めるよう高宗に進言します。高宗がその意見を入れると，壬午軍乱以降に公使館警備の名目で漢城に駐屯していた日本軍が王宮に入りました。そのさい，金玉均らは政府中枢を支配していた閔氏一族や守旧派を殺害していき，洪英植，朴泳孝らとともに開化派政権を樹立しました。

　しかし，このクーデターは三日天下に終わります。宗主国の清が黙っていなかったからです。清は日本の約10倍の兵力で王宮を取り囲み，大砲まで持ち込んで攻撃しました。朴泳孝，金玉均らは竹添公使とともに王宮を出て日本へと逃れますが，朝鮮に残るという選択をした洪英植は清国兵によって惨殺されました。

　開化派を支援してきた福沢諭吉は甲申政変の失敗に失望し，3カ月後に「脱亜論」を発表しました。このなかで彼は，清や朝鮮が明治維新のように旧体制を変革できなければ数年で滅びると忠告しています。そして，清や朝鮮のように文明を忌避して一室に閉じこも

っているような国と付き合っていると欧米列強から同一視されてしまうので，日本はそのようなアジアの「悪友」との関係を「謝絶」すべきとの心情を吐露しています。

　しかし，日本政府としては朝鮮王朝との関係を「謝絶」して，隣家の火事をそのまま放っておくわけにはいきませんでした。甲申政変の失敗からもわかるように，日本が朝鮮王朝に干渉して改革するためには，その背後にいる清を排除しなければなりませんでした。清朝間の宗属関係を断つことが不可欠だったのです。こうした日本の思惑のなかで，1894 年に日清戦争が勃発しました。戦争は日本の勝利で終わり，翌 95 年 4 月に下関条約が締結されます。中学や高校の歴史の授業では，このとき日本が台湾を領有したり，2 億両の賠償金を得たことを中心に学びます。しかし，この条約で最も注目すべき条項は冒頭に書かれています。


　　第 1 条　清国は朝鮮国の完全無欠なる独立自主の国たること
　　　　を確認す。


　すなわち，日本は下関条約によって朝鮮王朝を清から引き離すという悲願を達成したのです。清による「独立」承認の 2 年後に朝鮮王朝は 26 王 505 年で終焉を迎え，大韓帝国へと変貌しました。清から独立したことで，なぜわざわざ「朝鮮」から「大韓」へと国号を改め，「帝国」を名乗ったのでしょうか。また，日本はなぜ北朝鮮のように政治的にも経済的にも腐敗しきった，一見すると魅力があるとはいえない大韓帝国を併合したのでしょうか。第 2 章ではそうした疑問を念頭に置いて韓国併合の歴史をみていきたいと思います。

## 参考文献

康熙奉『悪女たちの朝鮮王朝——歴史を作るのは男より女！』（双葉社，2014 年）

金用淑（大谷森繁監修・李賢起訳）『朝鮮朝宮中風俗の研究』（法政大学出版局，2008 年）

木村幹『高宗・閔妃——然らば致し方なし』（ミネルヴァ書房，2007 年）

金両基監修『ビジュアル版 朝鮮王朝の歴史』（キネマ旬報社，2015 年）

桑野栄治『李成桂——天翔る海東の龍』（山川出版社，2015 年）

砂本文彦『図説 ソウルの歴史——漢城・京城・ソウル 都市と建築の 600 年』（河出書房新社，2009 年）

武田幸男編『朝鮮史』（山川出版社，2000 年）

月脚達彦『福沢諭吉の朝鮮——日朝清関係のなかの「脱亜」』（講談社選書メチエ，2015 年）

朴永圭（尹淑姫・神田聡訳）『朝鮮王朝実録』（新潮社，1997 年）

宮嶋博史『両班——李朝社会の特権階層』（中公新書，1995 年）

矢木毅『韓国の世界遺産 宗廟——王位の正統性をめぐる歴史』（臨川書店，2016 年）

山内弘一『朝鮮からみた華夷思想』（山川出版社，2003 年）

李成市・宮嶋博史・糟谷憲一編『朝鮮史 1 ——先史〜朝鮮王朝』（山川出版社，2017 年）

六反田豊監修『朝鮮王朝がわかる！』（成美堂出版，2013 年）

# 第 2 章

# 大韓帝国〜
# 日本統治時代

迎恩門の柱と独立門

（出所）『写真はがきで見る近代風景』民俗院，ソウル，2009 年。

# 1 大韓帝国の誕生

日露の勢力争いと王妃閔氏の死

1894年7月に日清戦争が勃発すると，日本軍はわずか2カ月ほどで清軍を朝鮮半島から駆逐しました。それに連動して，朝鮮王朝内では日本が支持する開化派が力を持ちはじめます。94年末に成立した内閣では，甲申政変後に日本に亡命していた朴泳孝が帰国し，内部大臣に就任しました。なお，金玉均は日清戦争前に高宗の刺客によって暗殺されています。

朝鮮王朝は1894〜95年にかけて主に表2-1のような近代化改革（甲午改革）を日本の影響下で進めました。ここまでは日本の思惑どおりに事が運んだといえます。しかし，95年4月に下関条約を締結した直後に，日本は衝撃的な事態に直面しました。ロシアがフランスやドイツとともに日本に対して遼東半島を清に返還するよう迫ったのです（三国干渉）。遼東半島は日清戦争に勝利した日本が清から獲得した領土でした。列強に抵抗する力などない日本は，泣く泣くこの命令に従います。それは同時に中国大陸や朝鮮半島の利権

表2-1　甲午改革

| | |
|---|---|
| 政　治 | 宮中・府中の分離，近代的内閣制度の導入，科挙の廃止，軍隊・警察制度の改革 |
| 経　済 | 予算制度の採用，幣制改革，租税金納化，度量衡の統一 |
| 司　法 | 司法権の独立，近代的裁判制度の導入 |
| 教　育 | 近代的学校制度の導入，実業教育の重視，留学生の派遣，外国語学校の設立 |
| 社　会 | 封建的身分制度の廃止，太陽暦の採用，女子の再婚自由，早婚禁止，断髪令 |

高宗
（『写真で見た百年前の韓国』カ
トリック出版社，1986 年）

を狙うロシアの圧力に日本が屈したことを意味し，順調に進んでいた日本の対朝鮮政策にブレーキをかけました。

　高宗や閔氏は日本の内政干渉によって政権を親日開化派に奪われ，不満を持っていました。彼らにとって三国干渉は権力を取り戻す千載一遇のチャンスとなります。親日派を退けて親露派の李範晋らを重用するなど，ロシアの威を借りて日本の勢力を抑える政策をとったのです。

　このような状況で軍人の三浦梧楼が新たな公使として朝鮮に赴任しました。彼は日本が不利な現状を打開するために強硬策に出ます。それは朝鮮の中枢を牛耳る高宗の王妃閔氏を殺して親露派を排除し，親日派の勢力を回復するというものでした。この計画は 10 月 8 日に実行に移されます。日本公使館守備隊が主力となり，禹範善率いる訓練隊が補助役として参加しました。訓練隊とは，日本の提案で設置し，日本人教官が指導した朝鮮の軍隊における一部隊のことです。彼らは未明に景福宮に侵入し，阿鼻叫喚の混乱のなかで閔氏を殺害してしまいました（乙未事変）。

　乙未事変で閔氏一族や親露派は失脚し，再び親日開化派による内閣が成立しました。しかし，この内閣はすぐに倒れます。1896 年 2 月 11 日に李範晋らがロシア兵の警護のもとで高宗をひそかに景福宮からロシア公使館に移したのです（露館播遷）。直後に漢城の各所には「乱臣賊子」の首をあげるよう命じる高宗の詔勅が貼り出されました。この「乱臣賊子」に，乙未事変の関係者だけでなく，親日内閣の構成員も該当することは誰の目にも明らかでした。それ

ゆえ，一部の大臣が群衆に捕らえられて撲殺されてしまいます。そのほかの親日派は日本などに亡命しました。

　高宗は露館播遷によって親日派の勢力縮小を実現しました。しかし，一国の君主が外国の公館で暮らすというのは異常事態であり，国威の低下につながりました。朝鮮の知識人にとっては屈辱であり，高宗の早期還宮を求める声があがります。

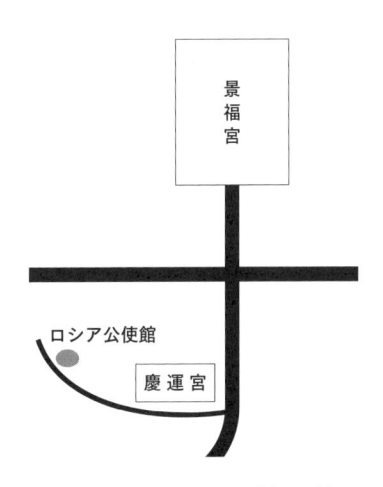

図 2-1　高宗の還宮（慶運宮）

　とはいえ，乙未事変を経験した高宗は日本や親日派に対して強い不信感を抱いており，なかなか景福宮に帰還しようとしませんでした。そこで，ロシア公使館からほど近い慶運宮（現・徳寿宮）を正宮として改修し，そこに戻るという解決策がとられることとなります（図2-1）。こうして，1897年2月に高宗の還宮が実現しました。

　同年10月，朝鮮王朝は大韓帝国へと変貌しました。帝国とは「皇帝の統治する国」を意味します。つまり，朝鮮半島に「王」ではなく「皇帝」が統治する国家が誕生したのです。

**東アジアにおける皇帝と王の違い**　大韓帝国の誕生は朝鮮半島における国体の一大変革でした。なぜならば，東アジアにおいて「皇帝」と「王」には大きな違いがあったからです。それは〈独立〉か〈従属〉かを分けるほどの差でした。たんなる君主の称号がなぜそれほどの違いを生むのか，まずは中国で「皇帝」の称号が生まれた経緯から見て

表 2-2　中国の王朝区分

| 神話伝説時代 |
| 夏 |
| 殷 |
| 周 |
| 春秋 |
| 戦国 |
| 秦 |
| 漢 |
| 三国 |
| 晋 |
| 五胡十六国 |
| 南北朝 |
| 隋 |

いきましょう（表 2-2）。

　中国の古代王朝である周では，君主が「王」を称していました。しかし，周王朝が衰退して権威が失墜すると，辺境の楚，呉，越でも分をわきまえずに勝手に王号を使用するようになります。やがて中国は 7 つの諸侯国が争う戦国時代に突入し，王が乱立しました。紀元前 221 年に秦王の政が乱世を治めて天下統一を果たすと，彼は「王」を超えた新たな君主号として「皇帝」の称号を作り出します。これは神話に登場する神「泰皇」の皇と，いにしえの聖人に用いた帝号を組み合わせたものでした。これ以後，中国を平定した者は皇帝を名乗るようになります。

　中華思想において中国は天下，すなわち世界の中心なので，「皇帝」は中国皇帝ただ 1 人しか存在しません。それゆえ，中国の冊封下にある周辺国の君主は，基本的に中国皇帝から授与された「王」の爵号を用いました。

　日本も古代，たとえばヤマト政権の時代は中国に朝貢していました。その頃，中国は東夷のヤマトを「倭」と記し，その君主に「倭王」とか「倭国王」の爵号を授与していました。しかし，607 年にヤマトは隋の皇帝煬帝に「日出ずる処の天子，書を日没する処の天子に致す」と記した国書を送ります。「天子」とは天命を受けて天下を統治する者のことであり，皇帝を意味しました。この文面で注目すべきは，ヤマトの君主が隋に対して「倭王」を名乗らず，天子＝皇帝を称している点です。つまり，隋の冊封を否定し，自立を表

明したのでした。さらにヤマトは，7世紀末から8世紀初頭に君主の公的称号として独自の「天皇」号を使いはじめ（皇帝や天子も併用），国号の表記も「倭」を廃して主体的に「日本」と改めています。こうして日本は独立国としての体裁を整えていきました。

　一方，中国大陸と隣接する朝鮮半島では19世紀末まで冊封体制が維持されました。朝鮮王朝は清に朝貢し，自主的な政治を行いながらも形式的には「属国」の地位に甘んじてきたのです。しかし，日清戦争に敗れた清は1895年に下関条約で朝鮮王朝の「独立自主」を認めました。これをきっかけに朝鮮王朝は独立国としての体裁を整えていくことになります。

　まず，1896年に建陽という独自の年号を制定します。もはや宗主国である清の年号を使う必要はなくなりました。翌年に高宗がロシア公使館から還宮すると，官僚の間で皇帝への就任を求める声が高まり，さらに沈舜沢議政大臣（首相）は廟議において「朝鮮の号は箕子が周の時代に諸侯に封じられたときのものであり，堂々たる帝国としてふさわしくない」と提言します。高宗はこうした意見に耳を傾け，ついに10月に国号を「大韓」に改め，皇帝に即位しました。1899年には大韓国国制という国の根幹を定めた憲法のようなものを制定しますが，その第1条で「大韓国は〔中略〕自主独立の帝国である」と宣言しています。大韓は，中国皇帝に冊封された「王」ではなく，天子たる「皇帝」が統治する独立国＝帝国だと大々的に表明したのでした。それゆえ，一般的には大韓のことを大韓帝国と称します。

　このように朝鮮王朝が大韓帝国へと変貌する間に，徐載弼らが大衆を啓蒙する目的で設立した独立協会は，事大主義の象徴であった迎恩門を取り壊して新たに独立門を建て，慕華館を独立館と改称し

ました（迎恩門や慕華館については第1章第1節参照）。ちなみに現在の韓国では朝鮮王朝が清の「属国」だったという認識を否定しているので，独立門は日本の植民地統治からの「独立」を祝して建立したと誤解している人が少なくありません。

## 2　韓国併合

### 外交の自由を奪って近代を移植する

アジアにとって19世紀はいつ欧米列強の植民地になってもおかしくない危機の時代でした。「日本軍閥の祖」となる山県有朋は，1888年に西欧諸国を視察したさいにウィーン大学の著名な国家学者であるシュタインを訪問し，北方に近接するロシアから日本を守る術を尋ねています。これに対してシュタインは，ロシアが朝鮮半島まで南下して日本海に面する元山あたりに冬でも凍らない海軍基地を建設すれば，日本の進退は極まるだろうと助言しました。ここから山県は，日本の主権を守るためにはたんに日本列島を防御するだけでなく，朝鮮半島をロシアに取られてはならないことを学びます。彼は帰国後に首相に就任し，第1回帝国議会でその考えを披瀝しました。

　朝鮮半島をめぐる日露の対立は，19世紀末までは朝鮮王朝内の派閥争いに終始しました。しかし，20世紀に入ると様相が変わります。きっかけは清で起きた宗教結社「義和団」の反乱でした。ロシア，日本，アメリカ，イギリスなど8カ国が居留民の救出を名目に1900年に共同出兵したため，反乱自体はすぐに鎮静化します。ところがロシアは10数万の大軍を満洲にとどめて軍事占領を続け，

さらに清と密約を結んで南下の気配を示しました。これに対して日本は，同じくロシアの勢力拡大を警戒していたイギリスと02年に日英同盟を結び，時局に備えます。そして，ついに04年2月に日露戦争が勃発しました。

戦況は日本の優勢で進展し，翌1905年9月のポーツマス条約で講和しました。ロシアは賠償金の支払いを拒否しますが，日本が大韓帝国に対して執る「指導，保護及監理の措置」を阻害しないと約束しました。

日本はロシアから得たこの言質をもとに，11月に大韓帝国と第2次日韓協約を締結して「保護国」としました。国家間で保護関係が成立すると，保護を与える国（日本）は保護国（大韓帝国）の統治に干渉し，とくに外交権を奪って外交機能を代行するようになります。保護国になっても形式的には独立していますが，外交権（他国と交際・交渉する権利）を失うので，国際的な主体ではなくなります。日本はこれまで朝鮮半島の改革に手を出すたびに清やロシアの威を借る高宗の勢力均衡策に翻弄されてきました。そのような辛酸を二度となめぬよう，保護国化という形で高宗および大韓帝国に足かせをはめたのです。

大韓帝国が日本の保護国になると，漢城に統監府が設置されました。統監府の長である統監には，日本で内閣制度を創設して初代首相となり，近代国家の礎を築いた伊藤博文が就任しています。伊藤は大韓帝国の外交事務を管理するだけでなく，皇帝に内々に謁見できる統監の立場を利用して内政にも積極的に干渉しました。そして，宮中と府中（政府）の分離，司法制度の整備，近代的教育の普及，殖産興業など，甲午改革で一度頓挫した近代化改革を進めていきます。

宮中と府中の分離は徴税権をはじめとするさまざまな権限を宮中から府中に移し，皇帝をただ君臨するだけで統治に手を出さない元首にするという意図がありました。それゆえ，専制政治に執着する高宗にとって改革は不都合でした。彼は閔氏存命中と同じように濫費を続け，予算が足りなくなると民から雑税を徴収して穴埋めするような生活を送っていたからです。高宗は「要求覚書」を提出して宮中には手を付けぬよう懇願しましたが，統監府は粛々と改革を進め，皇帝から数々の利権を剝奪していきました。

　すると高宗は再び欧米列強の力を借りて日本を抑えようとします。1907 年にオランダのハーグで開かれた万国平和会議に密使を派遣し，日本の不当性を世界に訴えようとしたのです。しかし，大韓帝国には外交権がなかったため，相手にされませんでした。それどころか，日本の面子を潰した高宗は自国の閣僚たちによって皇帝の座を追われることになります。その急先鋒に立ったのは，高宗を施政改革の最大の障害と考えていた李完用（イ ワニョン）首相でした。

　李完用は伊藤を訪ねて「国家と国民が助かるならば皇帝はどうなっても構わない」と告げます。伊藤は李完用が皇帝の譲位を意図していると直感し，「軽々しく行動して事をあやまらぬよう熟慮せよ」と釘を刺しました（文書 2-1）。しかし，李完用ら閣僚たちは高宗に謁見し，位を退くよう強く迫ります。その圧力に抗しきれなくなった高宗は，ついに長男に皇帝の座を譲りました。こうして第 2 代にして最後の大韓帝国皇帝となる純宗が即位しました。

### 突然台頭した併合方針

　伊藤は統監として大韓帝国の政治に干渉しましたが，この国を完全に日本に併合することについては基本的に反対していました。それは決して大韓帝国のためにではなく，日本のためにです。大韓帝国の財

政は朝鮮王朝末期から続く政治腐敗や社会の乱れによってすでに破綻の危機にありました。そのような国を併合するのは莫大な不良債権を抱えるようなものです。下手をすれば日本が破綻しかねません。だから伊藤は併合に否定的だったのです。

しかし，日本の国防および地政学上の問題として，朝鮮半島を欧米列強に取られるわけにはいきませんでした。そのようなジレンマのなかで，伊藤が考えた方策は，まず大韓帝国を近代化して自衛力を身に付けさせ，そのうえで日本は大韓帝国と「同盟」するというものでした（文書2-2）。先述した諸改革の根底には，日本の経済的負担をできるだけ抑えつつ，朝鮮半島を日本の防波堤として

文書2-1　伊藤博文から林権助外相への機密文書（1907年7月7日）

〔李完用〕総理大臣，本官〔伊藤〕を訪ひ謀るに善後策を如何に画すへきやを以てせり。韓国政府に於ても事態の重大なることは具さに諒し居り，内密に本官に告くる所に依れは，事茲に至りては国家と国民とを保持せは足れり，皇帝身上の事に至りては顧るに違なしと。蓋し譲位を意味するものに似たり。之に対し本官は尚熟慮すへしと答へ置けり。此際我政府に於て執るへき手段方法（例は此の上一歩を進むる条約を締結し我に内政上の或権利を譲与せしむる如き）は廟議を尽され訓示あらんことを望む。譲位の如きは本官深く注意し，韓人をして軽挙事を過まり其の責を日本に帰せしむる如きは固より許ささる所なり。

（『日本外交文書』）

李完用
（辛基秀編著『韓国併合と独立運動』労働経済社，1995年）

文書2-2 大韓帝国の施政改善協議会における伊藤博文の発言

今や日本にして若併呑に意あらは実に一挙手一投足の労を以て其の目的を達し得へきに拘らす其の然せさる所以は，日本は韓国を併呑し巨額の経費を消費して自ら之を統治するの愚を学はんよりは，寧ろ韓国を興して隆盛の域に導き，韓国人をして完全に自国を防衛せしめ，之と同盟して以て我国の安全を図らんと欲するに由る。及自分は此の目的を達せんか為，当国に来任せる次第なれは我か国に於て韓国に対し何等野心的希望を有せさることは蓋し夙に諸君の諒知せらるる所ならんと信す。

（市川正明編『韓国併合史料』第1巻）

利用するという魂胆があったのです。

伊藤は宮中改革に目処がついた1909年6月に統監を辞め，同じく併合に慎重な考えを持つ曾禰荒助（そね あらすけ）に後を託しました。この段階でさえ併合はいまだ現実的なものではなかったのです。しかし，このあと日本は急遽方針を改め，わずか1年で大韓帝国を併合してしまいました。その引き金になったのは安重根（アンジュングン）による伊藤の暗殺です。

安重根は裁判で伊藤を殺害した15の理由を述べています。しかし，そのなかには伊藤が"王妃閔氏を殺害した"とか"高宗の譲位を謀った"といった事実誤認や，"孝明天皇を殺した"といったデマの類も含まれていました。それはさておき，安重根が大韓帝国の独立を慮って取ったのであろう暗殺というテロ行為は，結果的に併合を早めることになります。文官の伊藤や曾禰に代わって，国防を最優先する武官（軍人）の山県有朋・寺内正毅らが対韓政策を主導するようになったからです。山県は過去に，「朝鮮人は積極的に新しい物事へ取り組もうとせず，目先の安楽を求め，好きなだけ食べてはすぐに眠る風習がある。そのような国を助けて独立をまっとうするのは至難のわざである」といった侮蔑的な意見を述べていました（文書2-3）。大韓帝国の潜在能力を信じて近代化を推進した伊藤

とは相反する考えを持っていたのです。山県らは伊藤の方針を破棄し，たとえ経済的な負担があったとしても，欧米列強に取られる前に大韓帝国を日本に併合してしまう途を選びました。

文書 2-3　山県有朋の朝鮮人観

〔朝鮮は〕国民を挙げて進取の気象に乏しく偸安姑息，飽食して則ち眠るの風習あるに由らすんはあらす。此の国を助けて独立の名と実とを全くせしむるは寔に至難の業なりと云はさる可からす。（山縣陸軍大将「朝鮮政策上奏」大山梓編『山縣有朋意見書』）

　なお，危機に敏感な高宗は伊藤が殺害された直後に明治天皇に電報を送って哀悼の意を伝えていますが，そのなかで安重根を「兇徒」と表現して突き放しています。現代でこそ安重根は韓国で英雄視されていますが，大韓帝国の皇室にとっては厄介者だったことがうかがえます。

　　波乱なき併合交渉　　胃癌に倒れた曾禰荒助に代わって1910 年 5 月に寺内正毅が第 3 代統監に就任し，7 月に漢城に渡りました。8 月 16 日には李完用首相と趙 重 応農商工部大臣を相手に併合交渉を開始しています。このとき寺内がとくに重視したのは，欧米列強が後になって難癖つけぬよう日韓の「合意」を形成することでした。それはすなわち両国が国際条約を締結して併合を実現するということです。そのためには純宗の条約締結意思を引き出さなければなりませんでした。そこで統監府側は，純宗・高宗やその親族に日本の皇族に準じた地位を用意するという厚遇案を大韓帝国側に提示しています。李成桂が高麗を倒したときに王氏一族を根絶やしにしたのとは対照的でした。純宗は「合意」の生き証人となるがゆえに，命を奪われる危険性はなく，むしろ丁重に迎えられることになったのです。

李完用と趙重応は寺内が提示した併合方針に特段の異議を挟むことはありませんでした。ただし，条約締結の条件として①「韓国」の国号を残すこと，②「王」の尊称を残すことの2つを要求しています。そのさいに趙重応は，清に「隷属」した時代でさえ「王」を称していたのだから，併合後もそれを踏襲したいと述べています。この発言から，大韓帝国の閣僚は冊封体制への回帰を想定して併合を実現しようと考え，たとえ「属国」になるとしても，自主の名分（国号と王称）だけは維持しようとしていたことがわかります。現代の国家観では無意味な要求に思えますが，長年中国の冊封下にあった彼らにとっては名分こそが重要だったのです。

　寺内は併合を「合意」として成立させなければならず，この2つの要求を無下に拒むわけにはいきませんでした。しかし①に関して，要求のまま「韓国」を認めれば，日本のなかにまた別の「国」があるかのような誤解を生み，独立の火種になりかねません。そこで，寺内は「朝鮮」ならば認める旨を告げました。これを聞いた趙重応は「朝鮮の名を存せらるるに於ては誠に幸なり」と好意的に応じています。中国の冊封時代と同じ伝統的な呼称が認められて嬉しかったのでしょう。

　一方，②の王称に関しては，たんに「王」を認めると「朝鮮王」を名乗る危険性がありました。そこで寺内は，「朝鮮」＋「王」とできないように，大韓帝国皇室の姓である「李」を付けた「李王」を提案します。趙重応はこれに不満でしたが，さらなる譲歩は見込めず，しぶしぶ了承しました。

　8月22日，純宗は自ら署名して国璽を押した全権委任状を李完用に交付し，条約締結を許可しました。李完用は午後4時に統監官邸を訪れて全権委任状を提示し，寺内とともに韓国併合条約に調

印しています。こうして曲がりなりにも両国の「合意」によって韓国併合が成立しました。ただし，大韓国国制で規定されているように，大韓帝国は皇帝が無限の君権を有する専制政治の国なので，この「合意」に一般民衆の意思は反映されていません。日本は大韓帝国皇室の処遇案を中心に条約交渉を進め，対する純宗は自分たち一族の身分保障と引き換えに統治権を天皇に譲与したのでした。

# 3　3・1運動と大韓民国臨時政府の創設

**盛大に計画された高宗の国葬**

韓国併合から9年後の1919年1月に高宗が徳寿宮で息を引き取ります。当時，日本の首相だった原敬は，高宗の葬儀を日本の国葬として行う計画を立てました。国葬とは，国家が主体となって行う葬儀であり，誰もが受けられる礼遇ではありません。大正時代までは基本的に皇族以外は明治維新に貢献した薩長の旧藩主および志士に限られていました。それゆえ，高宗を国葬するのは異例中の異例だったのです。

　日本政府はなぜ前例を破ってまで，しかも現在の価値で数億円の予算をかけてまで高宗の葬儀を丁重に行おうとしたのでしょうか。国葬費を審議するために帝国議会に登壇した前田利定貴族院議員は「〔朝鮮人が〕此有難き聖旨を拝聞いたしましたならば必ずや感涙に咽び感激いたすことであろう」と述べています。すなわち，日本としては朝鮮人を懐柔して統治をスムーズに行うために，高宗の葬儀を盛大に行わなければならなかったのです。

　国葬のメインとなる「葬場祭の儀」は3月3日に執行すると決

まりました。すると，その日に合わせて朝鮮全土からものすごい数の人々が京城（併合後の漢城。コラム②参照）に集まりはじめます。新聞では列車の混雑ぶりが「戦後の軍隊輸送の光景其儘」と表現されるほどでした。ここまでは日本政府が思い描いた筋書きどおりに進捗し，朝鮮人に見せるための国葬の素地ができつつありました。しかし，急激な人の集まりは朝鮮人の懐柔とは正反対の結果をもたらすことになります。

この前年にアメリカのウィルソン大統領が第 1 次世界大戦後の国際秩序を構想して民族自決の原則を含む十四カ条の平和原則を提

『朝鮮日報』（1930 年 7 月 19 日）

城」を使っていました。これがやがて固有名詞化し，朝鮮王朝時代には首都を表すときに「漢城」だけでなく「京城」も使用していたのです。日本は韓国併合後にこの「京城」を都市名として採用し，日本式に「けいじょう」と読んだだけです。日本統治下で作られた英語の地図などをみると，京城のローマ字表記は「KEIJŌ（SEOUL）」となっており，当時からソウルという呼称も使われていたことがわかります。

唱していました。民族自決とは，各民族が自らの意志にもとづいて運命を決する権利を持ち，他の民族や国家による干渉を認めないとする考え方です。これをきっかけにポーランドなどが独立を実現しました。民族自決の原則はアジアやアフリカの植民地には適用されませんでしたが，それでも朝鮮の独立運動家にとっては希望の光となります。高宗の国葬が計画されたのはまさにそのようなときでした。この絶大な集客力を誇るイベントは，集会が禁じられていた当時の朝鮮で事を起こす絶好の機会となったのです。

## 宗教団体と学生の主導権争い

まず動いたのは天道教の教主であった孫秉熙（ソンビョンヒ）です。彼はキリスト教や仏教とともに宗教界で団結し，独立宣言書を朗読することをもくろみます。ただし，この独立宣言書は「排他的感情に逸走せず〔中略〕一切の行動は秩序を尊重して公明正大に行え」と謳（うた）っており，暴動を起こしてまですぐに独立を実現しようとするような計画ではありませんでした。彼らが考えていたのは，京城の中心にあるパゴダ公園で独立宣言書を読み上げ，朝鮮の民衆および日本や欧米に対して独立の意志をアピールする程度の，いわばパフォーマンス的な計画だったのです。

他方で，血気盛んな学生たちも高宗の国葬を期に独立運動を計画していました。それを知った宗教団体は，手柄を横取りされるのではないかと焦り，学生たちに中止を迫ります。しかも，それでは飽き足らず，学生たちの計画を朝鮮に駐屯する日本陸軍の宇都宮太郎朝鮮軍司令官にリークしてしまいました。宇都宮はその日の様子を2月27日の日記に次のように書き残しています。

> 夜食後，権東鎮（クォンドンジン）〔独立宣言書に署名した天道教徒〕来訪。朝鮮人々心の乖離益々甚しき実状を語る。素より相察せる通なり。尚ほ此度の国葬の際には何等かの出来事無しとも限らず，用心せよとの事おも申残して立ち去れり。
>
> （『日本陸軍とアジア政策──陸軍大将宇都宮太郎日記』）

宗教団体は学生たちに先立って3月1日に行動を起こそうとしていたので，「国葬の際〔3月3日〕には何等かの出来事無しとも限らず」との発言は，学生たちの企みを暴露しているとみるべきです。つまり，宗教団体は気軽に日本陸軍の司令官を訪問し，市中の動静を伝えて「用心せよ」と助言する関係にあったのです。

宗教団体は 2 月 28 日に孫秉煕邸で最終的な打ち合わせを行いました。そのさいも「独立宣言書の発表に大勢の者が集り騒ぐ必要なし」「学生等は意見浅薄にして如何なる事を仕出来すかも知れません」といった意見が出されています。そして，「無智人民等が暴動を為すかも知れぬ」という危機感から，会場をパゴダ公園から泰和館という料亭に変更し，仲間内だけで独立宣言書を読み上げる程度に抑えてしまいました。

　学生たちは宗教団体が国葬 2 日前の 3 月 1 日に独立宣言書を朗読することを事前に察知し，それに便乗してパゴダ公園で示威行動を起こす準備をしていました。ところが，宗教団体は上記のように会場をひそかに変えてしまいます。血の気の多い学生たちはそのような穏健な運動では満足せず，泰和館に行って「〔パゴダ公園に〕来て呉ねば拳銃で射する」と孫秉煕らを脅しました。しかし孫秉煕は「お前達と事を共にする事は出来ぬ故，お前達で勝手にするが良かろう」と拒否しています。現在韓国では 3・1 運動を挙族的な独立運動だったとして高く評価していますが，内実はこのように各団体が主導権争いをしており，朝鮮民族としてひとつにまとまっていたわけではありませんでした。

　宗教団体に連携を断られた学生たちはパゴダ公園に戻ります。すると，学生代表ではない人物が群衆のなかで「宣言書」を朗読していました。これをきっかけに学生や一般民衆は「朝鮮独立万歳」と叫んで示威行進をはじめます。宗教団体が考えていた「非暴力の原則」は守られず，鎌やこん棒を手にして次々と警察署や役場を襲い，憲兵や警察を殺害しました。一方で日本側も軍隊を出動して弾圧したため，多くの人々が犠牲となりました。京畿道堤岩里では軍隊が住民 30 名ほどを教会に閉じ込めて虐殺する凄惨な事件も発生して

文書 2-4　三・一独立宣言文署名者事件管
　　　　轄決定書

内乱の教唆罪成立するには暴動を手段とし
て政府を顛覆し，又は邦土を僣竊し，其他
朝憲を紊乱する目的を達成すべきことを教
唆したる行為あることを要す。故に単に朝
鮮民族たる者は最後の一人最後の一刻迄独
立の意見を発表し，互に相奮起して帝国の
羈絆を脱し，朝鮮の独立を図らざるべから
ざることを激励鼓舞するに止め，別に暴動
を手段として朝鮮独立の目的を達すべきこ
とを教唆したるに非ざるときは，従者其激
励鼓舞に因り偶々暴動を手段として朝鮮独
立の目的を達するの挙に出ずる者ありと仮
走[ママ]するも，其は専ら其者の自発の意思に
出ずるものと謂うべきを以てより，右激励
鼓舞したる者に内乱罪の教唆ありと為すべ
きに非ず。

（市川正明編『三・一独立運動』第 2 巻）

います。

　ところで，朝鮮の独立を企図することは，日本という枠組みで考えれば内乱となります。しかし，逮捕された孫秉熙らが問われた罪は保安法や出版法違反であり，刑罰は最大でも懲役 3 年程度でした。なぜ彼らは独立宣言書に署名して発表したにもかかわらず，内乱罪で処刑されなかったのでしょうか。実は内乱の教唆が成立するのは暴動を手段として統治機構を倒すようけしかけたときに限られます。すでにみてきたように，宗教団体が行ったのは独立宣言書を朗読しただけであり，「暴動」を起こしたのは学生ら別の主体でした。だから裁判所は内乱罪の適用を棄却したのです。朝鮮民衆が一致団結した運動ではなかったがゆえに，孫秉熙らは処刑を免れたのでした（文書 2-4）。

　　海外にできた臨時政府
　　の実像

　3・1 運動の直後に独立運動家の多くは亡命し，上海に大韓民国臨時政府（臨政）を組織しました。臨政の初代臨時大統領に就任したのは併合以前に高宗の密使としてアメリカで活動していた李承晩です。彼は国際学者らしく外交を主とした

独立運動を理想としており，武装闘争によって日本を倒そうと考えるメンバーからは「敗北主義」と非難されていました。それゆえ臨政内で徐々に求心力を失っていった李承晩は，上海を離れて拠点をアメリカに移してしまいます。すると臨政の議政院は1925年に大統領弾劾案を通過させて李承晩をクビにしました。

やがて臨政は日中戦争の激化に伴い，中華民国の国民党とともに重慶に移動しました。その頃，臨政を率いていたのは金九です。金九は武闘派で暴力的であり，テロリズムを主要な抵抗手段と考えるような人物でした。韓国併合以前には平壌近くの鴟河浦で長崎出身の土田譲亮を集団で襲って金品を奪う凶悪な強盗殺人事件を起こしています。併合後は李奉昌が昭和天皇に爆弾を投げつけた桜田門事件や尹奉吉が白川義則大将らの命を奪った虹口公園爆弾事件に関与しました。

臨政は1940年に重慶で「光復軍」を設立しました。現在，韓国国防部（日本の防衛省に相当）の見解によると，光復軍は5000名の兵力を誇り，日本軍と戦闘したことになっていますが，それを裏づける客観的な記録はありません。設立当時の資料や目撃した人々の証言によると，実態は200名程度であり，そのほとんどは知識人と学生だったようです。

# 4　1945年の朝鮮半島

**米ソの陣取り合戦が生んだ北緯38度の境界**

第2次世界大戦はアメリカ・イギリス・ソ連を中心とする連合国と，ドイツ・日本・イタリアを中心とす

る枢軸国の戦いでした。おおまかな構図でみると，ヨーロッパでは
ドイツとソ連が，アジアでは太平洋を挟んで日本とアメリカが対峙
していました。

　連合国が優勢となった1945年2月に，アメリカ・イギリス・ソ
連の首脳はヤルタで会談しました。このとき，自国民の被害を最小
限に抑えたかったアメリカのローズヴェルト大統領が，ソ連のスタ
ーリンと密約を結びます。ドイツを降伏させた後にソ連が対日参戦
すれば，見返りとして満洲でのソ連権益および南樺太や千島列島の
割譲を認めるという内容でした。

　ソ連は5月にドイツを倒すと，密約どおり8月に向けて日本に
攻め込む準備を進めました。ところが，この頃になるとアメリカは
方針を転換し，単独で日本を倒そうと考えていました。密約を結ん
だローズヴェルトが4月に急逝して大統領がトルーマンに代わり，
しかも7月には核実験に成功して強力な新型兵器を保有するよう
になったからです。トルーマンは「死に体」の状態にまで追い詰め
た日本を倒すのにソ連の助太刀は必要ないと確信するに至ったので
す。そもそもイデオロギーが異なるアメリカとソ連は水と油の関係
でした。アメリカは将来的なソ連との対立を予見し，できるだけ同
国の影響力を抑えておかなければなりませんでした。つまり，最後
の最後になって対日参戦するソ連に労せず極東の権益を持っていか
れるわけにはいかなかったのです。

　一方，ソ連は密約が画餅に帰す前に急いで対日参戦の準備を進め
ました。するとアメリカは早期の戦争終結をはかり，8月6日に広
島に原子爆弾を投下します。焦ったソ連は当初の予定を早めて8
月8日に日本に宣戦布告し，翌9日午前0時（ザバイカル時間）に
満洲・朝鮮北部へと攻め込みました。その数時間後にアメリカは2

発目の原爆を長崎に投下しています。

　この時点で，アメリカが朝鮮半島に上陸するのは能力的にも時間的にも不可能でした。このままでは朝鮮半島における日本軍の武装解除はソ連軍の担当となり，わずか数日しか対日戦に参加していないソ連が単独占領することになってしまいます。3年以上も日本と戦ってきたアメリカとしては納得できませんでした。そこで，アメリカは朝鮮半島のどこかに境界線を引き，ソ連と分け合う形で少しでも影響力を確保しようと画策します。その役目を担ったのが，ボンスティール大佐とラスク少佐でした。朝鮮の専門家ではないこの2人の軍人は，米軍担当地域に京城（現・ソウル）を含んで朝鮮半島をほぼ2等分できる北緯38度線を境界とする案を，壁に掛かった地図を見ながらわずか30分で作り上げます。

　スターリンは意外にもこの案を受け入れました。ソ連の最大の目標は旅順と大連を抱える遼東半島であり，朝鮮半島は自国領の沿海州に接する部分だけ確保できればよいと考えていたからです。また，日本軍の抵抗が頑強でソ連軍はいまだ朝鮮半島の北端部しか占領できずにいたため，アメリカから提起された2等分案はむしろ好都合でした。こうして朝鮮半島に分断の種が蒔かれることとなります。

### 幻の朝鮮人民共和国

　ソ連軍が侵攻を開始した翌日，朝鮮総督府には東京からポツダム宣言受諾の動きが伝えられました。日本が降伏すればソ連軍が一気に京城を占領して親ソ政権を樹立し，略奪や暴行が頻発する可能性があります。実際にソ連兵や朝鮮人に襲われて望まない妊娠をした日本人女性は少なくなく，引揚げの窓口となった福岡では二日市保養所で堕胎手術や性病治療が施されました。

　総督府の首脳部は約70万人にものぼる在朝日本人の生命・財産

をいかに守るかで頭を悩まします。そして，限られた時間のなかで出した答えは，社会が混乱に陥る前に朝鮮人リーダーに行政権を委ね，治安維持を任せるというものでした。総督府は早速人選に取りかかり，呂運亨という独立運動家に目を付けます。彼は元臨政のメンバーだったものの組織内部の派閥争いに嫌気がさして朝鮮に戻っており，戦時中であっても総督府の圧力に屈せずに進歩的な言論活動を続けて朝鮮人の支持を集めていた人物でした。

　8月15日午前に総督府は呂運亨に接触して朝鮮人による自治組織を作るよう要請しました。呂運亨は政治犯の即時釈放と引き換えにこの提案を受け入れます。そして，同日正午に日本の降伏を伝える玉音放送が流れると，すぐさま朝鮮建国準備委員会（建準）を組織しました。さらに翌16日には京城放送局を通じて，建準による治安維持と正規軍の編制，食糧配給の維持などの政策発表を行いました。この新政府樹立とも受け取れる発表によって朝鮮人の興奮は頂点に達し，建準が正統政府になりうる素地が整えられていきます。9月6日には「朝鮮人民共和国」の即時樹立を宣言し，李承晩，金九，金日成の名を含む人民委員55名の顔ぶれを発表しました。ただし，李承晩らはまだ海外におり，本人の承諾を得ていたわけではありませんでした。

　呂運亨らは米軍が進駐してくる前に慌てて国家樹立を宣言し，既成事実化をもくろみました。しかし，朝鮮人民共和国は幻に終わります。総督府は8月22日の時点で，38度線以北にはソ連軍，以南には米軍が進駐して武装解除するとの連絡を内務省から受けていました。それゆえ，早々に建準を見限り，権力移譲の相手を米軍に定めていたのです。一方，進駐してくる米軍も朝鮮人に統治を任せる考えは一切ありませんでした。米軍は9月7日に布告第1号を発

表し，「北緯 38 度線以南の朝鮮地域を占領する」「英語をすべての目的に使う公用語とする」と宣言します。こうして朝鮮人民共和国の樹立は完全に否定され，38 度線以南に米軍政庁が発足しました。

　それから 3 年の空白を経て朝鮮半島には南に大韓民国（韓国），北に朝鮮民主主義人民共和国（北朝鮮）ができ，分断となります。米軍は朝鮮人による国家建設（朝鮮人民共和国）を認めなかったにもかかわらず，なぜ米軍政下の北緯 38 度以南で韓国が誕生したのでしょうか。第 3 章では韓国の建国から民主化までの過程をみていきたいと思います。


## 参 考 文 献

小此木政夫「南朝鮮解放の政治力学——米軍進駐と左右対立の構図」（『法学研究』第 88 巻第 4 号，2015 年 4 月）

宇都宮太郎関係資料研究会編『日本陸軍とアジア政策——陸軍大将宇都宮太郎日記』第 3 巻（岩波書店，2007 年）

海野福寿『韓国併合』（岩波新書，1995 年）

加藤聖文『「大日本帝国」崩壊——東アジアの 1945 年』（中公新書，2009 年）

加藤陽子『それでも，日本人は「戦争」を選んだ』（朝日出版社，2009 年〔2016 年に新潮文庫〕）

カミングス，ブルース（鄭敬謨ほか訳）『朝鮮戦争の起源 1 —— 1945 年－1947 年　解放と南北分断体制の出現』（明石書店，2012 年）

康成銀「3.1 運動における『民族代表』の活動に関する一考察」（『朝鮮学報』第 130 輯，1989 年 1 月）

木村幹『高宗・閔妃——然らば致し方なし』（ミネルヴァ書房，2007 年）

下川正晴『忘却の引揚げ史——泉靖一と二日市保養所』（弦書房，2017 年）

新城道彦『朝鮮王公族——帝国日本の準皇族』（中公新書，2015 年）

大韓民国国防部戦史編纂委員会編『韓国戦争史Ⅰ——解放と建軍』（大韓
　民国国防部戦史編纂委員会，ソウル，1967 年）

永島広紀「韓国の歴史——『大韓民国』史へのまなざし」（小倉紀蔵編
　『現代韓国を学ぶ』有斐閣，2012 年）

林廣茂『幻の三中井百貨店——朝鮮を席巻した近江商人・百貨店王の興
　亡』（晩聲社，2004 年）

朴永圭（金重明訳）『韓国大統領実録』（キネマ旬報社，2015 年）

山縣陸軍大将「朝鮮政策上奏」（大山梓編『明治百年史叢書 山縣有朋意
　見書』原書房，1966 年）

「三・一独立宣言文署名者事件管轄決定書」（市川正明編『三・一独立運
　動』第 2 巻，原書房，1984 年）

「孫秉熙地方法院予審訊問調書」「権東鎮警察訊問調書」「崔聖模検事訊問
　調書」「崔麟検事訊問調書」（市川正明編『三・一独立運動』第 1 巻，
　原書房，1983 年）

# 第 3 章

# 米軍政〜
# 大韓民国時代

取り調べ中の拷問で朴鍾哲が死亡した事件に対するデモ
（1987 年 1 月，ソウル）

（AFP＝時事）

# 1 大韓民国の誕生

前章の最後で第2次世界大戦終結間近の1945年2月にヤルタでアメリカ・イギリス・ソ連の首脳が会談したことに触れました。実はこのとき日本を倒した後の朝鮮半島の取り扱いについても話し合われており、アメリカのローズヴェルト大統領は、アメリカ・ソ連・イギリス・中華民国の4カ国で20～30年にわたって信託統治するべきと主張していました。信託統治とは、国際連合の信託を受けた国が非独立国を代わりに統治する制度のことです。つまり、アメリカには朝鮮半島の即時独立と朝鮮人による国家建設といった考えは当初からなかったのです。

朝鮮半島では9月9日に朝鮮総督府が降伏文書に調印し、正式に連合国に「降伏」しました。総督府の正門前に星条旗が翻ると、数千の群衆から拍手が起こったといいます。しかし、朝鮮は日本の植民地支配から解放されると同時に、北はソ連、南はアメリカの支配下に置かれたのであり、独立はまだまだ先のことでした。

南朝鮮ではアーノルド軍政長官が朝鮮人民共和国を否認して10月10日に解体を命じます。米軍が進駐する直前に左派中心で慌てて作った朝鮮人民共和国が挫折すると、それに代わって強力な政治集団として登場したのが朴憲永ひきいる朝鮮共産党でした。また、10月16日には李承晩がアメリカから帰国します。彼は日本が降伏したというニュースを聞くとただちに朝鮮に戻ろうとしましたが、アメリカ政府がすぐには許可しませんでした。李承晩は朝鮮人に人

気があり，主導権を握られるかもしれないと懸念したからです。しかし，当時の朝鮮では，左派の勢力が右派を圧倒していたため，米軍政は左派に対抗できる反共の闘士を必要としていました。そこでアメリカは親米で反共の李承晩を帰国させたのです。李承晩は10月23日に独立促成中央協議会（独促）を結成し，南朝鮮における権力基盤を築いていきました。独促は右派と左派をまとめた組織でしたが，李承晩は基本的に反共主義者です。それゆえ，朝鮮共産党の朴憲永らとは意見が合わず，すぐに左派と袂を分かちました。

　李承晩の帰国から1カ月ほど経った11月23日に，今度は臨政の主席である金九が米軍機でソウルに降り立ちました。アメリカは臨政を朝鮮の代表政府とは認めていなかったので，個人の資格での帰国です。金九と李承晩はともに右派でしたが，政治観は相容れませんでした。金九は朝鮮民族の力を過信し，民族主体で独立国家の建設を目指す理想主義者でしたが，李承晩は世界情勢を的確にとらえ，アメリカの力に依存する現実主義者でした。

　こうして朝鮮半島の38度線以南に主役が揃い，米軍政のもとに主に以下の勢力ができました。

①呂運亨（朝鮮人民共和国）・朴憲永（朝鮮共産党）

②金九（臨政）

③李承晩（独促）

### 理想を捨てた政治家の勝利

1945年12月にモスクワで米英ソ三国外相会議が開かれ，世界各地域の戦後処理について話し合われました。朝鮮半島に関しては独立国家樹立に向けてアメリカとソ連で共同委員会を設置して協議し，過渡的措置として米英ソ中の4カ国で最長5年間にわたって信託統治するという案が採択されました。当時，

朝鮮の民衆は信託統治を植民地統治と同じようなものだと考えていたため，この内容に衝撃を受けます。

左派勢力（①）は，当初こそ信託統治反対を主張していましたが，途中で立場を転じました。共産主義陣営の代表格であるソ連が，安定的な単一国家樹立のためには信託統治が最も現実的だという考えだったため，その意向に沿う形で賛成に回ったのだとみられます。当然ながら朝鮮民衆からは「左翼はソ連の植民地化政策に賛成する売国奴である」と非難され，急速に支持を失っていきました。米軍政はこの機会に左派を潰しにかかります。1946年5月に紙幣偽造の嫌疑で朝鮮共産党を捜査し，9月に多数の幹部を逮捕しました。さらに10月に大邱で反米のデモが起きると，米軍政は戒厳令を布告し，鎮圧の過程で左派指導者の多くを捕えました。この頃に朴憲永は北に逃げています。呂運亨はその後も左右両派の合作による単一国家の樹立を目指しましたが，翌年7月に李承晩派の右翼青年に暗殺されてしまいました。

右派勢力の金九（②）は，信託統治に対して強硬に反対し，臨政を母体とする独立国家の即時樹立を主張して民衆の支持を得ました。しかし，政治は民衆の支持だけで勝利できるほど甘くはありません。金九らは38度線以南を支配するアメリカを敵に回すという大きなミスを犯しました。米軍政庁傘下にあるすべての朝鮮人職員に臨政の指揮を受けるよう要求し，米軍政から政権を奪おうとしたのです。これは一種のクーデターともいえる行為でした。アメリカを敵視し正面から対峙するこのような姿勢によって金九は力を失い，政治の表舞台から消えていきます。

他方，同じ右派勢力の李承晩（③）は巧みな戦略で他を凌駕していきます。まず信託統治に関しては金九と同じく強硬に反対し，民

衆の支持を得ました。ただし，信託統治を考えるアメリカを敵視せず，米軍政の正統性は尊重したのです。しかも，李承晩の独特な政治信念はそれだけではありませんでした。共産主義が拡大していく戦後の世界情勢を冷静に見つめ，朝鮮半島に単一国家を作るのではなく，南半分だけで反共の国家を樹立することを早くから考えていたのです。多くの政治家が理想に走るなかで，彼は分断が朝鮮半島の厳然たる現実であることを確信していました。

しかし，モスクワ外相会議でアメリカやソ連が決めた信託統治案は，朝鮮半島に単一国家を作るための過渡的措置だったはずです。南単独で国家を樹立する構想はアメリカの方針に反するのではないでしょうか。そんなことはありません。実は，アメリカは単一国家樹立の考えを早々に放棄していました。1947 年 3 月の時点で，トルーマン大統領は徹底した反共政策によってソ連を封じ込める必要があると宣言し，米ソ対立が表面化していたのです。もはや米ソが協力して朝鮮半島に単一国家を樹立するなどありえない状況になっていました。それとともに当初から南単独の国家樹立を主張していた李承晩が米軍政下で絶対的優位に立ったのです。

### 分断を決定的にした南単独選挙

朝鮮半島に単一国家を作るための米ソ共同委員会は 1947 年 5 月以降にも開催されました。しかし，議論は平行線をたどり，アメリカは作業を打ち切って朝鮮問題を国連に委ねます。同年 11 月の第 2 回国連総会で，アメリカの提案により国連臨時朝鮮委員会が設けられました。この委員会の監視のもとで，朝鮮全土で選挙を実施して政府を樹立するのが目的でした。しかし，アメリカ主導で進む選挙の方針に対してソ連は拒否声明を出し，金日成も国連臨時朝鮮委員会の 38 度線以北への立ち入りを拒みます。

こうした対応はアメリカの思う壺でした。48年2月に開かれた国連小総会では，国連臨時朝鮮委員会が視察できた南だけで5月10日に選挙を実施する案が採択されてしまいます。

南北分断を固定化することになる南単独選挙の実施が決まると，全国各地で反対運動が起きました。とくに激しかったのは済州島（チェジュド）です。南朝鮮労働党（朝鮮共産党が他の左派政党と合同して誕生）に導かれた島民は，4月3日に350人ほどの武装隊を組織し，島の警察署を襲撃しました。これに対して朝鮮警備隊（韓国陸軍の前身）と警察は大々的な弾圧を開始します。約30万人いた島民のうち，3万人ほどが無差別に虐殺されました。女性と子どもだけでも1万人以上が犠牲になったとみられています（済州島4・3事件）。

38度線以南では5月10日に総選挙を実施し，198人の国会議員を選出しました。単一国家の樹立を主張していた金九ら右派の一部や左派は選挙をボイコットしたため，無所属議員を除いて右派政党の議員が多数を占めました。議会は7月に憲法を制定し，8月15日に「大韓民国」の樹立を宣言します。しかし，その初代大統領に就任したのは大韓民国臨時政府主席の金九ではなく，その臨政を終始否定していた米軍政と結託した李承晩でした。金九は韓国建国後も南単独の国家建設に反対し続け，1949年6月に陸軍少尉の安斗熙（アンドゥヒ）に射殺されました。

38度線以北には1948年9月9日に「朝鮮民主主義人民共和国」ができ，金日成が最高指導者となりました。朝鮮半島に韓国と北朝鮮という2つの国が成立すると，米軍とソ連軍は軍事顧問を残して朝鮮半島から撤退していきました。

## 2 朝鮮戦争

**3日で陥落したソウル**　現在，韓国は半導体やスマートフォンなどを生産する工業国として発展し，北朝鮮とは比較にならないほどの経済規模を誇っています。しかし，建国当初の韓国は国民の大半が農業に従事する貧しい国でした。一方，北朝鮮は水力発電による豊富な電力や潤沢な鉱山資源で工業が盛んであり，韓国よりも国力がありました。軍事力に関しても，北朝鮮はソ連から提供された戦車を258両も保有していましたが，韓国には1両もありませんでした。こうした南北の力の差を背景に金日成は武力による統一をもくろみます。

　しかし，同じ共産主義陣営のソ連や中華人民共和国（中国）は一貫して北朝鮮の軍事侵攻に反対していました。韓国に攻め込めば，間違いなくアメリカが干渉すると警戒していたからです。ところが，1950年に入るとソ連のスターリンは態度を急変し，北朝鮮にゴーサインを出しました。そのきっかけは，同年1月にアメリカのアチソン国務長官が発表した西太平洋におけるアメリカの「不後退防衛線」にあるとみられています。これは軍事侵攻を受けた場合にアメリカが断固として反撃するラインを表しており，アリューシャン列島・日本・沖縄・フィリピンが含まれる一方で，朝鮮半島と台湾は除外されていました。ここからスターリンは，朝鮮半島で戦争が起きてもアメリカが直接軍事介入する可能性は低いだろうと判断し，北朝鮮の軍事行動を容認したのでしょう。共産主義陣営の権威であるスターリンが許可した以上，中国の毛沢東がそれに反対するのは

困難でした。

こうして北朝鮮は6月25日に38度線付近でいっせいに砲撃を開始し、圧倒的な火力を誇るT34戦車と歩兵部隊で韓国側に攻め込みました。韓国軍はバズーカ砲で応じますが、T34戦車の厚い装甲を撃ち抜くことはできません。ずるずると後退を続けました。

李承晩大統領は開戦から2日後の27日未明にソウルを捨てて特別列車で南へ逃げてしまいました。直後に韓国軍もソウルを放棄しています。そのさい、北朝鮮軍の追撃を遅らせようと漢江にかかる大橋を爆破したため、橋を渡っていた多くの避難民が命を落としました。結局ソウルは、開戦からわずか3日で陥落します。漢江を渡れずにソウルに取り残された人々は北朝鮮軍に捕まって強制動員されたり、人民裁判で処罰されたりしました。（図3-1）

### 世界を巻き込んだ大規模な戦争へ拡大

北朝鮮の南進に対して、トルーマン大統領は即座に軍事介入を決断します。アメリカが主導する国連の安全保障理事会は、6月25日に北朝鮮を非難し撤退を要求する決議案、27日に国連加盟国が韓国を支援する決議案、7月7日にアメリカ指揮下で国連軍を編制する決議案を採択しました。

アメリカ本土から朝鮮半島までは距離があるので、兵を派遣するには時間がかかりました。そこでまず日本に駐留していた約7万人の米兵が韓国に向かいます。しかし、勢いに乗った北朝鮮軍を止められず、いたずらに死体の山を築きました。激戦となった大田（テジョン）で米軍第24師団は大敗し、師団長のディーン少将は北朝鮮軍の捕虜となってしまいます。

韓国軍は大田を捨ててさらに南に逃げました。そのさいに刑務所に収容していた親北の政治犯を大量虐殺しています。韓国で起きた

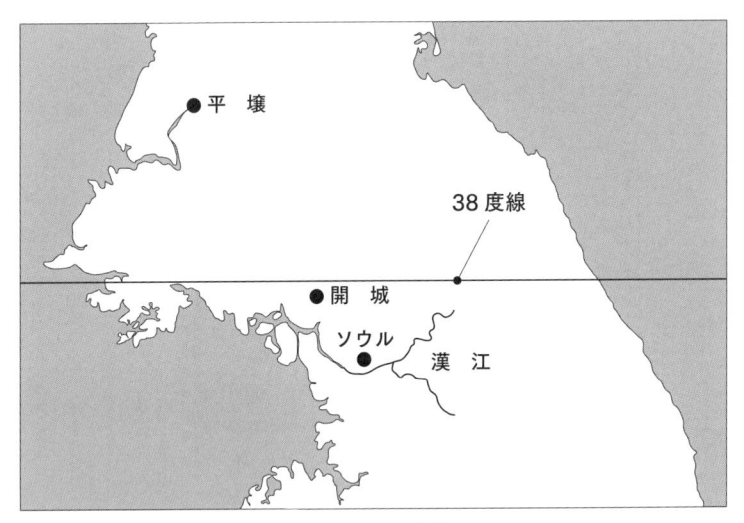

図 3-1　38 度線

悲劇はこれだけではなく，全国で国民保導連盟の会員が殺害されました。国民保導連盟とは，韓国建国後に共産主義からの転向者やその家族を再教育するために設立した団体です。この団体に登録すれば共産主義者として処罰されず，食料も優先的に配給してもらえました。ところが，朝鮮戦争が勃発すると韓国政府は共産主義者としての過去は問わないという約束を反故にし，連盟員を無差別に虐殺したのです。イデオロギーとは関係なく食料のためだけに連盟に登録していた人もたくさんいたため，犠牲者は少なくとも 20 万人に上りました。

　開戦から 1 カ月余りで国連軍は朝鮮半島南東部の釜山にまで追い込まれ，あとわずかで北朝鮮による軍事統一が実現する状況となります。しかし，国連軍は必死に抵抗しました。そして 9 月 15 日

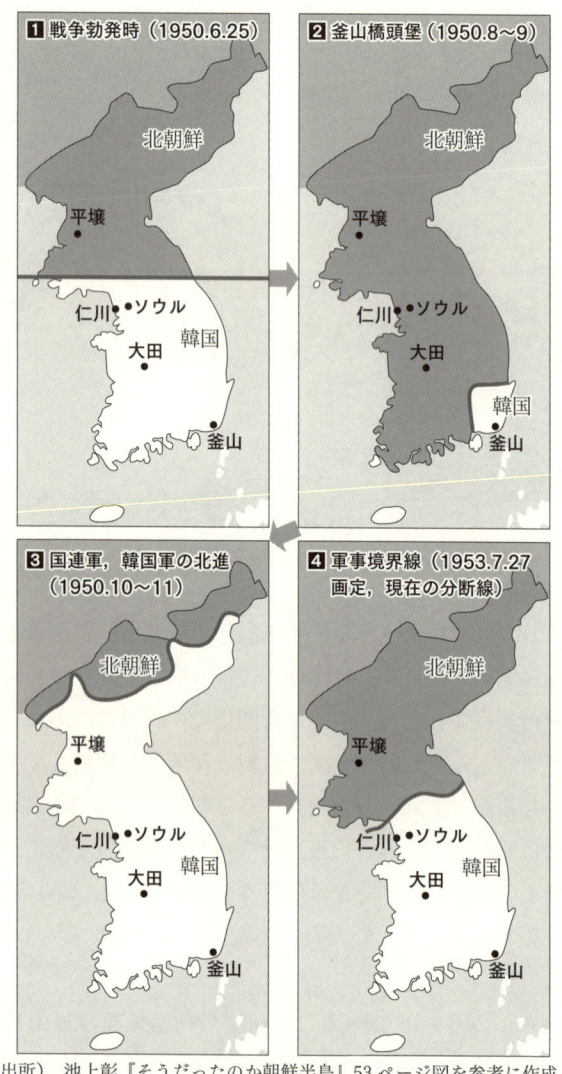

（出所）　池上彰『そうだったのか朝鮮半島』53 ページ図を参考に作成。

図 3-2　北朝鮮と韓国の勢力変化

に国連軍最高司令官のマッカーサー元帥は「仁川上陸作戦」を決行します。仁川から上陸した7万人の兵が釜山を攻撃する北朝鮮軍の背後に回り，挟撃したのです。国連軍は壊滅状態となった北朝鮮軍を追撃し，2週間足らずでソウルを奪還，そのまま38度線を越えて10月20日には平壌を占領し，中朝国境地帯にまで迫りました。今度は韓国による軍事統一が目前となります。

しかし，それは中国にとって不都合でした。北朝鮮という緩衝地帯を失って資本主義陣営（米軍が駐屯する韓国）と直に接し，1300kmにも及ぶ極めて緊張した防衛ラインを持たなければならなくなるからです。そこで，中国は10月12日の時点で朝鮮戦争への参戦を決めました。19日以降に18万人もの中国軍がひそかに鴨緑江を越えて南下し，25日から戦闘に入りました。ただし，この大軍は中国の正規軍である人民解放軍ではなく「人民志願軍」を名乗っていました。中国は米中全面戦争に発展するのを恐れ，実態は人民解放軍でも，名目上は北朝鮮を助けるための志願兵（volunteer）という形をとったのです。

人民志願軍の人海戦術に圧倒された国連軍は12月初旬に平壌を放棄し，翌1951年1月4日にはソウルまで失います。しかし，3月に反撃に出て国連軍は再度ソウルを奪還し，38度線付近で一進一退の攻防を繰り広げました。

**米軍から日本への置き土産**

戦況が膠着状態になると1951年7月に開城で休戦会談がはじまりました。しかし双方が主張を譲らないために会談は何度も中断し，10月からは場所を板門店に移しました。会談開始から2年が経った53年7月27日，ようやく休戦協定が成立します。協定に署名したのはクラーク国連軍最高司令官，金日

成朝鮮人民軍最高司令官，彭徳懐中国人民志願軍司令官です。「北進統一」を主張する李承晩大統領は休戦を不服として調印式に参加しませんでした。朝鮮戦争は終戦したのではなくあくまで休戦なので，今でも韓国と北朝鮮の間にあるのは軍事境界線であり，国境ではありません。軍事境界線は休戦時の両陣営の支配地域にもとづいて設定されたので，38度線から斜めにずれた形になっています。開戦時に韓国領だった開城は北朝鮮領となりました。

　同年10月に韓国は北朝鮮などの脅威に対処するため，アメリカと米韓相互防衛条約を締結しました。これにより，現在まで韓国には強大な米軍が駐留し続けています。

　朝鮮戦争は日本の再軍備に多大な影響を及ぼしました。太平洋戦争後，連合国軍最高司令官のマッカーサー元帥は日本の非武装化を推進していました。しかし，朝鮮戦争で日本に駐留する米軍を朝鮮半島に送らなければならなくなると，日本の治安維持と防衛は日本自身に任せることにします。マッカーサー元帥は日本政府に「警察予備隊」の設立を命じました。部隊の規模はそれまで日本に駐留していた米軍と同じ7万5000人です。この警察予備隊がやがて自衛隊へと改組されていきました。

　朝鮮戦争は日本経済にも影響を及ぼしました。米軍は軍服，毛布，テント，軍用トラック，ドラム缶，弾薬などを朝鮮半島に近い日本から入手したからです。太平洋戦争の敗戦でどん底の状態にあった日本にとって，こうした「特需（特別の需要）」は経済復興の足掛かりとなりました。

　ちなみに，米軍が朝鮮戦争中に実戦配備した大量の戦車は，休戦後に埼玉の所沢補給廠に運ばれて解体されています。ここから生じた貴重な鉄資源は，東京タワーの施工を請け負ったゼネコンの竹中

工務店に納品されました。つまり，東京タワーの3分の1ほどは米軍の戦車をスクラップした鉄でできているのです。

# 3　独裁の足音

権力に執着する老政治家

建国当初の韓国では，大統領は1期4年で2期までつとめることができました。しかし，1952年の第2代大統領選挙で李承晩が再選をはたす可能性はほとんどありませんでした。当時，大統領は国会議員が投票する間接選挙で決めていたのですが，李承晩を支持する大韓国民党は50年5月の総選挙で惨敗し，210議席中わずか24議席しか取れていなかったからです。李承晩にとって最大の政治的危機でした。

　しかし，総選挙の翌月に李承晩を救う出来事が起きます。朝鮮戦争です。これを好機ととらえた李承晩は，臨時首都とした釜山で大統領直接選挙制を骨子とする憲法改正案を提出しました。「建国の父」としての威光は健在であり，国民が投票すれば再選されると踏んだのです。とはいえ，憲法改正は国会で3分の2以上の賛成が必要なため，支持基盤が脆弱な李承晩にとっては容易ではありませんでした。実際，国会は大統領直接選挙制の改憲案を否決しています。そこで李承晩は，1952年5月25日に「共産主義者を掃討する」という名目で非常戒厳令を宣布しました。その翌日に憲兵隊を動員して国会に向かうバスを強襲し，野党議員50数名を「国際共産党に関与した」という嫌疑で連行してしまいます。

　さらに李承晩は暴力団を動員し，議員を個別に呼び出して脅迫し

たり，国会を包囲してデモを行うなどしました。そのように恐怖の雰囲気を醸成したうえで，再び大統領直接選挙制への改憲案を提出します。憲兵隊や暴力団が国会を取り囲むなかで起立投票が行われ，出席議員 166 名中，賛成 163 票，反対 0 票，棄権 3 票で改憲案は可決となりました。この一連の出来事を「釜山政治波動」といいます。

1952 年 8 月の大統領選挙で李承晩は総投票数の 7 割を超える約 523 万票を獲得し，第 2 代大統領に選出されました。やがて彼は終身大統領になることをもくろみ，不当な改憲や不正選挙を繰り返します。「建国の父」は権力の欲望に侵され，英雄から独裁者へと変貌していきました。1960 年に国民の不満がついに爆発し，学生が立ち上がって大規模なデモへと発展します（4 月革命）。李承晩は大統領を辞任してハワイに亡命し，5 年後に 90 歳で亡くなりました。

### クーデターで政権は軍部の掌中に

1960 年の 4 月革命で第 1 共和国は終焉を迎え，第 2 共和国へと移行しました。李承晩の独裁を招いた反省から第 2 共和国憲法では議院内閣制を採用します。形式的な元首となった大統領には尹潽善，実質的な権力を握る国務総理（首相）には張 勉 が就任しました。

しかし，新しい政権は指導力に欠け，左派勢力のデモが日夜続き，社会の混乱は収まりませんでした。これに危機感を抱いたのは，朴正煕少将を最高指揮官とする若手将校たちです。彼らは 1961 年 5 月 16 日に約 3600 人の下士官や兵とともに政府中枢や陸軍本部などを占拠し，政権を掌握しました（5・16 軍事クーデター）。第 2 共和国はわずか 1 年で幕を閉じます。

クーデター部隊は即座に「国家再建最高会議」を発足し，6 月 6

日に非常措置法を公布しました。この非常措置法で，新政権ができるまでの間は国家再建最高会議が国の最高統治機関と定めたのです。続いて国家再建最高会議に直属する中央情報部を組織しました。KCIA と略称される諜報機関です。

　軍事クーデターで獲得した政権は正統性に欠けました。そこで朴正熙は大統領選挙を実施して民政移管すると宣言します。もちろん自分たちが政権を握る腹積もりです。そのためにまず「政治活動浄化法」を制定し，敵対勢力を排除しました。この法律は軍事政権が指名した 4373 人の政治活動を禁じ，再開に当たっては軍事政権の許可を得なければならないというものでした。さらに朴正熙は自分が大統領に当選した暁に実質的な権力を握れるよう，憲法を改正して議院内閣制を大統領制に戻しています。こうしたお膳立てをしたうえで，1963 年に大統領選挙を実施し，朴正熙が当選しました。第 3 共和国の船出です。民政移管という建前だったので朴正熙は形式的に軍服を脱ぎましたが，実態は軍部内の朴正熙一派が権力を握る軍事独裁政権でした。朴正熙政権は自分たちに批判的なメディアを閉鎖して言論を統制していきます。政権に非協力的な者には「容共」のレッテルを貼り，KCIA が捕らえて拷問しました。

### 日韓国交正常化と「漢江の奇跡」

アメリカは韓国を「反共の防波堤」と見なし，巨額の資金や食料・工業用原料などを援助してきました。しかし，1960 年代に入るとアメリカの関心は朝鮮半島からインドシナ（ベトナム戦争）へと移っていきます。韓国は 1965 年でさえ 1 人当たり GNP（国民総生産）が 105 ドルしかなく，世界最貧国でした。それにもかかわらず，アメリカの援助という命綱を失うことになったのです。そのような危機的状況で朴正熙政権が目を付けたのは日

本でした。当時まだ成し遂げられていなかった国交正常化を実現し，それと引き換えに日本から資金を引き出そうとしたのです。

この背景にはアメリカからの圧力もありました。アメリカはソ連と中国がアジアに対する影響力を拡大する前に，資本主義陣営の軍事・経済防衛体制を構築しようと血眼になっていました。この計画を早期に実現させるためには日韓の友好が必須であると考え，両国に国交正常化を強要したのです。

日韓交渉で韓国側は植民地支配に対する損害賠償を求めました。しかし，日本はこれを拒否します。「賠償」とは敗戦国が戦勝国に払うものであり，日本の統治下にあった朝鮮とは戦争していないというのがその理由です。一方，韓国では今でも，海外に組織された臨政が日本と戦ったのだから，自分たちは戦勝国という意識があります。しかし，臨政は連合国に入れてもらえなかったうえに，日本と戦った実績もありません。しかも，臨政は米軍政期に否定されて新国家建設の表舞台から消えていきました。つまり，現在の韓国は臨政の流れを汲んでいるわけでもないのです。

とはいえ，朴正煕政権の目的は日本から資金を引き出すことにありました。そこで，日本政府は「経済協力金」や「独立祝賀金」の名目で韓国に無償3億ドル，有償2億ドルを供与し，さらに民間借款として3億ドルを提供することに同意します。これは当時の韓国の国家予算の約2倍に相当する巨額です。こうして，1965年6月に「日本国と大韓民国との間の基本関係に関する条約」（日韓基本条約）が日本の首相官邸で調印され，両国は国交正常化しました。このとき同時に締結した「財産及び請求権に関する問題の解決並びに経済協力に関する日本国と大韓民国との間の協定」（日韓請求権協定）の第1条で日本が韓国に資金援助することを約束するとともに，

第2条で「両締約国及びその国民の間の請求権に関する問題が〔中略〕完全かつ最終的に解決された」ことを確認しました。これにより，たとえば「徴用工」などで植民地期に被害を受けた韓国人に対する個人補償は，韓国政府が日本から引き出した資金で行っていくことになったのです。

ところが朴正熙政権は個人補償をなおざりにし，「経済協力金」を国の開発につぎ込んでしまいました。高速道路やダムなどのインフラ整備を進め，1973年には約1億2000万ドルの資金と新日本製鉄などの技術協力で，韓国最大の製鉄会社浦項総合製鉄（現・POSCO）を設立しています。POSCOの故・朴泰俊名誉会長は「〔新日本製鉄の〕稲山会長の全幅的な支援がなければ，今日の浦項製鉄はなかったはずだ」（『中央日報』2008年3月26日）と語っています。こうして韓国経済は農業・軽工業から重工業へ移行し，「漢江の奇跡」と呼ばれる急速な発展を遂げていきました。

なお，韓国の大法院（最高裁判所）は2018年10月30日に新日鉄住金（新日本製鉄と住友金属工業が合併して誕生）に元徴用工への賠償を命じる判決を出しました。「完全かつ最終的に解決された」ことを前提に1965年以降築かれてきた日韓関係の根幹を揺るがす判決として注目されています。

## 4　遠く険しい民主化への道程

**側近に裏切られて非業の死**

朴正熙は1969年に憲法を改正して大統領の3選を可能とし，71年の選挙にも出馬します。買収などの不

正選挙を行って勝利しますが，民主化運動家の金大 中 <ruby>金<rt>キム</rt></ruby> <ruby>大<rt>デ</rt></ruby> <ruby>中<rt>ジュン</rt></ruby>にあと 95 万票（7.6％）というところまで迫られました。権力の維持に危機感を抱いた朴正熙は 72 年に非常戒厳令を布告して国会を解散し，再び憲法を改正します。こうして韓国は第 4 共和国となりました。第 4 共和国では，大統領の任期は 6 年で重任制限はなく，選出方法は「統一主体国民会議」による間接選挙でした。統一主体国民会議は朴正熙の息がかかった者で構成されていたので，99％ の支持率で朴正熙を大統領に選出しています。

　朴正熙にとって国民からの人気がある金大中は目の上のたんこぶでした。そこで，KCIA の関係者は 1973 年 8 月に東京滞在中だった金大中を拉致し，錘 をつけたまま海に投げ入れて殺害しようとしました。しかし，すんでのところで自衛隊のものと思われる機体が船に接近して照明弾で威嚇したため，失敗に終わります。

　翌 1974 年 8 月 15 日に今度は朴正熙の命が狙われる事件が起きました。「光復節」の記念式典で登壇した大統領を，在日 2 世の文世 光 が銃撃したのです。朴正熙は演壇に隠れて無事でしたが，流れ弾が陸英修大統領夫人の命を奪いました。

　朴正熙に死が訪れたのはそれから 5 年後の 1979 年 10 月 26 日です。宮井洞の「安家」で側近の金載圭 KCIA 部長に射殺され，あっけなく命を落としました。安家とは安全家屋の略称で，軍事政権が女性を侍らせて酒を楽しんだ遊興場のことです。

**多くの犠牲と引き換えに手にした民主制**

憲法の規定で大統領権限代行となった崔圭夏国務総理は，非常戒厳令を発布し，暗殺事件をすみやかに捜査するよう指示しました。これを受けて，戒厳司令部合同捜査本部長の 全 斗 煥 保安司令官が金載圭を逮捕します。全斗煥は 5・16 軍

事クーデターのさいにいち早く支持を表明して軍の出世街道を邁進してきた人物でした。そのような野心家の全斗煥は捜査の過程で鄭昇和陸軍参謀長をも逮捕し，軍の実権を掌握します（粛軍クーデター）。鄭参謀長は事件当時に現場近くにいたため，暗殺の「共助」と見なされ，攻撃されたのです。

　新大統領となった崔圭夏は，憲法を改正して早い時期に公明正大な選挙を実施すると宣言しました。これを受けて国民の間では民主化の期待が高まります。しかし，それを望まない全斗煥ら軍部は，崔圭夏大統領を脅して非常戒厳令の拡大を強要しました。そして，国会を解散し，民主化運動を主導する金大中を拘束してしまいます。1980年5月に金大中の支持基盤である光州で抗議デモが起きると，空挺部隊を投入して市民を無差別に虐殺しました（光州事件）。

　軍部の操り人形となっていた崔圭夏が8月に突如大統領を辞任すると，統一主体国民会議は全斗煥を大統領に選出しました。すると全斗煥はすぐに憲法を改正します。大統領の任期を7年に延長し，選出方法は間接選挙のままとしました。こうして韓国は民主化どころか，より軍事独裁色が強まった第5共和国となります。翌年2月に大統領選挙団は90%以上の支持率で全斗煥を大統領に選出しました。

　全斗煥は国民からの民主化要求を力によって押さえつけました。1986年10月28日に全国29大学の学生2000人余りが建国大学に集まって「全国反外勢・反独裁愛国学生闘争連合」を結成したときも，全斗煥は学生たちを「親北共産革命分子」と規定して1525人を連行し，うち1288人を拘束しています。

　1987年1月に学生運動を主導していたソウル大生の朴鍾哲が連行され，拷問の末に死亡するという事件が起きました。同年6

## コラム③——戦後の李王家

　1910年の韓国併合時に大韓帝国皇室は日本に編入され，直系は王族，傍系は公族という身分となります。王族となった純宗は李王の尊称を得て日本のなかに新たに「李王家」を創設しました。純宗は1926年に亡くなり，弟の李垠が李王の尊称を継承します。李垠は併合以前から東京の麻布にある鳥居坂で暮らしていましたが，1930年に昭和天皇から贈られた紀尾井町の豪邸に引っ越しました。

　日本は1945年8月10日の御前会議でポツダム宣言の受諾を決めました。昭和天皇はその意思を伝えるために，12日に皇族と王公族を皇居の御文庫附属室（空襲時の退避施設）に招きました。王族からは李垠，公族からは甥の李鍵が参加しています。李鍵は後にこのときの様子を振り返り，「私はこの陛下のためならどんなことでもする。死んでもよい，と思った」と述べています。

　日本で新憲法を施行した1947年5月3日に王公族の身分は消滅し，李垠らは一般人となりました。李垠の秘書の証言によると，李王家邸には終戦直後に朝鮮各地から「祖国のため一日も早く王殿下の御還国をお待ち申す」という直訴状が届いていたといいます。しかし，韓国の初代大統領となった李承晩は李垠に対して敵対的な態度をとり，帰国を認めませんでした。王政復古によって大統領の座を追われることを恐れたのかもしれません。

　李垠の帰国が認められたのは朴正煕が権力の座に就いてからのことです。韓国の国籍法にもとづいて国籍の回復が認められ，1963年に李垠は特別機でソウルに渡りました。しかし，脳軟化症で重篤な状態にあったため，その

月にはデモに参加していた延世大生の李韓烈が催涙弾の頭部直撃によって昏睡状態に陥り，翌月に死亡しました。こうした軍事政権の蛮行に国民の怒りは沸点に達し，学生による反政府デモが日増しに強まっていきます。さらにサラリーマンも合流してその規模を拡大していきました。これまでの全斗煥ならば軍を投入して弾圧したでしょう。しかし，翌年にソウルオリンピックを控えていた韓国には世界中から視線が注がれており，アメリカからの民主化圧力も強

沿道を埋め尽くす奉迎の人々
（『二十九期会報 李王様特集』二十九期生会, 1964 年）

まま聖母病院に入院しています。このとき病院に続く 30 km の道程は奉迎の市民で埋め尽くされたといいます。

　ちなみに，紀尾井町の李王家邸は西武グループの創業者である堤康次郎の手に渡り，赤坂プリンスホテル〔旧館〕となりました。ホテルは 2011 年に閉館となり，新館を取り壊したうえで再開発されましたが，旧李王家邸は赤坂プリンスクラシックハウスとして現存しています。

まっていました。もはや弾圧は不可能だったのです。ここに至って全斗煥は退任を決意し，同じ軍部出身の盧泰愚を後継者に指名しました。

　次期大統領候補となった盧泰愚は 1987 年 6 月 29 日に「民主化宣言」を発表し，民主的な憲法に改めることを約束しました。これにより激しいデモは終息に向かいます。10 月には，大統領の任期を 5 年で再選不可とし，国民が直接選挙するという内容を盛り込

んだ改憲案が成立しました。こうして韓国は第6共和国へと移行し、ようやく民主的な国家として歩みはじめたのです。

## 参考文献

安倍誠・金都亨編『日韓関係史 1965−2015 II 経済』（東京大学出版会、2015 年）

小此木政夫編著『北朝鮮ハンドブック』（講談社、1997 年）

加藤聖文『「大日本帝国」崩壊——東アジアの 1945 年』（中公新書、2009 年）

カミングス、ブルース（鄭敬謨ほか訳）『朝鮮戦争の起源 1 —— 1945 年−1947 年 解放と南北分断体制の出現』（明石書店、2012 年）

木村幹『民主化の韓国政治——朴正熙と野党政治家たち 1961〜1979』（名古屋大学出版会、2008 年）

木村幹『韓国現代史——大統領たちの栄光と蹉跌』（中公新書、2008 年）

牛軍（真水康樹訳）『冷戦期中国外交の政策決定』（千倉書房、2007 年）

朴永圭（金重明訳）『韓国大統領実録』（キネマ旬報社、2015 年）

文京洙『韓国現代史』（岩波新書、2005 年）

読売新聞社会部『東京今昔探偵——古写真は語る』（中公新書ラクレ、2001 年）

李鍾元・木宮正史・浅野豊美編著『歴史としての日韓国交正常化 I ——東アジア冷戦編』（法政大学出版局、2011 年）

李成市・宮嶋博史・糟谷憲一編『朝鮮史 2 ——近現代』（山川出版社、2017 年）

和田春樹『北朝鮮現代史』（岩波新書、2012 年）

第 II 部

政 治

# 第 4 章

# 韓国という「国のかたち」

題字の下に発行年が「1948 年」ではなく「大韓民国 30 年」と記されている。起点は「大韓民国臨時政府の成立」が宣言された 1919 年というわけである。

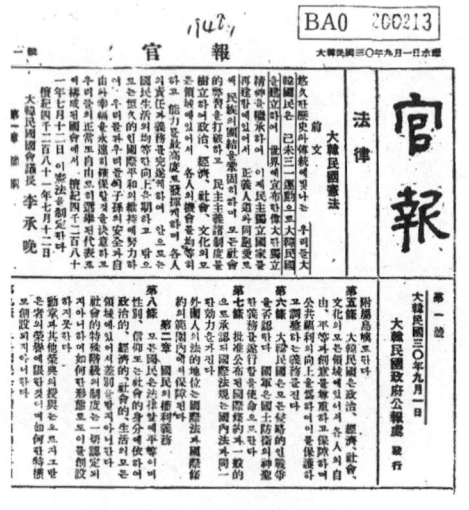

大韓民国官報第 1 号に記載された
大韓民国憲法

（出所）　ウィキメディア・コモンズ，2019 年 3 月取得。

# 1  大統領は首相より「強い」のか

**12人の大統領たち**　　初代の李承晩大統領から現職の第19代大統領の文在寅まで，韓国では12人の大統領がいます（表4-1）。代と人数が一致しないのは，何代にもわたって大統領の座に居座り続けようとした人物がいたからです。

　李承晩大統領は最初，国会で選ばれたのですが，そのままでは再選されそうもなかったため，憲法を改正して，国民が直接選挙で大統領を選ぶことができるようにしました。さらに，再選出馬は1回だけに制限されていたにもかかわらず，自分だけを例外にしました。3期目の任期は1960年8月まででしたが，4月で終わっているのは，こうした権力の私物化に憤った国民がデモを行うなかで，自ら下野したからです。韓国では「4月革命」と呼ばれています。

　その後，日本と同じように首相を政治リーダーとする議院内閣制に移行しますが，1961年に軍人の朴正煕が起こしたクーデターによって崩壊します。軍政を経て，朴正煕は63年に大統領に就きますが，やはり憲法を改正して当選回数制限を緩め，挙げ句の果てには選挙そのものも取りやめてしまいます。79年に部下の銃弾に斃れるまでの16年間の在任期間中に，日韓国交正常化（1965年）や「祖国近代化」を成し遂げましたが，功過の評価は現在も割れています。

　全斗煥大統領も軍人で，光州民主化運動（1980年）を弾圧するなかで権力を奪取しましたが，「1期7年」限りで退くとして，い

表 4-1　歴代大統領の在任期間と選出方法

| 代 | 大統領 | 在任期間 | 選出方法 |
|---|---|---|---|
| 1 | 李承晩 | 1948. 8〜1952. 8 | 国会で選出 |
| 2 | | 1952. 8〜1956. 8 | 国民直選 |
| 3 | | 1956. 8〜1960. 4 | 国民直選 |
| 4 | 尹潽善 | 1960. 8〜1962. 3 | 議院内閣制における国家元首<br>（国会で選出） |
| 5 | 朴正煕 | 1963. 12〜1967. 6 | 国民直選 |
| 6 | | 1967. 7〜1971. 6 | 国民直選 |
| 7 | | 1971. 7〜1972. 12 | 国民直選 |
| 8 | | 1972. 12〜1978. 12 | 間選 |
| 9 | | 1978. 12〜1979. 10 | 間選 |
| 10 | 崔圭夏 | 1979. 12〜1980. 8 | 間選 |
| 11 | 全斗煥 | 1980. 9〜1981. 2 | 間選 |
| 12 | | 1981. 2〜1988. 2 | 間選 |
| 13 | 盧泰愚 | 1988. 2〜1993. 2 | 国民直選 |
| 14 | 金泳三 | 1993. 2〜1998. 2 | 国民直選 |
| 15 | 金大中 | 1998. 2〜2003. 2 | 国民直選 |
| 16 | 盧武鉉 | 2003. 2〜2008. 2 | 国民直選 |
| 17 | 李明博 | 2008. 2〜2013. 2 | 国民直選 |
| 18 | 朴槿恵 | 2013. 2〜2017. 3 | 国民直選 |
| 19 | 文在寅 | 2017. 5〜現在 | 国民直選 |

　ちおう李や朴との差別化を図りました。ただ，「大統領間選制」のままであったため，陸軍士官学校の同期である盧泰愚が難なく後を継ぐのは目に見えていました。だからこそ，「大統領直選制」が民主化の焦点となり，87年に憲法が改正されることで「1期5年」

と合わせて実現しました。ただ，それで当選したのは盧泰愚でした。「文民政権」になったのは93年の金泳三大統領からです。

　金大中，盧武鉉，李明博も，所定の任期が終われば政治家を引退しました。憲法を改正して現職大統領が再選出馬することは憲法によって禁じられていましたし，国民も「革命」を起こして不正な為政者を引きずり降ろそうとはしなくなりました。それだけ選挙という競争を通じた公職就任と任期という制限が広く受け入れられたということです。

　朴槿恵大統領の任期は本来，2018年2月まででしたが，17年3月に弾劾・罷免されました。法のなかで国民が守るのが法律ですが，国民が政治家に守らせるのが憲法です。その憲法に大統領が違反したときは，国会が3分の2以上の同意で訴追し，憲法裁判所という司法機関が審判し，大統領職に留めおくと憲法秩序そのものがもたないと判断すると，任期途中であっても辞めさせるというのが弾劾という制度です。大統領制の特徴は直選制と任期の保障にありますので，朴槿恵大統領の罷免は異例の出来事ですが，なんとか憲法の想定内でした。

　その結果，大統領選挙が前倒しされ，2017年5月に当選と同時に就任したのが文在寅大統領です。何も起きなければ，22年3月に第20代大統領選挙が実施され，5月に交代することになります。

「与小野大」国会だと
思いどおりにいかない

大統領は首相より「強い」というイメージがあるかもしれませんが，アメリカの大統領が外交や国際関係において示すリーダーシップのイメージを（他国の）国内政治にもそのまま投影しているだけなのかもしれません。トランプ大統領も，TPP（環太平洋パートナーシップ）協定や気候変動に関するパリ協定

から脱退することで，第2次世界大戦後アメリカがリードしてきた国際秩序を自ら揺るがしていますが，国内では議会や裁判所に牽制されてそれほど思いどおりには政策を実現できていません。

　韓国の大統領も同じです。外交や北朝鮮との関係ではイニシアチブを発揮しやすいのですが，国内での政策実現は，法律・予算・人事を独自に行うことができるのかに左右されます。「みんな」で何かをするには，なおさらヒトとカネ，それに法的な根拠が欠かせないというわけです。

　憲法の違いによって，法律案を作成できるのはアメリカでは議会だけですが，韓国では大統領も国会に提出することができます。予算案を作成するのも大統領ですが，両方とも決めるのは国会だけです。

　人事も，国務総理（首相），大法院長・大法官（最高裁判所の長官・裁判官）や憲法裁判所長などは国会が同意しない限り，大統領は任命することができません。閣僚についても，聴聞会が実施されるようになり，能力や道徳性に対する「身体検査」で「落馬」する例がどの政権でも絶えません。また，国会は国務総理や閣僚の解任を大統領に「建議」することができます。法的拘束力はありませんが，大統領としてはそのとおり従う場合もあります。この国務総理が大統領ではなく国会に対して責任を負っていると，フランスや台湾と同じように，大統領／総統と，首相／行政院長が並び立つ「半大統領制」ということになりますが，韓国の場合，国務総理は大統領を補佐しているだけですので，あくまでも「首相のいる大統領制」にすぎません。

　与党が過半数議席を占める一方で，大統領に反対する野党が少数派である「与大野小」国会だと，大統領は法律・予算・人事を通じ

て政策を実現しやすくなります。逆に，与党が少数派である一方で，野党が過半数議席を占める「与小野大」国会だと，大統領は野党から協力を得られないと何もできません。国会における政党別議席数は選挙制度や選挙のタイミング，政権に対する国民の評価に影響を受けますが，民主化以降8回の総選挙で「与小野大」国会が5回で，直近の2016年総選挙もそうです。

その後，2017年に政党間の政権交代が起きましたが，どの政党も過半数議席を有していませんので，「与小野大」国会はそのままです。しかも，12年の国会法改正によって，法律案を迅速に審議するためには，従来の2分の1ではなく5分の3の議席が必要になったため，与野党の合意と妥協による「協治」がより求められるようになっています。そもそも，議院内閣制を前提にした「与党」「野党」ではなく，「大統領所属党」や「反対党」「国会多数党」とするほうが，大統領制にふさわしい用語なのかもしれません。

人気／任期がなくなると「潜龍」が昇ってくる　大統領の政策実現にとって，国会との間での権限配分や与党の議席数のほかに重要なのは，大統領と与党の関係です。与党とは，文字どおりには政権に与（くみ）する政党ということですが，味方になるか，「与党内野党」が生じるかは条件次第です。

かつては現職大統領が与党の代表を兼ねていました。野党のトップも，次期大統領選挙に向けた候補者でした。

民主化後，韓国の選挙は，地域ごとに支持する政党に顕著な差が生じるようになりました。「大統領直選制」が復活した最初の選挙で，各候補が出身地との縁故を強調したからといわれています。総選挙でも同じで，嶺南（ヨンナム）地域（釜山（プサン）を中心とする南東部）では自由韓国党に連なる政党，湖南（ホナム）地域（光州（クァンジュ）を中心とする南西部）では「共に

民主党」に連なる政党を支持し，議席を席巻するほどです。それぞれ基盤とする地域では，政党「間」競争に実質的な意味はありません。それよりも政党「内」での公認が重要ですが，ここにも競争はなく，ボスが総選挙の公認権を掌握することで，与野党を問わず，「（次期）大統領（候補）の，大統領による，大統領のための政党」にすることができました。

盧武鉉大統領以降，与党の代表を兼ねることができなくなると同時に，そもそも党内予備選挙を通じて大統領候補が選ばれるようになるなど，政党民主化が形のうえでは進みました。しかも，その予備選挙には党員だけでなく一般有権者も参加できます。アメリカで予備選挙が党員だけに向けられると，2大政党のマニフェストは有権者の全般的な分布より分極化するといわれていますが，韓国でも政党間の理念対立が広がってきています。

大統領と国会の任期はそれぞれ5年と4年，選挙は12月（次回からは3月）と4月に予定されていますので，大統領ごとに総選挙を迎えるタイミングが異なります。4人に1人の大統領は就任直後と任期5年目に2回総選挙を迎えました。2008年2月に就任した李明博大統領がそのひとりですが，朴槿恵は07年8月の党内予備選挙で李に敗北して以来，12年12月の大統領選挙を見据えて行動を選択してきました。

李明博大統領は2008年4月の1回目の総選挙で「与大野小」国会を実現しますが，朴は「与党内野党」といわれるくらい政策実現を阻みます。大統領の人気は任期末になるにつれ下がりますので，現職大統領と差別化するのが「潜龍（次期大統領候補）」としては理にかなっているのです。そして，朴は12年4月の2回目の総選挙を契機に，次期政権の「新与党」へと再編しました。

日本でも，内閣支持率が低下し，政党支持率を下回ると，与党内で選挙を前に党代表を代えようとする動きが活発になります。国会の解散がない韓国ではずっと先まで固定されている選挙日程を前提に，大統領と与党の関係や「潜龍」が昇るタイミングは国民からの評価によってそのつど変わっていきます。大統領からすると，「国会における与党」と「与党における大統領」の両方が重要だということです。

## 2　司法というプレーヤー

司法積極主義に立つ憲法裁判所

　朴槿恵大統領の「憲法違反」を理由に弾劾訴追したのは国会ですが，審判し，罷免したのは憲法裁判所です。憲法裁判所は，民主化し 1987 年に改正された憲法によって初めて創設されました。

　日本では，刑事・民事・行政事件を扱うなかで，1 審の地方裁判所でも法律が憲法に違反していないかという違憲審査を行うことができますが，最終的には最高裁判所が法の解釈や適用の権限を有しています。1947 年に創設されて以来，最高裁判所が法律の条項を違憲・無効にしたのは，わずか 10 件です。

　他方，韓国では一般の法院（裁判所）とは別の憲法裁判所が，法律の違憲審査や大統領など公務員の弾劾審判，さらには政党解散や憲法訴願の審判を担当しています。法律の違憲審査は法院が憲法裁判所に要請して初めてプロセスが始まりますが，個人も違憲審査や公権力の行使または不行使によって侵害された基本権の救済を直接

求めることができるのが憲法訴願という制度です。

創設から 30 年間で，憲法裁判所は法律の違憲審査では 956 件のうち 282 件（29.5%，年平均 9.4 件）を違憲・無効にしています。違憲を確認しつつも直ちには無効にせず，法改正の期限や方向性を国会に示す「憲法不合致」も 77 件（8.1%，年平均 2.6 件）あります。また，憲法訴願は 3 万 3878 件（月平均 94.1 件）もあり，その 6 割強は却下されていますが，355 件（1.0%，年平均 11.8 件）を違憲・無効，169 件（0.5%，年平均 5.6 件）を憲法不合致にしています。合わせると，1 カ月に 2.5 件は，何らかのかたちで違憲が確認されていることになります。

そのなかには大統領の政権公約だった政策も含まれています。盧武鉉大統領はソウルへの一極集中の緩和，国土の均衡発展のために新都市を建設し，そこに首都を移転させようとしました。国会も過半数の賛成で法律を制定したのですが，憲法裁判所は「ソウルが首都であるのは慣習憲法で定まっていて，その改正には国民投票が必要であるにもかかわらず，そうした手続きをとっていないのは違憲・無効である」と政策実現を阻止しました。すると，盧武鉉大統領は大統領府や国会はソウルに残しつつも，省庁の大半を移す行政都市の建設へと転じますが，それは合憲とされました。世宗特別自治市はこうしてできました。

ほかにも，戸主制や同姓同本不婚など儒教文化に由来する制度は，「婚姻と家族生活における個人の尊厳と両性の平等」（36 条 1 項）という憲法的価値にそぐわないとして民法が改正されるなど，広く社会生活でも憲法裁判所の役割や憲法の存在理由が感じられます。

さらに，憲法裁判所は，2012 年の総選挙で 13 議席を獲得した統合進歩党について，その目的や活動が「民主的基本秩序」（憲法 8

条4項）に違反しているとして解散させたこともあります。

　このように，司法積極主義に立つ憲法裁判所は，韓国政治において大統領や国会，政党，有権者と並ぶ重要なプレーヤーであるということです。

### 司法こそ「人事が万事」

国民が相対多数制で選んだ大統領を罷免したり，国会が過半数の賛成で制定した法律を違憲・無効にしたりする憲法裁判所は，国民によって選ばれていません。法院もすべてそうです。一見，司法という存在は多数派の形成や多数決による意思決定という民主主義の根幹に反しているように見えます。

　州の裁判官は選挙で選ぶこともあるアメリカでも，連邦裁判所の裁判官は大統領が指名し，議会上院の承認を得て任命しています。とくに，連邦最高裁判所には法律の違憲審査権があり，9 人の裁判官は終身制ですので，その人事は毎回，争点になります。裁判官が1 人入れ替わると，全体のバランスが傾き，妊娠中絶や同性婚など保守とリベラルの間で真っ二つに割れる争点に関する判断が一変し，その影響は長く残るかもしれません。

　韓国の憲法裁判所も裁判官は 9 人で，その任期は大統領や国会よりも長い 6 年です。大統領，国会，大法院長が 3 人ずつ選出します。国会枠の 3 人は，2 大政党制の下で与党，野党，与野党合同で 1 人ずつという慣行が確立していましたが，多党制化するなかで 2018 年 9 月に 3 人同時に交代したときに与党，野党第 1 党，野党第 2 党という配分に変わりました。所長は裁判官のなかから大統領が国会の同意を得て任命します。

　下級審とは異なり，14 人（全員，大統領が国会の同意を得て任命）で構成される大法院の大法廷や憲法裁判所では，各裁判官の個別意

見が判決文や決定文に必ず明記されます。憲法裁判所の場合，法律の違憲・無効，大統領の罷免，政党解散には6人以上の同意が必要とされるため，個別意見の分布が5（違憲）対4（合憲）の場合，法廷意見（裁判所としての結論）は合憲になります。裁判官ごとに明らかに傾向がありますので，その分，それぞれ自らの選好に近い裁判官を選ぼうとするのは，ある意味当然のことです。

　選出サイクルに差があるため，大統領によっては所長を任命できず，裁判官も1人だけ任期3年目の終わりになってようやく選出できた例がある一方で，就任直後に所長も含めて3人とも選出した例もあります。後者は朴槿恵大統領なのですが，弾劾審判の途中で所長が任期満了で退任するなかで，自ら選出した2人と与党が推薦した1人の計3人の裁判官は弾劾を棄却し職務に復帰させてくれると最後まで信じていたといいます。

　文在寅大統領も就任直後に，欠員のままだった所長に統合進歩党の解散に唯一反対した「進歩系」の裁判官を充てようとしたところ，保守の自由韓国党は「憲法秩序を護る最後の砦である憲法裁判所が『左傾化』してしまう」と猛反発し，国会で憲政史上初めて否決されます。「人事が万事」という表現が韓国語にはありますが，大法院と合わせて司法こそがその核心です。

　本来，国会において与野党間で協議や妥協を通じて政治的に決着させたはずの問題が憲法裁判所に持ち込まれるようになると，司法は紛争解決の最後の手段というよりむしろ党派的対立の焦点になります。「政治の司法化（judicialization of politics）」と「司法の政治化（politicization of the judiciary）」は表裏一体であるということです。

# 3 「民心」がすべて

投票や集会という政治
参加

韓国憲法も代議制民主主義を統治の
基本としていて，投票以外で国民が
政治参加する制度としては，憲法改
正の国民投票や，「外交・国防・統一，その他国家安危に関する重
要政策」（72条）に関して大統領が発議する国民投票，それに国家
機関に対する文書による請願だけが想定されています。国民は法律
案や憲法改正案を自ら発案（イニシアチブ）することもできなけれ
ば，公務員の解職を請求（リコール）することもできません。

　もちろん，「集会の自由」（21条1項）も認められていますので，
市民たちは何か事があるたびに街頭に出たり，広場に集まったりし
て，声＝異論（voice）を上げます。朴槿恵大統領の「憲法違反」に
対しても，ろうそくを片手にソウル都心の光化門広場に集まり，
「即時退陣」を訴えました。国会は当初，微温的な姿勢でしたが，
圧倒的な「民心」を前に，与党からもかなりの造反票が出て，つい
に朴大統領を弾劾訴追します。その後，憲法裁判所の審査が進むに
つれ，「罷免せよ」というろうそく集会だけでなく，「棄却せよ」と
いう太極旗（韓国の国旗）集会も開催されるなど，集会という政治
参加は保守／進歩や年齢を問わず一般化しています。

　市民たちが広場に集まるようになった契機は，2002年に日韓両
国が共催したサッカーワールドカップでベスト4に進出した代表
チームを応援するためでした。同じ時期に，在韓米軍の装甲車が下
校中の女子中学生2人を轢き殺すという事故が起き，その追悼の

ために手にしたのがろうそくでした。大統領選挙の年でもあり，在韓米軍地位協定や米韓同盟のあり方とも連動し，「政治化」しました。その後も，米韓 FTA（自由貿易協定）の締結によって食卓に並ぶアメリカ産牛肉は狂牛病に感染しているという噂が流れると，「財閥による自動車の輸出と引き替えに国民全体の食の安全を犠牲にするのか」と市庁前のソウル広場が一気に埋め尽くされ，就任まもない李明博大統領の支持率が急落したこともあります。

　そもそも韓国憲政史において，李承晩大統領を下野させたのも主に学生たちが街頭に出た「4月革命」（1960年）でしたし，「大統領直選制」を求めた「6月民主抗争」（1987年）には中間層のサラリーマンも加わり光化門一帯を埋め尽くしたため，全斗煥大統領も憲法改正に応じざるをえませんでした。

　ようやく直選できるようになった大統領選挙でしたが，投票率は徐々に下がっていきました。とくに，少子高齢化が進むなかで，若年層はもともと数が少ないうえに，投票率が平均よりも低かったため，シルバー・デモクラシー（高齢者優遇の政治）が懸念されていました。ところが，朴槿恵大統領の弾劾・罷免によって前倒しで実施された2017年の大統領選挙では，投票率が全般的に上がっただけでなく，若年層の投票参加が大きく増え，高齢層との差が見られなくなりました。しかも，文在寅，「共に民主党」という政党，進歩という政治理念を圧倒的に支持しているため，年齢層ごとの「有権者の絶対数×投票率×政党別得票率」において，よりカウント（数える／当てにする）されやすくなっています。

世論調査共和国　　　　　「民心」は選挙のときに投票率，各候補者の得票数や各政党の議席数として表れますが，世論調査を通じてもリアルタイムで数字が示され

ます。

　日本では新聞社やその系列のテレビ局が毎月世論調査を行っていますが，韓国では「韓国ギャラップ」と「リアルメーター」という2つの調査会社がマスコミを圧倒し，毎週，大統領の国政評価，支持政党，その時々の争点に対する賛否などを尋ねています。調査の頻度が高く，変化の理由を明らかにしやすいのですが，「直近の民意」が次々と上書きされるため，いわば「全数調査」のはずの選挙の結果とはズレが生じます。

　盧武鉉大統領も2004年の総選挙を前に与党支持を訴えたことが「公務員の政治的中立」義務に違反したとして国会で弾劾訴追されました。世論の過半数は弾劾に反対でしたし，00年4月に選ばれた任期末の国会が02年12月に選ばれた大統領を否定するのは不当であるという主張も見られました。結局，与党圧勝という「直近の民意」が上書きされ，まもなく憲法裁判所でも棄却されました。ただ，そもそも異なる時点での民意を異なる代表にそれぞれ異なる方法で集約させているのは憲法ですし，そのように憲法を制定・改正したのは「我ら大韓国民」（前文）なのです。

　文在寅大統領は「ろうそく革命を経験した国民は間接民主主義に満足しておらず，直接民主主義を求めている」として，試行錯誤／社会実験を繰り返しています。

　文大統領は政権公約どおり新古里原発5号機・6号機の建設を一時中断しましたが，最終的な扱いは「公論化委員会」を設置して，その熟議，決定に委ねることにしました。世論調査などで抽出された500人ほどの市民が，2泊3日の合宿で原発の安全性やエネルギー政策について専門家から多様な論点について十分な説明を受けながら自由に討論を行いました。すると，「将来的には原発を縮小す

## コラム④—「他者の合理性」の理解

朴槿恵大統領を弾劾・罷免・収監した一連の過程を文在寅大統領は「ろうそく革命」と称しています。「革命」といえば、「フランス革命」や「ロシア革命」が有名ですが、「ろうそく革命」は、はたしてそれらに匹敵するような出来事だったのでしょうか。

韓国憲法では、大統領など高官が「職務遂行において憲法や法律に違背した時には、国会は弾劾の訴追を議決することができる」と定められています。その後、憲法裁判所が審判し、裁判官全員一致で罷免を決定しました。「ろうそく集会」の現場では「下野しろ」という声も上がりましたが、弾劾・罷免はなんとか憲法が予定していた手続きに沿ったものでした。収監も刑事裁判を経たものです。

その点、韓国憲政史においてもうひとつ「革命」と呼ばれている「4月革命」とは異なります。1960年3月の選挙で、高齢の李承晩大統領は後継となる副大統領に側近を就けようとしたところ、「不正」に憤った学生によるデモに直面し、自ら退陣（下野）し、ハワイに亡命（し、そのまま客死）せざるをえませんでした。

為政者を選挙や弾劾・罷免など憲法の予定している手続き以外の方法で放逐することを革命というのであれば、「ろうそく革命」は該当しません。学問をするうえで、「革命」のような鍵概念には何らかの操作的定義と、どの事例が該当するのかを測定する方法が欠かせません。

一方で、そうした客観的なアプローチとは別に、当事者が自らどのように意味づけているのか（reasoning）はそのまま（as such）受けとめることも重要です。したり顔で「革命の名に値しない」と言いのける必要はまったくありません。

「韓国（／北朝鮮）の論理」というのは、「彼ら」の行動について無条件に「理にかなっている（reasonable）」という意味では決してありません。「我々」の目には「不条理」に映る行動にも、そのように選択するだけの何らかの理由（reasons for the choice）があるという前提に立つことが重要です。それこそが地域研究の難しさであり、醍醐味なのです。

るのが望ましい」としながらも，「建設を再開するべきである」という意見が徐々に多数派になっていきました。実際，そのとおりに文大統領は原発建設を再開しました。

このほか，大学進学率が7割を超えるなか，一人ひとりの人生がかかった大学入試の制度改革も，公論化委員会に委ねられました。こうした政策決定の方法について，熟議民主主義と代議制民主主義の間の「新しい関係設定」として評価する人もいれば，ポピュリズム（大衆迎合主義）の極みとして批判する人もいます。

さらに，請願制度も刷新されました。大統領府ウェブサイトにオンラインで提出することができ，30日間で20万人以上から「いいね！」されると，回答が示されるようになりました。2018年の平昌冬季五輪の女子団体追い抜きでチームメイトを置き去りにした選手に対して，「代表資格を剥奪しろ」という請願にも「いいね！」がたくさん集まりました。

なお，Googleではなく，韓国独自のポータルサイト「NAVER」（スマホアプリ「LINE」の親会社）の市場占有率が圧倒的です。「いいね！」が多い記事ほど目立つように配置されるため，世論操作のターゲットにもなっています。

## 4 「我ら大韓国民」の歩み

自由民主主義体制として定着

1980年代後半から90年代に民主化したアジア諸国のなかで，フィリピンやタイのように権威主義体制や軍事体制へと後退した例もあれば，台湾やモンゴルのように完全に定

着した例もあります。政治体制の測り方や体制移行の境目にはさまざまな方法がありますが、どの指標で見ても、韓国は「民主化の優等生」といえます。

政党間の政権交代は 1987 年の民主化以降、30 年間ですでに 3 回を数えます。現在の与党「共に民主党」と最大野党の自由韓国党に連なる 2 大政党の間で初めて政権交代が起きたのは、3 回目の大統領選挙を通じた 98 年のことでした。2008 年と 17 年にも入れ替わったため、与野党それぞれの立場をどちらの側も 2 回ずつ経験したことになります。

選挙を通じた政権交代が可能になると、「革命」を起こす必要はなくなりますし、大統領の側も所定の任期を守り自ら退くようになりました。文在寅大統領は朴槿恵大統領の弾劾・罷免を「ろうそく革命」と称していますが、弾劾・罷免はあくまでも憲法の所定の手続きに則って行われましたし、文在寅は選挙で選ばれたからこそ大統領という公職を任せられているのです。

このように選挙が「街で唯一のゲーム」となり、そのルールブックたる憲法がすべてのプレーヤーに受け入れられることが重要です。何より、多数決による政治的競争（選挙）における敗者（少数派）が結果を甘受し、競争や体制の正統性に同意することが欠かせません。

ただし、この「敗者の同意」の前提になるのが「勝者の自制」です。個人の善意に期待するのではなく、勝者（多数派）が自らに有利になるように競争条件（選挙制度）を一方的に変更できないようにすると同時に、多数決では決して踏み込めない領域をあらかじめ決めておき、もしそうなった場合でも事後的に是正できる制度を設けておくのです。そのために憲法が存在するのであり、司法、とく

に法律の違憲審査権を有する憲法裁判所はその要です。

「我ら大韓国民」（前文）がそもそも憲法を制定し改正してきたのは，究極的には，「個人が有する不可侵の基本的人権」（10条）をよりよく保障するためです。公権力を自ら創出するとともに，大統領，国会，法院，憲法裁判所など異なる国家機関に分有させ，相互に抑制させることで均衡を図ろうと不断に努力してきたのも，すべてそのためです。

こうした韓国の憲政秩序はたんなる民主主義ではなく，「自由民主的基本秩序」（4条）であると規定されています。多数派の形成や多数決による集合的な意思決定という民主主義と，価値の多元主義や権力分立を根幹とする自由主義が結合したのが自由民主主義体制です。そのなかで，国民が選んだ代表が集まっている国会で過半数の賛成で制定された法律を違憲・無効にすることができる司法審査は，「反多数決主義という難問（counter-majoritarian difficulty）」に見えるかもしれませんが，決して「反自由民主主義」ではなく，むしろ民主化後，自由民主主義体制として定着するのに寄与しています。

**憲法改正なき憲法体制の変容**　韓国憲政史において，憲法は1948年に制定されて以来，9回，改正されました。4月革命後に大統領制から議院内閣制へと統治構造を変更した60年の改正を除くと，特定の大統領の任期を延長し，その権限を強化するための憲法改正でした。その一方で，87年に改正された憲法は，権力を統制することで国民の基本権を保障することにそれなりに成功しています。今日まで30年以上，改正されることなく持続し，政治共同体の「錨」，制度的均衡／均衡制度（institutional equilibrium/equilibrium institution）になっています。

　「国のかたち」は憲法という名がついている法令だけで決まるわけではありません。たとえば選挙制度は基幹的政治制度のひとつですが，国によっては法律に委ねられている場合も少なくありません。韓国でも，憲法では「選挙に関する事項は法律で定める」（41条3項，67条5項）と規定されているだけで，公職選挙法に一任されています。

　法律の改正は憲法よりもはるかに容易ですので，憲法の字数が「短く」，そもそも法律に委ねられている事項が多ければ多いほど，憲法改正は必要でなくなります。「比較憲法プロジェクト」のデータによると，韓国憲法は9059語（英語換算）で構成されていて，世界190カ国の平均の2万2291語の半分にも及ばず，39番目の短さです。より最近に制定・改正された憲法であればあるほど字数が長くなる傾向があるといいますが，何を憲法で規定し，何を法律に委ねるのかは国や時代によって大きく異なり，それぞれの憲政史が反映されています。ちなみに，日本国憲法は4998語しかなく，5番目の短さです。

　規定されている形式が憲法であれ法律であれ，選挙制度のような基幹的政治制度を「憲法体制」とみなす視点に立てば，「憲法改正なき憲法体制の変容」という諸相が見えてきます。

　韓国でも，公職選挙法が憲法裁判所によって「憲法不合致」とされたのが契機となって，2004年に大きく改正されました。日本の衆議院選挙と同じように，小選挙区比例代表並立制という選挙制度が総選挙で用いられてきたのですが，それまでは有権者は1票しか行使できず，小選挙区における候補者に対する投票がその候補者が属する政党に対する投票としてもカウントされました。それが1

人2票制へと改まり，政党に対する投票が別にできるようになると，新たな利害が代表されるようになりました。民主労働党という左派政党が直後の総選挙で院内進出を果たしたのはその象徴です。

　もちろん，大統領の任期や当選回数制限，国会との権限配分，大法院と憲法裁判所という「2つの司法」の関係など，憲法を改正しないと変わらない／変えられないことも少なくありません。だからこそ文在寅大統領は 2018 年 3 月に，「帝王的」とも形容される大統領の権限を一部縮小する代わりに，任期を「4 年 2 期」にする憲法改正案を「与小野大」国会に提出しました。ただ，野党との協議や合意形成の努力がろくにされないまま，同年 5 月に表決にかけられ，定足数不足により投票自体が成立しませんでした。

　　**韓国は 1919 年に建国された？**　1951 年 9 月 8 日に署名され，52 年 4 月 28 日に発効したサンフランシスコ平和条約で，「日本国は，朝鮮の独立を承認して，済洲島，巨文島及び欝陵島を含む朝鮮に対するすべての権利，権原及び請求権を放棄する」（2条(a)）と規定されています。ここに竹島（韓国名・独島）が含まれているかどうかが争点になっていますが，国際法上，これでようやく大日本帝国からの領域再編が確定しました。

　1965 年に日韓両国が国交正常化し，その後の日韓関係の土台になった日韓基本条約では，「1910 年 8 月 22 日以前に大日本帝国と大韓帝国との間で締結されたすべての条約及び協定は，もはや無効であることが確認される」（2条）とされました。1910 年 8 月 22 日に締結された韓国併合条約によって朝鮮半島は大日本帝国の領域になりますが，45 年 8 月 15 日に敗戦／光復（解放）を迎えます。この間の法的性格をめぐって，日本では正当であったとは言わないま

でも，少なくとも合法で有効であるとされる一方で，韓国では韓国併合条約の締結自体が不法で，「日帝強占（日本帝国主義による強制占領）」にすぎず，当然，そもそも無効であるとされますが，日韓国交正常化当時は「もはや無効（already null and void）」という「不合意の合意（agree to disagree）」で政治決着させました。

一方で，現行の韓国憲法の前文には，1919年の「3・1運動によって建立された大韓民国臨時政府の法統を継承」すると規定されています。たしかに，同年4月11日に，中華民国の上海で「大韓民国臨時政府の樹立」が宣言され，憲章も採択されました。帝政復古は議論すらされず，1条で「大韓民国は民主共和制とする」とされました。これは，朴槿恵大統領弾劾のろうそく集会で歌われた曲の題名にもつながり，歴代憲法のすべてで謳われた政治共同体の理念でもあります。ただ，当時，大韓民国臨時政府を承認した国はひとつもありませんでした。

一般に，国家成立の要件は領土，国民，主権，それに国際社会からの承認とされますが，光復後の朝鮮半島はアメリカとソ連が南北に進出し，アメリカ占領下の南側では軍政が敷かれます。国連総会の決議に基づいて南側だけで総選挙が1948年5月10日に実施され，そうして選ばれた代表で憲法を7月17日に制定し，光復3周年の8月15日に「大韓民国政府の樹立」が宣言されました。北側でも，「朝鮮民主主義人民共和国の創建」が9月9日に宣言されましたが，韓国政府が「朝鮮にある唯一の合法的な政府」であり，「北朝鮮は未収復地にすぎない」というのが韓国憲法における擬制／建前です。その後，91年に南北は同時に国連への加盟が承認されますが，国連に加盟できるのは主権国家だけです。

建国／光復／政府樹立をめぐって韓国内では保守と進歩の間の対

立が続いていますし，憲法と国際法とで判断基準に齟齬もあります。
文在寅大統領は臨時政府が成立してから 100 年となる 2019 年を
「建国 100 周年」として祝うはずでしたが，まったく盛り上がりま
せんでした。

## 参 考 文 献

李範俊（在日コリアン弁護士協会訳）『憲法裁判所──韓国現代史を語
　る』（日本加除出版，2012 年）

内山奈月・南野森『憲法主義──条文には書かれていない本質』（PHP
　文庫，2015 年）

大西裕『先進国・韓国の憂鬱──少子高齢化，経済格差，グローバル化』
　（中公新書，2014 年）

大屋雄裕『裁判の原点──社会を動かす法学入門』（河出ブックス，
　2018 年）

岸政彦・石岡丈昇・丸山里美『質的社会調査の方法──他者の合理性の
　理解社会学』（有斐閣，2016 年）

木宮正史『国際政治のなかの韓国現代史』（山川出版社，2012 年）

木村幹『韓国現代史──大統領たちの栄光と蹉跌』（中公新書，2008 年）

黒木亮『法服の王国──小説裁判官（上・下）』（岩波現代文庫，2016
　年）

砂原庸介『民主主義の条件』（東洋経済新報社，2015 年）

待鳥聡史『代議制民主主義──「民意」と「政治家」を問い直す』（中公
　新書，2015 年）

待鳥聡史『アメリカ大統領制の現在──権限の弱さをどう乗り越えるか』
　（NHK ブックス，2016 年）

マッケルウェイン，ケネス・盛「日本国憲法の特異な構造が改憲を必要
　としてこなかった」（『中央公論』2017 年 5 月号，pp. 76-85）

〇ウェブサイト

比較憲法プロジェクト（Comparative Constitutions Project）
　http://comparativeconstitutionsproject.org/

韓国・大統領府「国民請願及び提案」
　https://www1.president.go.kr/petitions

ウィキメディア・コモンズより「大韓民国の官報」
　https://ko.wikipedia.org/wiki/%ED%8C%8C%EC%9D%BC：Korea_
　gazette.gif

# 第 5 章

# 韓国外交における日韓関係

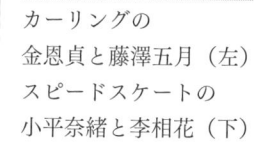

カーリングの
金恩貞と藤澤五月（左）
スピードスケートの
小平奈緒と李相花（下）

平昌冬季五輪における好敵手

（EPA＝時事）

# 1　韓国外交の変容

**外交空間の拡大・マルチ化**

韓国の大統領は就任後，アメリカ，日本，中国，ロシアの順に訪問するのがしばらくの間定例になっていましたが，朴槿恵（パククネ）大統領は結局，いちども日本を訪れませんでした。文在寅（ムンジェイン）大統領も日韓パートナーシップ宣言20周年（2018年10月）にも来日せず，「対日外交の不在」が際立っています。この間，単独会談のために，アメリカには3回（17年6月と18年5月と19年4月），中国（17年12月）とロシア（18年6月）にも国賓（こくひん）として1回ずつ訪問しています。

現在では190カ国と外交関係を結んでいて，189カ国には査証（ビザ）がなくても渡航できる「強い」パスポートの韓国ですが，当初，外交空間は「西側」に限られていました。

そもそも「光復」後，朝鮮半島は南北に分断され，それぞれ「朝鮮半島全土を統治する」という大韓民国と朝鮮民主主義人民共和国が1948年に成立します。米ソ間で東西冷戦が本格化するなか，「熱戦」になったのが朝鮮戦争（50〜53年）です。板門店（パンムンジョム）で休戦協定が締結された後も，韓国は常に「西側」の最前線でした。もうひとつ熱戦になったベトナム戦争に参戦（64〜73年）すると同時に，同盟国同士で対立を続けることを嫌ったアメリカの仲介で，65年に日本と国交を正常化します。その後，70年代に，アメリカや日本はもうひとつの分断国家，中華人民共和国（中国）を「唯一の合法政府」として承認し，中国は国連に加盟しますが，韓国は中華民国

（台湾）と関係を結んだままでした。この間，「韓米日」という枠組みは韓国にとって，安全保障においても経済においても，死活的に重要でした。

東西冷戦が終結してようやく，韓国はソ連（現在はロシア，1990年）や中国（92年）と国交を結び，「旧東側」「北方」へと外交空間が広がります。国連（韓国では「UN」と呼びます）には91年に，南北が同時に加盟しました。「4強（米日中ロ）外交」という用語が生まれたのはこの頃です。

朴槿恵大統領の頃には「韓米中」「安米経中（安保は米国，経済は中国）」という新しい用語が用いられます。言葉はその時代，その社会の「鏡」といいますが，中国のプレゼンスが世界各地で高まっているなかで，まず経済の面で，対中貿易額が対米を上回り，現在では全体の約4分の1を占めています。日本でも対中貿易額は5分の1ほどですが，そもそもGDP（国内総生産）において貿易（／内需）が占める比率に大きな差がありますので，対中依存度の高さの意味合いがまったく異なります。

安全保障の面でも，米韓同盟を基軸としつつも，北朝鮮に対する影響力の行使を期待して，中国との戦略的関係を強めています。

さらに，韓国外交は各国別のバイ（二国間関係：bilateralism）だけでなく，イシュー別や国際機関向けにも機能分化し，マルチ（多角主義：multilateralism）化が進んでいます。外交部（外務省）には長官（大臣）の下に2人の次官が設けられていて，それぞれ地域局と機能局を担当しています。

「統一」「外交」「安保」
のプライオリティ

北朝鮮は韓国にとって「（外）国」ではないということになっていますので，外交部とは別の統一部という

省庁が「南北関係」に当たっています。同時に，国家情報院（旧・韓国中央情報部〔KCIA〕／国家安全企画部）というインテリジェンス機関は大統領に直属していて，休戦中とはいえ，間諜（スパイ）の追跡やサイバー戦も含めて，「主敵」「軍事的脅威」である北朝鮮に常に備えています。さらに，首脳外交の時代，内閣よりも大統領府が外交を主導するようになるなかで，大統領府の国家安保室の役割が重要になっています。

　日本でも安倍晋三首相のイニシアチブで，2014年に内閣官房に国家安全保障局（日本版 NSC）が設置され，省庁の垣根を越えて国家戦略を企画しています。

　この「統一（／南北関係）」「外交」「安保」それぞれのプライオリティは，保守と進歩の間で異なります。保守は米韓同盟を重視し，北朝鮮に対して懐疑的ですので，「外交」「安保」が「統一」より優先されます。その一方で，進歩は米韓同盟に対して自立的で，北朝鮮には宥和的ですので，「統一」が「外交」「安保」より先にきます。

　事実，保守の李明博大統領は，統一部を廃止し，外交部に吸収・再編しようとしましたが，南北関係の特殊性を考えると，専門部署は必要であるとされ，存置されました。逆に，進歩の文在寅大統領の政策ブレーンである文正仁・延世大学名誉教授は統一外交安保特別補佐官というポストに就いていますが，筆頭は「統一」になっています。

　南北首脳会談を実現したのはいずれも進歩の大統領ですが，対米外交や米朝関係との連動においてアプローチが異なります。

　金大中大統領は2000年6月に金正日・国防委員長と「歴史的な南北首脳会談」を初めて実現させます。当時，北朝鮮の第1次核危機は米朝枠組み合意（1994年）と KEDO（朝鮮半島エネルギー

開発機構）によっていちおう対処済みとされるなか，米朝関係の好転にもつながり，クリントン大統領の訪朝直前まで進みましたが，共和党への政権交代で頓挫します。

2回目は盧武鉉（ノ・ムヒョン）政権期の 2007 年 10 月で，南北経済協力について幅広く合意されましたが，北朝鮮は 6 者会合（05 年 9 月）で「すべての核兵器及び既存の核計画を放棄する」と約束したにもかかわらず，初の核実験を強行（06 年 10 月）した後でした。アメリカが呼応するはずもなく，韓国でも保守へ政権交代し，挫折します。

文在寅大統領は金正恩（キムジョンウン）・国務委員長と首脳会談を行い，「新しい南北関係」「経済協力」「朝鮮半島の完全な非核化」を盛り込んだ板門店宣言（2018 年 4 月）を採択します。それが米朝首脳会談（同年 6 月）につながり，「新しい米朝関係」「平和体制の構築」「朝鮮半島の完全な非核化」に関する共同声明にトランプ大統領と金委員長が署名します。一見，米韓同盟が基盤になって南北関係と米朝関係の進展が連動しているように見えますが，それぞれ思惑があり，必ずしも一致しているわけではありません。

## 2　歴史問題をめぐる認識ギャップ

**「最終的かつ不可逆的に解決される」慰安婦問題**　　金学順（キムハクスン）氏は 1991 年 8 月 14 日，「私は慰安婦だった。第 2 次世界大戦中，日本軍に性奴隷にされた」と初めて名乗りを上げました。それから四半世紀が経った 2015 年 12 月に，日韓両政府はようやく次のように合意しました。

日本政府は「当時の軍の関与の下に，多数の女性の名誉と尊厳を

深く傷つけた問題」について「責任を痛感」し，安倍首相はあらためて「心からおわびと反省の気持ちを表明」しました。韓国政府が設立する財団に日本政府の予算で資金を拠出し，「日韓両政府が協力し，全ての元慰安婦の方々の名誉と尊厳の回復，心の傷の癒やしのための事業を行う」ことにしました。その「着実な実施」を前提に，慰安婦問題が「最終的かつ不可逆的に解決されることを確認」しました。そのなかで，日本大使館前に設置された「少女像」も「適切に解決される」はずでしたが，釜山総領事館前にも新たに設置されました。

その後，韓国政府は和解・癒やし財団を設立し，日本政府は10億円を拠出しました。元慰安婦の生存者47人のうち，34人が1億ウォン（約1000万円）ずつ受け取りましたが，誰がどういう思いなのかは明らかになっていません。実質的には「合わせ技で1本」ともいえますが，「国家責任」「個人賠償」という形式にはなっていないため，「被害者中心アプローチ」に悖るという批判が依然としてなくなりません。

日本政府の立場は，日韓請求権協定（1965年）によって，日韓両政府は個人請求権も含めて請求権問題は「完全かつ最終的に解決されたこととなることを確認」（2条1項）したというものです。ただ，河野談話（93年）で「軍の関与」「本人の意思に反した募集」を認め，「道義的な責任」の下，半官半民のアジア女性基金を通じた「償い（オランダやフィリピンの当事者もいたため，英語ではイエス・キリストの『贖罪』も意味する"Atonement"という用語が充てられました）金」や首相のおわびの手紙を渡してきました。

一方，韓国政府は日韓国交正常化40周年（2005年）に法的立場を整理し，慰安婦，被爆者，サハリン残留韓国人の3者の個人請

求権は同協定によって消滅していないとしました。憲法裁判所も11年に，「協定の解釈及び実施」（3条1項）をめぐって日韓両国間に「紛争」があるにもかかわらず，韓国政府が日本政府に対して「外交上の経路を通じた解決」（同条同項）も，「第三者による仲裁」（同条2項）も申し入れをしていないのは「不作為」にあたり，違憲と決定しました。そのため，朴槿恵大統領は日韓合意に向けて「作為」せざるをえませんでした。

　文在寅大統領は「慰安婦問題は政府間合意では解決できないが，日本との間で外交紛争になることも望んでいない」とする一方で，日本政府は「合意は拘束する（pacta sunt servanda）」という法の一般原則の遵守を強調しています。

　そもそも，「紛争下における性的暴力の阻止は普遍的な人権問題である」ということに，日本政府もコミットし，むしろリーダーシップを発揮しようとしています。

### 日本人も「受忍」が強いられた徴用工問題

「明治日本の産業革命遺産」が2015年にUNESCO（国連教育科学文化機関）の世界文化遺産に登録されました。官営八幡製鉄所，三菱長崎造船所，三池炭鉱など製鉄・製鋼，造船，石炭産業に関連する23の資産は「開国」「富国」の 証 （あかし）で，19世紀後半から20世紀初頭にかけて日本が非西洋国家として初めて産業化に成功したのは，世界史的にも意義深いというのです。奇しくも，2018年は「明治150年」にあたり，さまざまなイベントが開催されましたが，レガシー（遺産）には本来，光と影の両面があります。

　世界遺産への登録は観光のセールスポイントになり，地域社会からの期待も膨らみます。東京オリンピック・パラリンピック（2020

年）を前に，外国からの観光客を急増させ，観光立国を目指している日本にとって，自らのサクセスストーリーが〈外〉からどのように見えるのか，「他者」とどのように分有したのかを振り返ってみることは欠かせません。

韓国政府は当初，この遺産に含まれる端島炭坑（はしま），通称「軍艦島」で第2次世界大戦期に韓国人が「強制労働（forced labor）」させられたとして，登録に難色を示します。当時，帝国臣民は国民徴用令（1939年）によって工場や炭鉱などに戦時動員されましたが，44年以降，朝鮮半島でも適用され，「内地」に「連行」されました。結局，日本政府は「その意思に反して連れて来られ（brought against their will）」「厳しい環境の下で（under harsh conditions）」「働かされた（forced to work）」多くの朝鮮半島出身者などがいたと表明するとともに，「各施設の全体の歴史（full history）を理解できるようにする」ことで折り合いがつきました。

徴用，空襲，引き揚げとともに「外地」に残してきた財産，シベリア抑留など民間人が受けた「戦争被害」について，戦後，日本人も一切の補償を受けることなく，「受忍」することを強いられました。その一方で，軍人やその遺族に対しては恩給が手厚く支給されました。

徴用工の個人請求権は，日韓請求権協定によって「完全かつ最終的に解決された」というのが韓国政府の立場でもありました。2005年に慰安婦，被爆者，サハリン残留韓国人の3者の個人請求権は同協定で放棄されていないとしたときも，徴用工は含まれませんでした。

ところが，大法院（韓国の最高裁判所）は2018年10月に，新日鉄住金（八幡製鉄所の後身，現在は日本製鉄）に対して賠償を命じる

判決を下しました。「徴用以前に，日本による支配そのものが不法であり，侵略戦争の遂行に直結した企業の反人道的な不法行為に対する慰謝料請求権は，日韓請求権協定の適用対象に含まれておらず，徴用工には個人請求権がある」という判断に拠るものです。日本統治期の法的性格をめぐっては日韓国交正常化交渉でも激しく争われました。「合法で有効」「日帝強占は不当で不法で，そもそも無効」という双方の主張は相容れませんでしたが，日韓基本条約で「もはや無効（already null and void）」というかたちで政治決着させたはずでした。この「不同意の合意（agree to disagree）」が根幹から問われたわけですので，日韓関係はかつてないほどの深刻な局面を迎えています。

日本海（東海）の竹島（独島）　1905 年の閣議決定により島根県に編入した「竹島は，歴史的事実に照らしても，かつ国際法上も明らかに日本固有の領土」であるというのが日本政府の立場です。「島根県の竹島」は韓国に「不法占拠」されているのにすぎず，日本としては「国際法にのっとり，冷静かつ平和的に紛争を解決する」ことを目指しています。

　一方で，「独島をめぐる領有権紛争は存在せず，独島は外交交渉及び司法的解決の対象になり得ません」というのが韓国政府の立場です。そのため，李明博大統領の「竹島上陸」（2012 年 8 月 10 日）は国家主権が示された「独島訪問」ですし，国際司法裁判所（ICJ）に付託するという日本の提案を 3 回（1954 年・62 年・2012 年）とも拒否しました。

　日本では竹島問題は領有権紛争のひとつですが，韓国では「独島は日本の韓国侵略に対する最初の犠牲であり，解放とともに再びわ

れわれの懐に抱かれた韓国独立の象徴，韓国同胞の栄誉のいかり」（卞栄泰<sub>ビョンヨンテ</sub>・外務部長官，53 年）として認識されています。このように，紛争解決の方法だけでなく，紛争の性格や紛争の有無についても，日韓両国の認識は正面から対立しています。

　日本政府も自ら実効支配している尖閣諸島については，中国船の侵入を排除しつつ，領有権紛争の存在を否定しています。一方，北方領土（／南クリル）については，ロシアも領有権紛争の存在を認め，双方が断続的に交渉に臨んでいます。

　幕末に黒船の到来によって，近代国際法秩序，すなわち主権＝領域国家システムに編入された後，日本は清（中国）にも朝貢していた琉球を処分して沖縄県を設置し，蝦夷地も北海道として開拓を始めました。海洋にも進出し，先島諸島，千島諸島，小笠原諸島，沖

くありません。本来は，相手の立場をいちど 慮(おもんぱか)ってみることで自らを振り返る姿勢のことです。

「島根県の竹島」や「独島は我が地」といった結論だけを注入する領土教育をしたところで，第三者には通用しません。ICJ（オランダ・ハーグ所在）では，領有権の国際法上の根拠である「権原（title）」として，領有意思と「国家権能の継続的かつ平穏な発現（continuous and peaceful display of state authority）」が重視されていますので，そうした法理に沿ってエビデンスを収集し，国際共通語としての英語で論理的に提示することが欠かせません。

そうした「いざハーグ」に臨むさいには，「悪魔の代弁人（devil's advocate）」をスカウトするのも一案です。あえて相手側の立場から反論する役割のことで，弱点をあらかじめ補強するのが主眼です。普(あまね)く通じる言葉や所作を模索したいところです。

スカウト（scout）には「抜擢」のほかに「斥候（せっこう）」という意味があります。ボーイスカウトなどのスカウト運動のモットーは「備えよ常に（be prepared）」です。

ノ鳥島（日本最南端），南鳥島（日本最東端），大東諸島などを次々に領域にしていきます。樺太は当初，日露雑居とされましたが，全千島と交換でいちど手放し，日露戦争後，北緯50度以南は日本領となり，陸の国境線が引かれました。結局，現在では，南極を除き，地球上の陸地はすべて，どこかひとつの国だけに排他的に属しているということになりました。

絶海の孤島が重要なのは，そこを基点にした200海里（370 km）の排他的経済水域（EEZ）が国連海洋法条約（94年に発効，日中韓3国とも96年に批准）によって認められ，漁業資源や地下資源を自由に開発できるからです。日本の国土面積は38万 km$^2$ ですが，EEZを入れると447万 km$^2$ で，世界第6位を誇ります。「海の日」が国民の祝日とされる理由です。

日本海，東シナ海，黄海は狭いため，そうでなくても日韓，日中，中韓の間で中間線をどのように引くのかが問題になります。中国からすると，尖閣諸島だけでなく南西諸島全体が，西太平洋に進出するさいに必ず突破しなければならない「第一列島線」に該当します。

　国際的に広く通用している「日本海」という呼称について，韓国は「東海」が正しい名前であり，少なくとも併記するべきであると主張していますが，第三国からすると，車の通行方向と同じで，何かひとつに定まっていることが重要な「調整ゲーム」にすぎないのかもしれません。

## 3　「戦略的利益」も共有しなくなったのか

北朝鮮の核・ミサイル問題

　外務省が毎年発行している『外交青書』では，日韓関係について 2014 年までは「自由と民主主義，市場経済等の基本的価値を共有する重要な隣国」と記載されていました。15 年に「最も重要な隣国」，16，17 年に「戦略的利益を共有する最も重要な隣国」となりましたが，18 年は「良好な日韓関係は，アジア太平洋地域の平和と安定にとって不可欠である」ため，「日韓間には困難な問題も存在するが，これらを適切にマネージしつつ，日韓関係を未来志向で前に進めていくことが重要である」と強調しています。はたして日韓両国は「基本的価値」だけでなく「戦略的利益」も共有しなくなったのでしょうか。

　この間，北朝鮮の核・ミサイル能力は飛躍的に向上しました。北朝鮮は 2017 年 9 月に 6 回目の核実験を断行し，過去最大の爆発規

模と弾頭への装着が可能な小型化・軽量化に成功します。11月には事前に探知することが難しい移動式発射台から大陸間弾道ミサイル（ICBM）を発射し、ついにアメリカ本土を射程に収めました。そして、とうとう金正恩は「国家核戦力、対米抑止力が完成した」と豪語しました。すると、北朝鮮はもっと前から、アメリカの同盟国である日韓両国や在日・在韓米軍を脅かすスカッドやノドンといった短距離弾道ミサイル（SRBM）や準中距離弾道ミサイル（MRBM）の実戦配備を完了していましたが、アメリカがようやく自らに対する直接的な脅威として認識し、何らかの解決に向けて乗り出しました。

　日韓両国はそれぞれアメリカとの同盟を安全保障の要としつつも、ともにジュニア・パートナーとして、いざというときに見捨てられるのではないかという懸念と、望まない紛争に巻き込まれるのではないかという懸念を共有していました。北朝鮮の核・ミサイル問題についても、アメリカが同盟国との十分な協議をすることなく北朝鮮を先制攻撃することで、ソウルや東京が報復され「火の海」になるかもしれないというのは後者に該当します。

　一方で、米朝関係が進展し、「朝鮮半島の完全な非核化」とともにICBMの凍結・全廃だけで「取引」されるシナリオは前者に該当します。アメリカからすると、パキスタンのように、自らには届かず、第三者にも拡散しないのであれば、事実上の核保有国として黙認する可能性もゼロではありません。そもそも米朝や南北で合意したのは「北朝鮮のCVID（完全で検証可能かつ不可逆的な非核化）」ではなく、「朝鮮半島の完全な非核化」です。ここには、アメリカの戦略爆撃機の朝鮮半島での展開や拡大核抑止の韓国への提供も含まれるとなると、一大事です。事実、米韓合同軍事演習は中止にな

り，有事即応力への影響や同盟国防衛へのコミットメントの信頼性低下が懸念されています。

それに，SRBM や MRBM がそのまま残るようでは，日韓が北朝鮮の「隣国」であるために共有する「戦略的利益」はやはりあるのです。だからこそ日本はイージスアショア（陸上配備型弾道ミサイル迎撃システム），韓国は THAAD（終末段階高高度地域防衛）というミサイル防衛システムをアメリカから導入（しようと）しているわけです。

パワーバランスの変化
と国家戦略の再定義

北朝鮮の核・ミサイル問題が緊迫してくると，アメリカが「米日韓」の安保協力を一層重視するなかで，韓国も 2016 年に日韓 GSOMIA（秘密軍事情報保護協定）を結びます。ただ，日韓双方ともアメリカとは結んでいる物品役務相互提供協定（ACSA）は韓国の反対で結ばれず，GSOMIA も北朝鮮に関するインテリジェンス（国家にかぎらず，重大な意思決定に資する情報）に限定されています。それでも，アメリカからすると，「米日韓」トライアングルにおける「一番弱い環」が少しは補完されたことになります。「鎖は一番弱い環で切れる（A chain is no stronger than its weakest link）」といいます。安保協力が切実になると，歴史問題での対立は後景に退いたというわけです。

こうした争点の間の関係（イシュー・リンケージ）やプライオリティ（優先順位）について，国家の安全保障を「ハイ・ポリティクス（高位政治）」，それ以外を「ロー・ポリティクス（低位政治）」とみなすのが一般的です。とくに，冷戦期，北朝鮮と対峙した韓国にとって，安保は死活的な課題でした。

さらに，経済発展も切実でした。解放後，韓国は最貧国のひとつ

で，アメリカや国連からの援助に依存していました。1970 年頃までは北朝鮮よりも GDP が小さく，かつらやゴム靴など軽工業が精いっぱいでした。

こうしたなか，1965 年に日本と国交を正常化したわけですが，安保や経済発展が優先される一方で，植民地支配への謝罪はなく，賠償ではなく経済協力（無償 3 億ドル，有償 2 億ドル，当時韓国の国家予算は 3.5 億ドル）というかたちになりました。その後，それも基になって重化学工業化に成功し，車や船，さらには半導体を世界中に輸出するようになります。

韓国が民主化すると，国民や当事者一人ひとりの声が外交でも示されるようになりました。また，国際的な「位相（ポジション）」も高まり，1996 年に OECD（経済協力開発機構）加入で「先進国クラブ」のメンバーとなり，そして 2010 年には DAC（開発援助委員会）加入で「援助する側」になりました。ポスト冷戦期に，歴史認識や「移行期の正義（transitional justice）」が各地で問われるようになったのは偶然ではありません。

現在もまた，移行期です。

トランプ大統領は「アメリカ・ファースト」を掲げて，TPP（環太平洋パートナーシップ）協定や気候変動に関するパリ協定から脱退するなど，戦後アメリカが主導してきた規範とルールに基づくリベラルな国際秩序を自ら揺るがしています。安保や同盟関係も「取引」の対象とみなされるようになっています。その一方で，中国が台頭し，アメリカに伍す構えを見せています。南シナ海での人工島の建設は「航行の自由（freedom of navigation）」に対する明白な挑戦です。

こうしたグローバルなパワーバランスの変化のなかで，日韓だけ

でなく，各国はそれぞれ国家戦略の再定義を行っています。先行き
が不透明であればあるほど，「舵取り＝方向を定めること（naviga-
tion）」が問われています。

## 4 「普通」の二国間関係へ

**日韓関係の特殊性**　アメリカとイギリスは「特別な関
係」であるといわれることがありま
すが，日韓関係も特殊であるとされるのは，主に3つの理由があ
ります。

第1に，かつて宗主国と植民地の関係だったということです。
「西洋の衝撃」がアジアにも及ぶなか，日本はいち早く近代化し，
朝鮮を1876年に開国させます。日本に負けた清（中国）が下関条
約（95年）で「朝鮮が完全無欠なる独立自主の国であることを確
約」したことで，大韓帝国が97年に成立しました。「大韓」とい
う国号を自ら名乗り，それまでの王が皇帝に即位し独自の年号「光
武」を制定したというのは，中華秩序からの脱却を意味しました。
大日本帝国憲法が公布されたのはその少し前の89年でしたが，こ
の2人の皇帝／天皇が統治権を譲与／受諾し合ったかたちになっ
ているのが韓国併合条約（1910年）です。終戦／解放後，それぞれ
憲法第1条で「天皇は，日本国の象徴であり日本国民統合の象徴」
「大韓民国は民主共和国である」と定める別々の国になりました。
天皇の訪中は1992年に実現しましたが，訪韓することなく「平成」
から2019年5月1日に代替わりしました。

第2に，隣国であるということです。日本は四方を海に囲まれ

た列島で，陸の国境線を有していません。韓国は対馬から 50 km，台湾（1972 年までは中華民国として承認）は与那国島から 110 km の距離です。韓国は半島の南部に位置し，北朝鮮とは 250 km にわたって軍事境界線で接していますが，往来は固く閉ざされていたため，事実上，「島」だったといえるかもしれません。しかも，中国やソ連とは冷戦期には国交を有していませんでしたので，日本が唯一の隣国でした。地理的に近いと，コミュニケーションのコストが安く済み，交易や往来がさかんになります。日本語が通じたのはこうした歴史のレガシーであり，ポスト・コロニアリズムそのものです。

　第 3 に，ともにアメリカの同盟国であるということです。北朝鮮という脅威を共有し，アメリカとの同盟を外交・安保の基軸にしているというのは，それだけ戦略的な判断が近いということです。日韓は直接，安保条約を結んでいるわけではありませんが，アメリカを介した「擬似同盟（quasi-alliance）」にたとえられることがあります。事実，日韓にはアメリカが戦力を前方展開している基地があり，いざ有事のときは，在韓米軍と在日米軍はもちろん，韓国軍の作戦統制権はアメリカ大統領に属していますし，自衛隊も「同意と要請」によって集団的自衛権を行使することになるかもしれません。そうでなくても，グアムのアンダーセン空軍基地だけでなく山口県の岩国基地からも，アメリカの戦略爆撃機やステルス機が軍事演習や警戒に参加しています。

　もちろん，この 3 つは定数ではなく，歴史的な変数です。つまり教育や世代交代，コミュニケーション技術の革新，国際秩序のありようや戦略判断の変化によって，当然，変わりうるものです。2019 年 3 月現在，日本（韓国）にとって韓国（日本）は，国交を結んでいる 195（190）カ国のひとつですが，日韓関係の意味が双方

にとって，かつてほど自明ではなくなったことだけは確かです。

### 「日帝」と「日製」をめぐるコンプレックス

　1965 年の国交正常化当時，日韓を往来する人々は年間 1 万人でした。それが 2000 年代には 1 日に 1 万人という規模になります。日本から韓国へは 12 年の年間 352 万人がピークで，18 年は 295 万人でした。逆に，韓国から日本へは 7 年連続の右肩上がりで，18 年には 754 万人に達し，延べ人数では韓国人の 7 人に 1 人が訪日したことになります。

　たとえ数日間の観光であったとしても，自分の目や耳で見聞きし，直接体験したことは，マスメディア（「媒体」が原義）を通じて間接的にイメージしていたことを捉え返すキッカケになります。こうした市民レベルでのトランスナショナルな関係へと日韓関係も「複合

歴史認識問題における対立も適切に管理することが望ましいとされてきたのです。だからこそ，オバマ大統領は慰安婦合意を後押ししたわけです。

　その後，北朝鮮による核ミサイル開発が加速化すると，グアムのアンダーセン空軍基地だけでなく岩国基地からも戦略爆撃機やステルス機が朝鮮半島に展開しました。さらに，南北・米朝の間で交渉モードに転じた後も，「非核化」と「平和体制の樹立」「制裁緩和」の間でどのように「取引」するのかをめぐって，「日米韓」のなかでも一致していません。

　そんななか，2018 年 12 月に日本海で，海上自衛隊の哨戒機が韓国海軍の駆逐艦からレーダー照射（ロックオン）される事態が起きました。偶発的な軍事衝突につながりかねず，多国間合意の「海上衝突回避規範（CUES）」にも反します。他方，韓国は，レーダー照射はしておらず，漂流中の北朝鮮船舶を救助している最中にむしろ「低空威嚇飛行」されたと主張しています。日韓両政府とも「相手は嘘をついている」と公言して憚（はばか）らない局面を迎えています。

　防衛当局同士の関係（mil-to-mil relations）は本来，国家間の信頼において最後の砦であるはずです。

化」すると，政府間で交渉の「落としどころ（ウィンセット）」を探るときに，「心と精神を勝ち取る」パブリック・ディプロマシーが重要になります。

　韓国人は「反日」であるというイメージがありますが，ここでいう「日本」は何を指しているのでしょうか。

　たしかに，慰安婦問題に関する日韓合意や日本大使館前の「少女像」の移転について評価を尋ねると，「否定的」「反対」という回答が過半数でしょう。安倍首相に対する好感度が金正恩委員長や中国の習近平国家主席よりも低いのも事実です。日本の政治体制は「軍国主義」だと理解している人も少なくありません（言論 NPO・東アジア研究院「日韓共同世論調査」各年度版など）。

　とはいえ，個別の政策や特定の政治家に対する評価が低いことと，

その政治家が属する集合体全体に対して反対することは，概念上はまったく異なります。

「日帝（日本による植民地支配）」と「日製（メイド・イン・ジャパン）」は同じ「イルチェ（일제）」という発音ですが，ひとりの韓国人のなかで「日帝」を憎むことと「日製」を愛でることは，同時に成り立つのです。こうしたコンプレックス（愛憎）は「私たち」の＜あいだ＞でそこここに見られますが，ひとつの断片だけを切り取り，反「日帝」だから「反日」だ，「日製」LOVE だから「親日」だ，と決めつけるのは，あまりに乱暴な見方です。

さらに，コンテンツそのものが消費されるようになると，製造元や原産地は気にもされません。日本人も，スマホで一日中，「LINE」でやり取りしているからといって，親企業の「NAVER」が韓国企業であることをいちいち意識しませんし，「親韓」というわけでもありません。

BTS（防弾少年団）や TWICE は「K-POP」の新しいスターですし，若い女子が第 3 次「韓流」をリードしています。ただ，ハマっているのはダンスや楽曲，コスメやインスタ映えするカフェであって，「韓国」全体に対する関心にはつながりません。「K」はもはや，ほとんど記号にすぎませんし，ビジネスとしては世界中で売れればそれでいいのです。

スマホ「Galaxy」を開発した「サムスン」電子も，「サムソン」のほうが現地語読みに近いのですが，いちどブランドとして確立すれば，正しい名前や出自よりも，ファンになってもらうことのほうが重要です。

### 3つの「たいしょう」

最後に，3 つの「たいしょう」という補助線を引き，日韓関係という立

体像を著者なりに浮き彫りにしてみます。

1つめは，関係の「対称」化です。

当初，日韓の政治・経済システムは非対称的でしたが，韓国が民主化し，経済自由化・グローバル化することで，自由民主主義や市場経済を共有するようになりました。日本が「失われた20年」に陥っていた間も，韓国はそれなりに経済成長を続けたため，1人当たりのGDPや教育・生活の質は同じ水準になりました。「日本の優位」が崩れただけでなく，「追いつかれた」側は変化の速さに理解の仕方が追いつかず，妙に身構えてしまうところがあるようです。

中国に対しても，GDPが2010年に「追い抜かれ」，42年ぶりに世界第3位に「転落」したことで，「アジアの盟主」というナショナル・プライドが傷つきました。そもそも中国がアジアで唯一のP5（国連安保理常任理事国）であるなかで，日本はG7（先進国首脳会議）メンバーであることを代わりに誇っていたのですが，それも挫かれたのです。

2つめは，≪他者≫としての「対象」化です。

「10年も経つと，河や山も変わる」という表現が韓国語にありますが，なじみがなく，一見，受け入れがたい「変化」や「新しさ」に直面したとき，全部，相手の存在や本質の「せいに」して，なんとか心の平静を保とうとすることがあります。「嫌韓」や「反中」，ヘイトスピーチは日本社会のそのような側面の表れともいえそうです。

これまでと同じ仕方では通じないときこそ，個人も集合体も，新しい「言葉」や普く通じるふるまい方を身につけるために何度でも自ら学び直すことが大切です。「聞き苦しい言葉を話すもの」を「バルバロイ（野蛮人）」と一方的に名付ける態度とは真逆です。

3つめは，相互に「対照」し合い，それぞれ自省するということです。

　日本語話者にとって韓国語は語順が似ていて多くの漢字語を共有しているため，とっつきやすく，「わかった」気になりやすい言葉です。しかし，その漢字語でさえ，ニュアンスを踏まえて「通訳」するのは難儀なことです。たとえば，歴史問題に関する「おわび」について「진정성」が何度も問われることに対して「反感」を覚えたとしても，「真情性」と機械的に語を充てただけでは，「対策」を講じるどころか，そのまま「理解」することにもつながりません。

　日本語話者にとって韓国語を学ぶというのは，照らし合わせて日本語のありようを振り返ることになるといいます。さらに，外国語にかぎらず，他の誰かの「言葉」を学ぶということは，異なりながら「共に在る」，ともに「別様になりうる」可能性を開きます。

　こうした「韓国（語）という方法」，「日本（語）という方法」は，少子高齢化や自由で多様な生き方など日韓が共有している課題について，それぞれが取り組むうえでかけがえのない「参照項」を示しているのではないでしょうか。

　読者の「あなた」も，そうした未来をともにつくっていく一員なのです。

## 参考文献

木宮正史・李元徳編『日韓関係史　1965-2015 I　政治』（東京大学出版会，2015 年）
金恩貞『日韓国交正常化交渉の政治史』（千倉書房，2018 年）
金成玟『K-POP ――新感覚のメディア』（岩波新書，2018 年）

木村幹『日韓歴史認識問題とは何か——歴史教科書・「慰安婦」・ポピュリズム』（ミネルヴァ書房，2014年）

チャ，ヴィクター・D（船橋洋一監訳，倉田秀也訳）『米日韓 反目を超えた提携』（有斐閣，2003年）

趙世瑛（姜喜代訳）『日韓外交史——対立と協力の50年』（平凡社新書，2015年）

チョ，ナムジュ（斎藤真理子訳）『82年生まれ，キム・ジヨン』（筑摩書房，2018年）

野間秀樹『韓国語をいかに学ぶか——日本語話者のために』（平凡社新書，2014年）

服部龍二『外交ドキュメント——歴史認識』（岩波新書，2015年）

朴裕河（佐藤久訳）『和解のために——教科書・慰安婦・靖国・独島』（平凡社ライブラリー，2011年）

読売新聞政治部『基礎からわかる日本の領土・海洋問題』（中公新書ラクレ，2012年）

李鍾元・木宮正史・磯崎典世・浅羽祐樹『戦後日韓関係史』（有斐閣アルマ，2017年）

ロー，ダニエル『竹島密約』（草思社文庫，2013年）

○ウェブサイト

外務省「外交青書」各年度版
https://www.mofa.go.jp/mofaj/gaiko/bluebook/index.html

言論NPO・東アジア研究院「第6回日韓共同世論調査　日韓世論比較結果」
http://www.genron-npo.net/world/archives/6941.html

# 南北関係と
# コリア・ナショナリズム

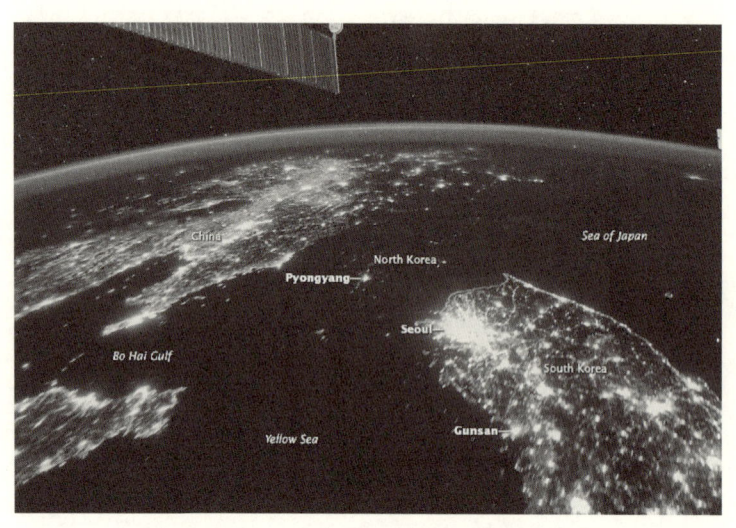

国際宇宙ステーションから見た朝鮮半島の夜景

（出所）　NASA ウェブサイト；https://earthobservatory.nasa.gov/IOTD/view.php?id=83182

# 1　38度線の明暗

**経済的には体制間競争
は決着済み**

　左の扉写真は，宇宙飛行士の若田光
一氏が船長を務めたこともある国際
宇宙ステーション（ISS）から夜間
に朝鮮半島を撮影したものです。南側は煌々と明るく，海岸線がハッ
キリとわかります。ひときわ輝いているのはソウル首都圏です。
一方，北側は一面が真っ暗のなか，光が灯っているのは平壌だけ
です。中国東北部とのコントラストも際立っていて，韓国がまるで
「島」のように見えます。

　「1枚の写真は1000の言葉よりも雄弁に語る」（ドイツのことわざ）
といいますが，光量はその社会の経済状況をそのまま映し出します。
北朝鮮のような閉鎖社会で，核・ミサイル開発に対する経済制裁の
効果を直接検証できない場合でも，こういう方法を活用できる時代
です。

　もうひとつ，誰が見てもすぐわかる南北の決定的な違いは，身長
や体重です（図6-1）。韓国ではこの70年間で体格が向上した一方
で，北朝鮮では1945年とまるで変わっていません。その結果，男
女それぞれ，身長は8cmと6cm，体重は13kgと8kgの差が生じ
ています。

　北朝鮮との関係は，韓国では「南北関係」といいますが，いわゆ
る「南北問題」とは逆で，南側が豊かで，格差は年々広がっていま
す。

　韓国の統計庁のデータによると，2016年現在，韓国の人口が

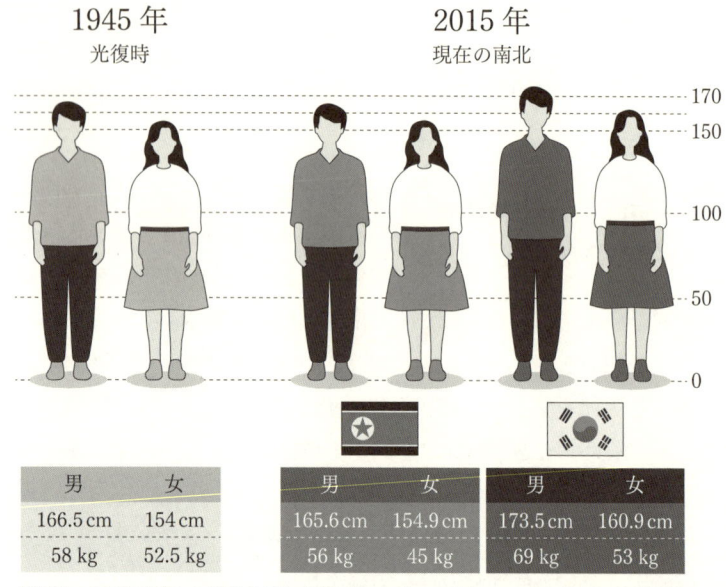

| 1945 年 光復時 | |
|---|---|
| 男 | 女 |
| 166.5 cm | 154 cm |
| 58 kg | 52.5 kg |

| 2015 年 現在の南北 | | | |
|---|---|---|---|
| 男 | 女 | 男 | 女 |
| 165.6 cm | 154.9 cm | 173.5 cm | 160.9 cm |
| 56 kg | 45 kg | 69 kg | 53 kg |

（出所）『中央日報』の記事を元に作成（https://news.joins.com/digitalspecial/289）。

図 6-1　南北における男女の平均身長・体重の変化

5125 万人であるのに対して，北朝鮮は半分以下の 2490 万人です。名目国民総所得（GNI）は南北それぞれ 1639 兆ウォンと 36 兆ウォンで，45 倍の開きがあり，一人当たりに直しても 22 倍と圧倒的です。貿易総額だとさらに顕著で，9016 億ドルと 65 億ドルで，138 倍の差です。

　平均余命や乳幼児死亡率（新生児 1000 人中，5 歳までに死亡する人数）でも差が歴然です。世界保健機関（WHO）の統計によると，2016 年現在，平均余命は男子が南北それぞれ 79.5 歳と 68.2 歳，女子が 85.6 歳と 75.5 歳で，男女とも 10 歳以上の差があります。乳幼児死亡率は 3.4 と 20.0 で，まだしも差が見られないため，成年

期以降の影響が大きそうです。

　日本統治期，北側のほうが「満洲国」と隣接していたこともあり，水豊（すいほう／スプン）ダムなど「内地」にも引けをとらないインフラが整備され，興南（こうなん／フンナム）などで重化学工業も盛んでした。現在でも，石炭や鉄鉱石の生産量だけは，北朝鮮が韓国を上回っています。プルトニウムのほかに核開発に利用できるウランも採れるなど，地下資源が豊富です。

　解放／分断後も，1970 年頃までは，北朝鮮のほうが豊かでしたが，朴正熙（パクチョン ヒ）大統領の決断で韓国が輸出主導型の経済へと舵を切ったことで逆転しました。その後，韓国は「漢江（ハンガン）の奇跡」といわれる急速な経済成長や産業構造の高度化を果たし，「北側（先進国）」になりました。

　南北関係にはさまざまな側面がありますが，経済的には，「韓国の優位」は明らかで，その意味では体制間競争はすでに決着がついているといえます。

### 未修復地「北韓」との国連同時加盟

「〜ということになっている」という擬制と「〜である」という実態の間にはズレがあるものです。憲法というテキストで謳（うた）われている事柄はその典型かもしれません。

　「大韓民国の領土は韓（朝鮮）半島とその附属島嶼とする」（3 条）と憲法では規定されています。しかし，文在寅（ムンジェイン）政権による統治は軍事境界線（≠国境）の北側には及んでいません。それにもかかわらず，いや，むしろだからこそ，「未収復地」の「以北 5 道」（黄海道・平安南道・平安北道・咸鏡南道・咸鏡北道）の知事を任命し続けています（図 6-2）。京畿道や江原道は南北にまたがっていますが，「未収復京畿道」側に位置する開城（ケソン）の市長なども任命しています。

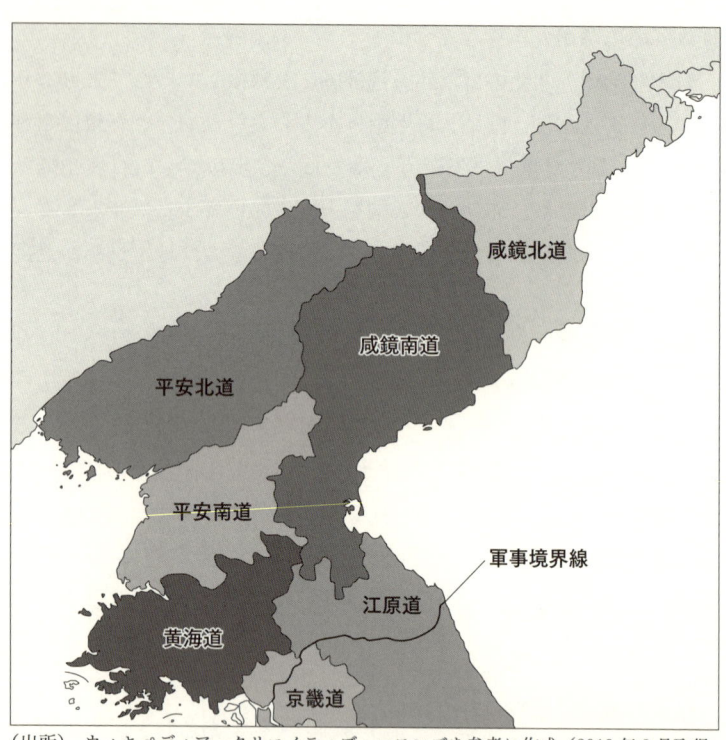

（出所）　ウィキペディア・クリエイティブ・コモンズを参考に作成（2019 年 2 月取得，
https://ko.wikipedia.org/wiki/%EC%9D%B4%EB%B6%815%EB%8F%84%EC%9C%84
%EC%9B%90%ED%9A%8C#/media/File：Five_Northern_Provinces.jpg）。

図 6-2　　以北 5 道

　開城には南北経済協力（南の資本と北の労働力）の象徴とされる
工業団地が設けられ，2004 年から稼働していましたが，北朝鮮の
核・ミサイル問題が深刻化するなかで 16 年以降，閉鎖されていま
す。中韓 FTA（自由貿易協定）の枠組みでは，その製品は「韓国産」
として取り扱われていました。

　逆に，「朝鮮民主主義人民共和国」でも，1972 年までは「首府は

ソウル市である」と憲法で定めていました。それ以降，「首都は平壌」へと改まりましたが，国家と人民を「領導」する朝鮮労働党の規約には，「全社会の金日成・金正日主義化」，いわゆる「赤化統一」が「最終目的」として掲げられています。

　互いに「北韓」「南朝鮮」と呼び合う南北は 1991 年 12 月に南北基本合意書を締結し，「双方の間の関係が国と国との関係ではない，統一を指向する過程で暫定的に形成される特殊関係である」ことを確認しました。その直前，9 月に，南北は同時に国連への加盟が認められました。国連「加盟国（member states）」の要件は当然，「国家」ですので，国際法と南北それぞれの憲法，さらには実態の間でのズレをいちおう「整理」しようとしたわけです。

　2019 年 3 月現在，南北両方と国交を結んでいる国は 157 カ国あります。韓国とだけ国交を結んでいる国は日本やアメリカを含む 33 カ国である一方で，キューバ，北マケドニア，シリア，パレスチナの 4 カ国（パレスチナは日本も国家として承認していません）は北朝鮮とだけ国交を結んでいます。韓国の 190 カ国には及びませんが，北朝鮮も 161 カ国と国交を有していて，必ずしも国際的に孤立しているわけではありません。

　国際法上は，国家たるには，国民と領土，両者を実効支配する政府，さらに国際社会からの承認が必要とされます。それぞれの憲法では，朝鮮半島全体が領土であり，たとえば金正恩も大韓民国の国民ということになっていますが，実際に実効支配が及んでいるのは南北の半分ずつで，両方が国際社会から同時に承認されているのが現状です。

　「両岸関係（中台関係）」の場合，「1 つの中国」の原則の下，中華人民共和国とだけ国交を結んでいる国は日本を含む 177 カ国に達

するのに対して，「中華民国（台湾）」を国家として認めているのは17 カ国にすぎません。これと比べると，南北の体制間競争は，外交的には，ほぼ互角といえるかもしれません。

「南北経済協力」の象徴，開城工業団地と金剛山観光　南北だけでなく，アメリカや中国なども加わった朝鮮戦争（1950〜53年）は板門店（パンムンジョム）で休戦協定が結ばれ，「撃ち方やめ」になりましたが，にらみ合いや小規模衝突はその後も続いています。

　陸では，ソウルは軍事境界線から 50 km と近いため，付近に集中配備された北朝鮮の長距離砲の脅威がより切実です。事実，奇襲された朝鮮戦争では，わずか 3 日でソウルは陥落しました。こうしたなか，在韓米軍も「有事への自動介入の仕掛け線（tripwire）」になることを避けるため，司令部をソウルの龍山から後方（南）の平沢（ピョンテク）に移転させました。

　海でも，2010 年 3 月に韓国の哨戒艦「天安」が北朝鮮の魚雷によって沈没させられたり，同年 11 月に延坪島（ヨンピョンド）が砲撃され民間人が死亡したりしています。

　延坪島は「西海（黄海）五島」のひとつで，対岸の北朝鮮から 11 km しか離れていませんが，アジアでも随一のハブ空港がある仁川（インチョン）広域市に属しています。海の境界，北方限界線（NLL）がその北側に引かれていますが，北朝鮮は認めていません（図 6-3）。周辺海域はワタリガニなどの好漁場です。

　空域も閉ざされたままで，一日に何便も往復する仁川・北京便は北朝鮮上空を迂回する航路が採られています。日本海でミサイルの発射が繰り返されたときは，欧州便がニアミスしたこともありました。

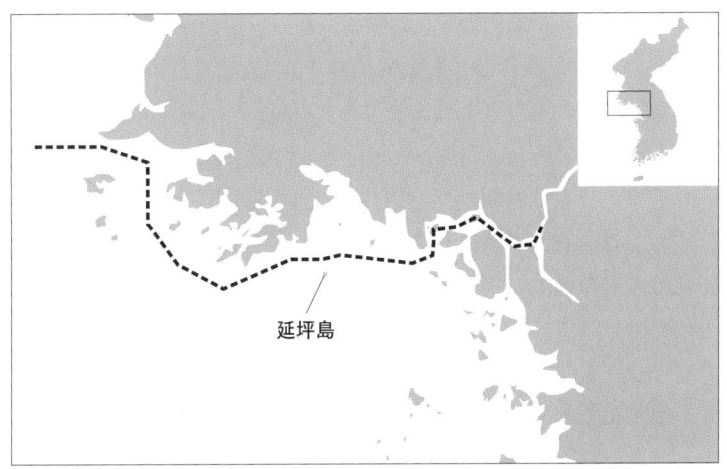

延坪島

（出所）　ウィキメディア・コモンズを参考に作成（2019 年 2 月取得，https://en.
wikipedia.org/wiki/Northern_Limit_Line#/media/File：Northern_Limit_Line.svg）。

図 6-3　北方限界線

　2000 年 6 月に初の南北首脳会談が開催されたときに，金大中大
統領は空路で平壌に入りました。その結果，軍事境界線の北側に 2
カ所だけ，南北の「和解・協力」を象徴する場所が造成されました。
　ひとつは開城工業団地で，双方「ウィン・ウィン」とされました。
工場を操業する韓国の中小企業にとって，廉価で熟練した北朝鮮の
労働力の活用はコストダウンにつながりましたし，北朝鮮当局にと
って米ドルでの現金収入は「使い勝手の良い」ものでした。「民族
内部の取引（南北交易）」は国連安保理による経済制裁にも抵触し
ないとされ，2016 年に朴槿恵政権によって開城工業団地が閉鎖さ
れるまでの間，取引量は右肩上がりで増加しました。韓国にとって
は対北「安全弁」，北朝鮮にとっては対中依存比率の引き下げも期
待するものでした。

もうひとつは金剛山です。名勝の金剛山を観光地として開発することで，故郷を離れた「失郷民」の「恨解（望郷）」と米ドルでの現金収入が交換されました。こちらは 2008 年に韓国人観光客が北朝鮮兵士に射殺される事件が起き，李 明 博政権が中断しました。

　さらに，分断・戦争で生き別れになった家族（離散家族）の面会施設が設けられ，断続的に 21 回，再会イベントが実現されました。当初は夫婦の再会も少なくありませんでしたが，高齢化が進み，直近の再会（2018 年 8 月）では，そうした組み合わせはひとつも見られなくなりました。そもそも，直接再会できる人はごく限られていて，定例化されているわけでもありませんし，それ以外に手紙のやりとりが許されているわけでもありません。

## 2　グローバルな朝鮮半島問題

### 「東西」としての「南北」

南北関係は東西冷戦の最前線でもありました。

　朝鮮戦争の休戦協定に署名したのは，朝鮮人民軍最高司令官の金日成，朝鮮国連軍総司令官でアメリカ陸軍大将のクラーク，中国人民志願軍司令官の彭徳懐の 3 人でした。韓国の李承晩大統領が加わっていないのは，韓国軍の作戦統制権がアメリカ軍に委ねられていたからです。その直後，米韓相互防衛条約が結ばれて，アメリカ軍は引き続いて韓国に駐留し，その防衛を担うことになりました。一方，北朝鮮も「主体」を強調しつつも，東側陣営における中ソ対立のなか，1961 年にソ連と中国の両方と友好協力相互援助条約を結びました。

このように，朝鮮半島問題は「民族問題」である以上に，グローバルな文脈と関係しています。そもそも朝鮮戦争を誘発したのは，アメリカのアチソン国務長官が西太平洋に引いた防衛ラインに朝鮮半島が含まれていなかったため，アメリカの韓国防衛の意思を金日成が誤認し，ソ連のスターリンと中国の毛沢東が「南侵」を承認したからだといわれています。

　韓国はその後も，アメリカから「見捨てられ」そうになったことがあります。ベトナム戦争から「手を引こうとする」ニクソン政権（1969〜74年）によって在韓米軍が削減されただけでなく，カーター政権（77〜81年）は当初「撤退」を掲げます。結果的には，そうはならず，1978年に米韓連合司令部が創設され，共同オペレーションの態勢が強化されましたが，「自主国防」の必要性を痛感させられました。朴正煕（パクチョンヒ）大統領が密かに核開発を進め（アメリカの反対で頓挫し）たのもこの頃です。

　米ソ冷戦終結で，韓国はソ連（1990年）や中国（92年）と国交を結びますが，北朝鮮の日米とのクロス承認は実現しませんでした。南北非核化共同宣言（92年）には「朝鮮半島の非核化」が明記されましたが，アメリカによる「核の傘」，拡大核抑止の提供が米韓同盟の根幹であることには何も変わりありません。日米同盟においても，非核三原則の「持ち込ませず」については，「否定も肯定もしない」方針が貫かれています。

　中朝友好協力相互援助条約は更新されていますが，「唇歯（しんし）の関係」「血で固められた友誼（ゆうぎ）」も，中国が台頭しアメリカに伍していくなかで「普通の関係」になっていきます。中国にとって北朝鮮は，戦略上，アメリカとの間で緩衝地帯（バッファー）としての資産であると同時に，域内に緊張や対立を高め，アメリカの介入や米中対立を招きかねない

負債でもあるのです。

　こうしたなかで，北朝鮮は核・ミサイルをウクライナ（ソ連崩壊後，核解体が課題になりました）やパキスタン（1998 年に核実験し，事実上の核保有国としてアメリカも黙認）の技術などを導入しつつ，独自に開発します。同盟による保証ではなく，自らの核保有による相互抑止の実現こそが，軍事的均衡を回復し，国家安全保障や「金ファミリー」体制の保証を図る唯一の方法だというわけです。まして，94 年に金日成に代わってリーダーになった金正日にとって，「体制転換（regime change）」の危機感は切実なものでした。

　　　「朝鮮半島の完全な非　　過去 2 回（2000 年 6 月・07 年 10 月）
　　　核化」をめぐる米中グ　　とは異なり，2018 年 4 月 27 日に板
　　　レートゲーム　　　　　　門店で開催された南北首脳会談は，
同年 6 月 12 日のシンガポールでの米朝首脳会談につながりました。しかも，「朝鮮半島の完全な非核化」と平和体制の構築を並行して進めること，そのうえで首脳間の信頼関係を重視することの 2 点で，米朝枠組み合意（1994 年）や第 4 回 6 者会合（2005 年）とは画期的に異なるアプローチを共有しています。

　板門店宣言は「南北関係の改善と発展」「南北間の軍事的緊張状態の緩和」「朝鮮半島の恒久的で強固な平和体制の構築」という 3 つの部分で成り立っています。当初，「北朝鮮の早期 CVID（完全で検証可能かつ不可逆的な非核化）」が注目されましたが，「南と北は，完全な非核化を通じて核のない朝鮮半島を実現するという共通の目標を確認した」だけにとどまりました。方法や期限が明記されなかっただけでなく，非核化の対象も「北朝鮮」ではなく「朝鮮半島」全体とされました。そのためにも，「終戦を宣言し，休戦協定を平和協定に転換し，恒久的で強固な平和体制構築のための南・北・米

3者または南・北・米・中4者会談の開催を積極的に推進していく」ことでも合意しました。ここには休戦協定の当事者である中国が必ずしも含まれていませんが，南北・米朝首脳会談の前後で金正恩は何度も訪中し習近平主席と会談し，中朝関係が再び「復元」されています。

シンガポール共同声明で米朝が文書で合意したのは，「新たな米朝関係の樹立」「朝鮮半島における持続的かつ安定した平和体制の構築」「板門店宣言を確認し，北朝鮮は朝鮮半島の完全な非核化に向け取り組むことを約束」「すでに身元が特定された戦争捕虜および行方不明兵の遺骨の迅速な送還」の4点です。ここでも「朝鮮半島の完全な非核化」という文言ですし，「平和体制の構築」よりも順序が後になっています。何より，トランプ大統領と金正恩委員長の間の個人的な「信頼関係」が強調されています。豊渓里核実験場の爆破ショーに対して，トランプ大統領は米韓合同軍事演習の中止で応じました。能力の低下が客観的に確認されたわけではないにもかかわらず，「脅威は取り除かれた」と善意だけを信じるようになると，むしろ米国の同盟ネットワーク一円で「見捨てられ懸念」を引き起こしかねません。

この展開は，奇しくも，中国が主張してきた「双中断（核実験・ミサイル発射と軍事演習の同時中断）」や「双軌並行（非核化と平和体制の段階的な実現）」と符合しています。米中間のグレートゲームは，貿易や経済のあり方だけでなく，インド太平洋や朝鮮半島の行方をめぐっても，激しく繰り広げられています。

「我が民族の運命は我々自身が決定するという民族自主の原則」（板門店宣言）で南北だけで進めることができるのは離散家族の再会といった人道的問題くらいで，鉄道や道路の連結など経済協力は，

非核化が実質的に進展して，国連安保理による経済制裁が緩和されて初めて可能になるという構図です。

## 3 北朝鮮におけるレジーム・チェンジの可能性

**金ファミリーの3代世襲**　北朝鮮では，金日成・金正日・金正恩の親・子・孫の3代にわたって権力が世襲されました。「後継問題」は「白頭血統（中国との国境に位置する白頭山（中国名・長白山）は革命の聖地とされます）」によって見事解決されたというのです。

　権力移行にはさまざまな方法がありますが，国民による選挙という手続きは民主主義に欠かせない条件です。生まれによって後継者になることが決まっているのは王朝ですし，「出身成分」によって職業，居住地，結婚相手などが限られるのは身分制社会そのものです。9万人を超える在日コリアンと日本人妻の「帰国者」は最下層に位置づけられ，その家族であることが隠匿されるのは，大阪生まれの在日二世である高英姫を母に持つ金正恩とて同じです。

　世襲による権力移行は，中国と比べても際立っています。共産主義体制では，党が国家と軍を指導する建前になっていますが，「権力は銃口から生まれる」（毛沢東）なかで，鄧小平は最高権力者でありながら，軍のトップにしか就いていませんでした。中国共産党総書記，中華人民共和国国家主席，党中央軍事委員会主席の3つのポストをすべて兼ねたのは江沢民からですが，次の胡錦濤も，国家主席の任期は「2期10年」に限られていました。ところが，2018年に任期制限が撤廃され，習近平が23年以降も権力にとどま

るかどうかが注目されています。

　金日成は抗日パルチザン闘争の英雄として人民の前に登場し，朝鮮民主主義人民共和国の創建を 1948 年 9 月 9 日に宣言しますが，ソ連のスターリンの庇護（ひご）があってのことでした。後継のフルシチョフによるスターリン（個人崇拝）批判をよそに，ソ連派・延安派・甲山派・南労党派など「分派」を粛清し，党（朝鮮労働党総書記），国家（国家主席），軍（朝鮮人民軍最高司令官）における「唯一領導体制」を確立するとともに，金正日を「党中央」に就けました。

　1994 年 7 月に金日成が死亡したとき，20 年以上の後継期間を経てすでに軍のトップだった金正日は，その後，党と国家のトップにも就任します。金日成を「永遠の国家主席」とする一方で，その遺訓を強調しつつ，自らは新設した国防委員会委員長として「先軍政治」を展開します。長男の正 男（ジョンナム）や次男の正 哲（ジョンチョル）ではなく，三男の正恩を後継に指名したのは正日が脳梗塞で倒れた晩年で，2011 年 12 月に死亡した当時，正恩（生年すら明らかにされていませんが，1984 年説が有力です）はまだ 20 代でした。

　金正日を「永遠の国防委員長」「永遠の総書記」とすることで，金正恩は新設の国務委員会委員長と党委員長に就きます。もちろん，朝鮮人民軍最高司令官も兼ねていますが，党を重視する運営に戻りました。2016 年 5 月の党大会で採択された，核開発と経済建設の両方を同時に進める「並進路線」が推進されてきましたが，18 年 4 月には，核開発が完成したとして，今後は「民生」に注力するという新方針が示されました。夫人の李雪主（リ ソルジュ）（「女史」とも敬称され，表舞台に並んで登場します）との間には，3 人の子どもがいて，男子もいるといわれています。

## 体制の強靭性と崩壊の可能性

金日成から金正日に権力が代わった頃，ソ連・東欧は崩壊し，体制が民主化したり，国境線が引き直されたりと「移行期」の真っただ中でした。北朝鮮の核開発疑惑に対してアメリカは軽水炉を提供することで断念させるという合意をし，その建設費用を日韓に肩代わりさせますが，遠からず体制が崩壊するという楽観に基づいていました。しかし，「苦難の行軍」で餓死者が続出し，「脱北者」が絶えないものの，その後20年以上，体制は持続し，強靭（きょうじん）性を見せています。

アメリカのペリー元国防長官は「自らの願望を投影した北朝鮮ではなく，あるがままの北朝鮮に向き合え（deal with the North Korean government as it is, not as we might wish it to be)」という警句を残していますが，北朝鮮にかぎらず，外国を識（し）ろうとするうえで欠かせない姿勢です。

2003年にアメリカ軍の侵攻を受け，06年にフセイン大統領が処刑されたイラクのようにならないためには，そもそも「外勢」の介入を抑止するだけの軍事力を有することが必要であると考えた結果が，核・ミサイルの開発です。北朝鮮が初めて核実験を断行したのは06年のことでした。17年には，6回目の核実験とアメリカ本土に届くICBM（大陸間弾道ミサイル）の発射に成功することで，金正恩は18年の新年辞で「国家核戦略の完成と強力な対米抑止力の保有」を宣言し，「平和」攻勢に転じます。

もっとも，ピンポイントの「外科手術的攻撃」でも，通常兵器でソウルが反撃され，韓国人や在韓米軍に「甚大な被害」が出ると予想される以上，軍事オプションは政治的コストが高すぎて採りえないのは，1990年代初めでも同じでした。

内部要因による体制崩壊に対しては，まず軍によるクーデターがあげられます。軍歴のない金正日は党よりも軍，しかも長老を重視する姿勢を見せるとともに，軍総政治局長，総参謀長，人民武力部長（相）の間で相互に牽制させることで，反乱の芽を摘んでいます。金正恩はさらに，人事を頻繁に行うことで，「ナンバー２」が顕在化しないようにしています。異母兄の正男をクアラルンプール国際空港で白昼に毒殺するとともに，兄の正哲は一切表に出てこさせていません。

　リビアは核を放棄したため，NATO（北大西洋条約機構）の侵攻を食い止められず，体制崩壊した，というのが「リビア・モデル」の一般的な理解です。実際は，「アラブの春」の余波で反政府デモが起き，内乱へ拡大し，「外勢」の介入のなかでカダフィ大佐が殺害されました。

　北朝鮮でも，インターネットにはつながっていないとはいえ，独自のスマートフォンは普及していますし，教育水準も決して低くありません。配給制度が崩壊してからは各地に「市場（チャンマダン）」が立ち並ぶようになりましたし，「金主（トンジュ）」と呼ばれる新興富裕層も出てきています。

　国連安保理による制裁，とくに石油の禁輸が続くなかで経済が停滞したままでも，逆に非核化が進むことで経済制裁が緩和され，「民生」が向上しても，経済パフォーマンスと新興の社会勢力の動向によって体制の行く末が左右されることになるかもしれません。

# 4　統一か，現状維持か

**統一政策はなくなった
のか?**

　「大韓民国は統一を指向し，自由民主的基本秩序に立脚した平和的統一政策を樹立し，これを推進する」（4条）と憲法で定められています。朝鮮半島全体を領土であるとしつつも，実際に統治が及んでいるのは南側だけですので，統一を掲げるのは国家として当然のことです。その際，「自由民主的基本秩序」という体制の根幹は決して譲歩できないことになっているのと同時に，あくまでも「平和的」方法によるものとされ，吸収合併は否定されています。何より，同じ民族が分断され，殺し合った悲劇（朝鮮戦争）を経験したため，「我々の願いは統一」であるとともに

の名前が付いています。なんと，7回に1回の割合で，台風はコリア語の名前でも呼ばれているわけです。「チェービー」をスルーしなければ，20個のコリア語に気づき，ベトナム語やマレーシア語にも広がります。

　台風だけでなく，「私たち」にとってなじんでいる事柄には，もしかしたら同時に，まったく別の仕方で名前が付けられていて，別のところで「彼ら」にはむしろそちらのほうが受け入れられていることもあるかもしれません。そう想像するだけで，世界はこれまでとまるで異なって見えてきます。

　新しい「言葉」には最初，違和感を覚えるかもしれませんが，そのつど面白がってひとつずつ「読み書き」できるようになると，母語／外国語，私たち／彼らの境界線が揺らいできます。コリア語であれ日本語であれ，「ネイティブ」「である」のではなく，さまざまな実践を通じてそう「なる」わけですので，「私たち」は学ぶことで何度でも生まれ変わることができるのです。

歌／謳うわけです。

　事実，盧武鉉（ノムヒョン）政権までは，統一に向けたロードマップがいちおう示されていました。敵対関係から，経済・文化面での協力を経て，政治・外交面での統一に到るまで，段階を踏んで進めるべきだというのです。金大中政権の「和解・協力」政策はそのための第一歩という位置づけでした。次の盧武鉉政権は同じ進歩派ですが，その「平和・繁栄」政策には最終目的としての統一がかたちだけですらほとんど言及されなくなります。その代わり南北の平和共存や朝鮮半島における平和体制の構築が強調されましたが，それはむしろ分断の現状が維持されることを意味しました。

　保守派に政権が代わると，「統一税」（李明博）や「統一は大当たりだ」（朴槿恵）のように「統一」が唐突に話題になりましたが，国民の間では「冷めた」反応が目立ちました。いくら統一が望ましいものだとしても，コストがかかりますし，それを自分たちの世代

が負担するとなると，感情だけに流されず，シビアに勘定するものです。東西ドイツが1990年10月3日に統一（unification）した際，経済格差はおよそ3倍だったといわれますが，それでも30年近く経ってもなお，旧東ドイツ出身の首相（メルケル）は輩出されても，経済・社会的な統合（integration）は途半ばです。南北朝鮮の経済格差はそれよりもはるかに大きいため，なおのことでしょう。

　事実，世論調査をすると，「統一すべきである」という回答は，そう答えるべきであるという規範意識が強く働くなかでも，毎年，どの年齢層でも下がってきています。とくに，若年層では落ち込みが著しく，現状を肯定する傾向が見られます。

　文在寅政権は進歩派として南北関係を重視していますし，朝鮮半島における平和体制の構築に積極的なのは事実です。しかし，同時に，北朝鮮が非核化で具体的な措置を採り，米朝関係の改善につながらない限り，韓国だけで独自に南北経済協力を進めるのには，構造的に限界が伴います。たとえ終戦宣言，さらには平和協定の締結へと進み，経済・社会面での南北協力が行われるようになったとしても，それは事実上の（de facto）「統合」であって，フォーマルな（de jure）「統一」には該当しません。統一とは憲法が改正され，「国のかたち」が変わることを指します。

| 平昌冬季五輪の南北合同チームをめぐる認識の世代差 | 2018年2月に開催された平昌冬季五輪に，本来出場資格のない北朝鮮選手もIOC（国際オリンピック委 |

員会）のワイルドカード（特別枠）として出場しました。その開幕式に金正恩の名代として妹の与正（朝鮮労働党中央委員会第1副部長）が参加したことが，4月の南北首脳会談や6月の米朝首脳会談につながりましたが，南北の選手団は「統一旗」を掲げて合同で入

場しました。06 年のトリノ冬季五輪以来のことでした。韓国にしてみれば，ソウル夏季五輪（1988 年）以来，30 年ぶりの自国開催でしたが，太極旗（国旗）を掲げなかったのです。

　「統一旗」は白地に青色で朝鮮半島全体と「附属島嶼」（竹島が含まれると日本は抗議します）が描かれたもので，1991 年に千葉で開催された世界卓球選手権で初めて掲げられました。南北は統一チーム「コリア」として出場し，女子団体では強豪の中国を破って優勝しました。「ひとつの」チームとしての葛藤は，映画『ハナ――奇跡の 46 日間（原題・コリア）』（ムン・ヒョンソン監督，2012 年制作）で描かれています。

　平昌でも，アイスホッケー女子で南北合同チームが急遽結成されましたが，結果は 5 戦全敗でした。女性応援団の派遣も，ブームを呼んだ 2002 年の釜山アジア大会以来でしたが，その一糸乱れぬ姿は「異様に」映りました。

　北朝鮮の出場自体は評価した韓国世論ですが，政治主導でアイスホッケー女子の南北合同チームが編成されたことには否定的な見方が多数派でした。とくに，進歩派が多く，文在寅政権の支持基盤である 20・30 代（たんに年齢というよりは，青年期に共通の経験をした同じ世代ともいえます）では反対が圧倒的でした。

　従来，韓国社会において保守と進歩を分かつ基準は，北朝鮮やアメリカに対する見方の違いでした。保守は米韓同盟を重視し，北朝鮮に対して懐疑的ですので，「外交」「安保」を「統一」より優先します。逆に，進歩は対米自立で，北朝鮮には宥和的ですので，「統一」が「外交」「安保」より先にきます。

　この違いは，「非核化」と「朝鮮半島における平和体制」の間のプライオリティについても見られます。保守は「非核化の進展なく

して終戦宣言／制裁緩和なし」という立場であるのに対して，進歩は「非核化の呼び水としてアメリカは終戦宣言／制裁緩和に応じよ」という立場です。

ところが，近年，同じ「保守」「進歩（日本だと 1980 年代までは「革新」，90 年代以降は「リベラル」になります）」でも，年齢や世代によって理解が異なり，同じ用語で同じ事柄を指しているとは限らなくなりました。20 代・30 代が重視する「進歩」とは，「個人」「自由」「公正」ですが，「民族宥和」の大義の下，個人が犠牲になるのは不公正そのものに映ったわけです。それに，北朝鮮の体制は「反自由」の典型で，女性応援団はそれを象徴しています。

20 代男子は 2 年近く徴兵されるなかで，北朝鮮を「軍事的脅威」として認識し，安保面では 60 代以上と同じくらい保守的という政策領域ごとに異なる選好（ポリシー・ミックス）が見られるようになっています。

**韓民族ナショナリズムと大韓民国ナショナリズム**　「586 世代（現在 50 代で，1980 年代に大学に通った 60 年代生まれ）」の進歩派は長年，北朝鮮に対してコンプレックスがありました。金日成はまがりなりにも抗日パルチザン闘争の「英雄」で，自ら解放しようとし，少なくとも「親日派」はその後，「正しく」清算されたというのです。その一方，南側では「光復」は日本の敗戦によって「盗人のように（外から，突然）やって来た」（独立運動家だった咸錫憲の表現）にすぎず，「親日派」が温存されたのは「誤った」過去清算ということになります。「韓米日」という安保・経済の枠組みも，「外勢」への「従属」に映ります。こうした歴史認識においては，韓国はそもそも「不具国家」「半分国家」にすぎず，初代大統領の李承晩が「建国の父」になる

はずがありません。

　文在寅政権は，1948 年 8 月 15 日は「大韓民国政府の樹立」にすぎず，1919 年の「3・1 運動によって大韓民国臨時政府が建立」（憲法前文）されたことを「建国」とみなしています。2019 年は「建国 100 周年」にあたり南北で祝う予定でしたが，そもそも北朝鮮からすると「失敗したブルジョワ革命」にすぎません。18 年の光復節 73 周年演説では，「光復」も自力で勝ちとったことになりました。

　そもそも同じひとつの民族は南北に分断されるべきではなかったとするならば，こうした歴史的な正統性（legitimacy），起源の「正しさ」をめぐる「恨」は，統一されるまで解消されようがありません。

　その一方で，韓国は産業化と民主化の両方，さらにはグローバル化・先進国化に成功した世界でも稀な国家であるとして，この間の成果に対するプライドが強まっています。とくに若年層では，複合的アイデンティティーのなかで「韓民族」よりも「大韓民国国民」としての側面が強く出ています。「歴史認識」というと，「日韓」歴史認識「問題」として理解される場合が多いのですが，韓国「内」でも当然，歴史認識はさまざまで，その違いは「ナショナリズム」の理解や実践に顕著に表れています。

　韓国では男子は 19 歳になると基本的に誰でも徴兵されます。従来，入営にあたって「国家と民族」に忠誠を誓っていましたが，2012 年に軍人服務規律が改正されて，忠誠の対象が「国家と国民」へと変更されました。国際結婚による「多文化家庭」の子どもたちが増えていくなかで，韓「国民」はもはや韓「民族」だけで成り立っているわけではなくなったのです。

南北関係の行方は，米中関係などグローバルな構造変化に大きく規定されつつも，その変化を南北それぞれがどのように認識し，行動するかにもかかっています。その意味で，分断の持続であれ，平和体制の構築であれ，統一であれ，そうした認識／行動によって「未だ来たらざるもの」が構成され続けているのです。思想家のマルクスも，「人間は自分自身の歴史を創るが，しかし，自発的に，自分が選んだ状況の下で歴史を創るのではなく，すぐ目の前にある，与えられた，過去から受け渡された状況の下でそうする」（『ルイ・ボナパルトのブリュメール18日』）と述べています。

## 参 考 文 献

礒﨑敦仁・澤田克己『〔新版〕北朝鮮入門——金正恩体制の政治・経済・社会・国際関係』（東洋経済新報社，2017年）

オーバードーファー，ドン，カーリン，ロバート（菱木一美訳）『二つのコリア——国際政治の中の朝鮮半島〔第3版〕』（共同通信社，2015年）

菊池嘉晃『北朝鮮帰国事業——「壮大な拉致」か「追放」か』（中公新書，2009年）

金平岡（五十嵐真希訳）『豊渓里——北朝鮮核実験場　死の情景』（徳間書店，2018年）

坂井隆・平岩俊司『独裁国家・北朝鮮の実像——核・ミサイル・金正恩体制』（朝日新聞出版，2017年）

平岩俊司『北朝鮮はいま，何を考えているのか』（NHK出版新書，2017年）

藤田直央『エスカレーション——北朝鮮 vs. 安保理　四半世紀の攻防』（岩波書店，2017年）

古川勝久『北朝鮮　核の資金源——「国連捜査」秘録』（新潮社，2017年）

ペリー，ウィリアム・J（松谷基和訳）『核戦争の瀬戸際で』（東京堂出版，2018 年）

牧野愛博『北朝鮮核危機！ 全内幕』（朝日新書，2018 年）

マルクス，カール（植村邦彦訳）『ルイ・ボナパルトのブリュメール 18 日』（平凡社ライブラリー，2008 年）

宮本悟『北朝鮮ではなぜ軍事クーデターが起きないのか？──政軍関係論で読み解く軍隊統制と対外軍事支援』（潮書房光人社，2013 年）

米村耕一『北朝鮮・絶対秘密文書──体制を脅かす「悪党」たち』（新潮新書，2015 年）

○ウェブサイト

政策研究大学院大学・データベース「世界と日本」（代表：田中明彦）「日本と朝鮮半島関係資料集」

http://worldjpn.grips.ac.jp/documents/indices/JPKR/iindex.html

第III部

社 会

# 第 7 章

## 変化する韓国社会

「ろうそくデモ」に参加する人々

ソウル中心部で「朴槿恵退陣」と書かれた紙やろうそくを手に，大統領への大規模な抗議活動が行われた（ソウル，2016 年）。

# 1 経済発展と都市化

急速な経済成長と「漢江の奇跡」

今日，韓国経済は途上国の発展モデルとして取り上げられるばかりか，先進国日本にとっても見習うべき対象として注目されるほどです。

1945 年，日本の敗戦によって日本の植民地支配から解放された当時の韓国は，世界で最も貧しい国のひとつであり，技術力も資本力も不足していました。日本と同様に天然資源が少なく，60 年代の初めまでは朝鮮戦争や国内政治の混乱もあり経済発展が遅れ，海外に依存するところが大きかったのです。しかし 60 年代半ばから，外資の導入や軽工業の開発を基礎とした段階的な重化学工業化，国際貿易の重視などにより「漢江の奇跡」と呼ばれるめざましい経済成長を実現しました。

韓国が経済発展の転機をつかんだのは，朴正熙政権に入ってからです。1962 年から実施された「経済開発 5 カ年計画」によって，60 年にわずか 80 ドルだった 1 人当たり国民所得は，95 年には 1 万ドルを超えました。そして翌 96 年に，アジアで日本に次ぎ 2 番目に OECD（経済協力開発機構）加盟を果たし，名実ともに先進国として国際社会から認められることになりました。97 年にはアジア通貨危機の影響を受け，未曾有の経済危機を経験しましたが，痛みを伴った構造改革により劇的な回復をみせました。2018 年現在，経済規模では日本の 4 分の 1 ですが，アジアで中国，日本，インドに次ぐ第 4 位の経済強国となっています。

このように，韓国経済が短期間で「圧縮成長」をなしとげたのには，日韓国交正常化にともなう日本からの経済協力資金と技術支援という大きなきっかけがありました。それ以外にも西ドイツへの炭鉱労働者と看護師の派遣やベトナム戦争参戦による外貨の獲得，中東での建設労働者からの送金なども経済発展に貢献しました。そしてなにより重要なのは，良質な労働力を持っていたことです。これは韓国における教育の普及に負うところが大きかったといわれていますが，1960年代までに国民の教育レベルが向上しており，その後も教育熱心さから高い教育水準を持つ労働者が広く存在し，国際競争力を支えてきたのです。

　戦後，韓国では隣国日本を経済発展のモデルとし，メディアにおいても「日本に追いつけ，追い越せ」という克日論がさかんでした。しかし，1990年代以降の急速なグローバル化の過程で半導体や自動車などの分野で，韓国企業が世界市場で日本企業と拮抗するようになると，そのような論調は影をひそめていきました。いまや一部の産業分野では，日本企業の競争力を上回るグローバル企業が登場し，国際社会における存在感は着実に高まっています。

### 都市の膨張とソウル一極集中

　韓国には，昔から「人を育てるならソウルへ，馬を育てるなら済州島へ」ということわざがあります。ソウルは朝鮮王朝の太祖の李成桂が1394年に，ここを王都に定めて以来600年以上にわたって，政治・経済・文化の中心地となり，現在も首都・特別市として大きな位置を占めています。韓国の人口は2018年末に約5100万人となっていますが，ソウルへの人口集中は凄まじく，全人口の20%に当たる約1000万人が住んでいます。また，首都圏（ソウルとその周辺の仁川，京畿道）には，全人口の

半数が居住するという極端な人口分布を示しています。

　1960年代半ばに本格化した近代化の過程で，農村の人口が大量に都市に移動し，20年余りの短い期間で都市と農村の人口比率は逆転しました。産業の中心も農村の農業から都市の製造業・サービス業へと移っていきました。この時期，ソウルと首都圏への人口集中が進み，ソウルの場合，60年に245万人（全人口の約10％）でしたが，90年には1061万人（同，約25％）と爆発的な増加をみせました。この過程で，農業と農村は衰退する一方，都市では人口集中による住宅不足や交通渋滞，環境汚染などさまざまな問題を生み出すことになります。

　政府は，ソウルへの一極集中とそれに伴う諸問題を解決するため，2012年には国土の均衡開発を目的に，新たな「行政中心複合都市」として「世宗市」が設置されました。これにより外交部など一部を除く中央省庁は，世宗特別自治市へ移転することになりました。当初は，ソウルから地方への「首都移転」が計画されていましたが，国民の根強い反対もあって方針転換を余儀なくされました。ソウルは，現在においても首都として大きな役割を果たしています。

　なぜ，これほど多くの人が都市，とくにソウルに集まるのでしょうか。それは，政府主導による積極的な経済投資が都市部の産業部門に集中していたからです。農村に蓄積されていた若年層を中心とした過剰労働力は，続々と都市に職場や高等教育を求めて移動し，現在韓国人口の約90％が都市部に住んでいます。そしてもうひとつは，もともと韓国の農家の人々が向都離村の傾向が強く，また農村に引きとどめる力が非常に弱いことがあげられます。その背景には，近代以前では王朝を中心とし，現在は大統領を頂点とした行政体系のもとで，徹底した「中央集権的」な国家体制を長らく維持し

てきたことも一因といえます。

　かつて，米国の政治学者であるグレゴリー・ヘンダーソンは，韓国の政治と社会を，あらゆるものを権力の中心へと吸い上げる，求心力の強い「渦巻き型」社会と表現しました。それは中央への指向性が強く，多くの経済的・人的資源や情報が中央に集中していることを指していますが，その状況は今日でもさほど変わっていません。依然として，都市と農村，さらにソウルと地方都市の地域間格差は非常に大きいといわざるをえません。

　**韓国の住宅事情**　　韓国は急速な経済成長を遂げ，それにともなって短期間に急激な社会変化を経験しました。とくに大量の人口が農村から都市へ移動し，ソウルへの一極集中にはなかなか歯止めがかからず，1980年代に入ると住宅不足問題は深刻さを増していきました。この問題を解決するため，政府は89年にソウル周辺に「新都市建設」計画を発表し，大規模アパート団地を造成しましたが，それでもソウルに流入する人口に対応できず，漢江沿いやソウル市内の住宅地の再開発，近郊での高層アパート団地の開発を進めました。その結果，現在ソウル市内に林立する高層アパート群（日本の団地・マンションに当たる）の姿になったのです。韓国統計庁によると，1970年に全住宅の4％にすぎなかったアパートですが，2010年には60％へ急増しました。

　韓国を訪れた人は，ソウルの高層アパートの多さに圧倒されるようですが，地方都市に行っても高層アパートがびっくりするほど林立しています。なぜ，韓国には高層アパートが多いのでしょう。それは地震の心配がなかったため，比較的安価で高層化が可能だったからです。それ以外にもアパートの利便性，警備員が駐在する治安

上の安心感，さらに冬場対策も大きな要因となっています。韓国の気候は，夏の暑さよりも冬の寒さが厳しいのですが，アパートは温水による全室オンドル（床暖房）と二重サッシ窓で寒気を寄せつけないなど，冬場対策は万全です。アパートの大量普及は，韓国人の住宅環境ばかりではなく，投資対象としてもとらえられるなど人々の生活にも大きく影響を及ぼしています。

　日本以上にマイホーム（住宅所有）への執着が強い韓国ですが，持家率は 50% 台にとどまっています。賃貸形態は，日本のように家賃を支払う場合もありますが，大半は「チョンセ」が一般的です。「チョンセ」というのは，家を借りるさいにまとまった保証金を家主に預ける代わりに，月々の家賃が免除されるシステムです。家主は保証金を金融機関などに預けて利子を得ますが，その利子が家賃代わりの収入になるのです。通常 2 年契約で，契約満了時に保証金は全額返金されます。

　近年，保証金が日に日に高騰しており，ソウル郊外でも 1000 万円が相場のようです。韓国も低金利時代となり十分な利回りを稼ぐことができず，その分をチョンセの保証金を引き上げて補おうとする家主が増えています。保証金が高騰し契約更新ができなくて引っ越しを繰り返しますが，そのたびに狭く中心部から遠くなっていくというように，持家がない人の生活は苦しくなるばかりです。

　とくに，ソウルでは住宅問題が深刻さを増しています。ソウルの富裕層が集まる江南地区の一角に有名なスラム街・九龍村がありますが，まさに韓国社会の格差を象徴する風景といえます。韓国では，不動産価格が絶対に値下がりしないという「不動産神話」があり，国民の多くがアパートなど不動産に投資します。住宅は資産形成の手段として利用される傾向が強く，不動産投機による地価や賃

(AFP＝時事)

江南地区・九龍村

料高騰，所有の不平等が世界でも最も深刻な国といわれており，それが所得格差の重要な原因にもなっています。

## 2　経済のグローバル化と労働環境

**韓国の「IMF 危機」とその後**

戦後，「漢江の奇跡」と称される急速な経済成長を遂げた韓国ですが，21 世紀を目前にして，韓国経済はめまぐるしい変化を経験しました。1996 年に韓国は念願の OECD 加盟を果たし，名実ともに先進国として国際社会から認められることになりました。

ところが，1年も経たない翌1997年にタイで通貨バーツが暴落し，各国に波及したアジア通貨危機の影響を受け，韓国も通貨ウォンの価値が急落，外国資本の引き上げ，企業倒産と失業の発生など，大きな困難に直面しました。任期末期の金泳三（キムヨンサム）政権は，急進展する通貨危機に対応できず，外貨準備の枯渇から11月末にIMF（国際通貨基金）に緊急支援を要請しました。韓国経済は破綻寸前，まさに国難ともいえる状況で，韓国ではこれを「IMF危機」と呼びます。IMF危機後，韓国の経済政策はそれまでの大規模な国家介入による政府主導の経済から，市場への政府の介入を最小限にする市場経済へ移行しました。

　IMFは支援を行うにさいして，国内経済の4大改革——金融部門・企業（財閥）・労働市場・公共部門における改革など，厳しい条件をつけて経済政策に全面的に介入し，厳格に監視する手法をとりました。1998年2月に発足した金大中（キムデジュン）政権は，金融機関の整理と労働市場の改革など大胆な改革を進め，99年には韓国経済も上昇に転じました。その間，多くの企業で「構造改革」という名のリストラが断行され，10人に1人が失業を経験したわけです。

　失業による貧困や離婚が増え家族は解体し，街には住む家を失いホームレスとなる人が急増しました。それは多くの人にとって相当の「痛み」を伴うものであり，とりわけ中小企業や労働者に想像以上の犠牲を強いるものでしたが，一方で富裕層は価格の下がった不動産を買いあさり，さらに蓄財を増やす者も少なくなく，貧富の差が拡大しました。

　予想以上に早い経済回復のため，一番最後になった財閥改革は中途半端に終わったとの見方もありますが，IT産業を中心とした経済対策とウォン安などにより，やがて韓国経済は不況から脱するこ

とになりました。2008年のリーマンショック後の世界不況下でも，家電や自動車分野で競争力を獲得し，世界的にシェアを拡大していきました。グローバル競争のトップを走るサムスンや 現代（ヒュンデ）のような財閥系の大企業が，韓国経済を牽引しています。

IMF危機をきっかけに，韓国経済が世界経済の変動にきわめて脆弱な構造であることを痛感し，韓国政府は輸出による経済全体の回復を企図してFTA（自由貿易協定）推進政策へ転換しました。経済のグローバル化が急速に進むなか，一国の経済破綻が他国に連鎖する事態が現実化したことで，経済レベルでの協力の重要性を認識することになったのです。現在では，世界でもFTA政策に積極的な国のひとつと位置づけられています。

### 韓国経済と財閥の関係

SAMSUNG, HYUNDAI, LG, SK, LOTTE, CJ……。韓国に関心がある人はもちろんですが，そうでなくとも一度は聞いたことがあるのではないでしょうか。これらは現在，韓国を代表する財閥（チェボル）（創業者一族の家族経営）企業で，国際社会における存在感は着実に高まっています。

日本では，財閥は戦後に解体されましたが，韓国では経済の成長と国際競争力の獲得のために，政府が財閥を支援し特別優遇をしてきました。1997年の経済危機の最中に，韓国政府がIMFの支援救済と引き換えに実行した財閥改革によって，韓国の財閥30社のうち半分近くは解体されました。そのなかで，生き残った数少ない財閥に対して政府は集中的に支援し，サムスンや現代はグローバル企業へと成長していくことになります。その結果，主要財閥10グループの総売上高がGDP（国内総生産）の約75%を占めるようになりました。

韓国経済における財閥の存在感はとてつもなく，よくも悪くも社会全体に及ぼす影響力は大きいものです。入社希望ランキングでも財閥グループが上位を占めるなど，国民も財閥なしでは経済が回らないことをよくわかっています。だから，これまで財閥オーナーたちの経済犯罪（脱税や横領など）には比較的，寛大でした。しかし近年，財閥を見る目が厳しくなっており，社会の変化を反映していると思われます。

　財閥は，韓国の誇りであると同時に社会的批判の対象でもあります。サムスンなどの財閥は，羨望の対象であっても愛されてはいません。というのも，社会への利益の還元が不十分だといわれているからです。財閥の輸出は好調ですが，その成果は一般市民の家計には回らず，生活は苦しくなるばかり，との批判がやみません。企業努力の結果であっても，少数の財閥企業が富を独占する現実に，市民の心中は穏やかでいられないようです。財閥がここまで成長する過程で，歴代政権によって特権的に保護されてきたことは事実で，財閥は社会全体との共生を追求しなければなりません。財閥批判が強まる社会の空気を背景に，財閥企業には自主的な取り組みが求められています。

　また，以前から財閥の2世，3世による不祥事や批判はありましたが，とりわけ大韓航空会長の娘による「ナッツ・リターン事件」に韓国民はこぞって怒りをぶつけました。そこには「貧富の格差，大企業と中小企業の格差，ソウルと地方都市の格差，男女の格差，教育の格差……」，格差に敏感になっている韓国人の姿が透けて見えました。この一件で世襲や家族経営への怒りが爆発し，「財閥企業の傲慢さ」「家族経営で楽に昇進させ，苦労を知らない」などの批判が多く噴出しましたが，財閥にとっても後継者問題は実に大き

な悩みでもあります。韓国の主たる財閥企業は3代目の時代を迎えていますが，彼らが優れた経営者であるかどうかによって，韓国経済も大きな影響を受けることになります。

　財閥の抱える問題としては，少数株主でしかないオーナー一族による不透明な企業支配や，グループ企業内での閉鎖的な商慣行，政治や司法との癒着などがあげられます。これらを韓国では「財閥改革＝経済の民主化」といいますが，大統領選のたびに強調されてもいまだに実現されていません。韓国では，財閥偏重の経済成長と労働者の権利保護の未熟さなどをめぐって，財閥への風当たりは強まる一方です。

### 悪化する労働環境と低成長時代へ

1980年代後半以降，生活水準の上昇と好景気，ならびに民主化の進展を背景として都市部の中間層を中心に消費志向が高まり，また若い世代を中心にグローバルな大衆文化も普及しました。労働者の所得上昇でいわゆる中間層が登場すると，韓国でもマイホームとマイカーの時代が到来しました。

　ところが1997年の経済危機以降は，コスト・人員削減に基づく新自由主義体制への急転換を迫られ，職場や教育現場でも競争主義と成果主義がよりいっそう激化しました。韓国政府は，グローバル化や情報化の進行を競争化社会の到来と捉え，国際社会で通用する人材育成に重点を置く大改革を打ち出しました。かつてのような勤勉に働き続けるだけの労働力ではなく，国際競争に対応できる高度な資質を身につけた人材を育成するというのです。海外市場への依存度が高い大企業では，就職と昇進などすべての試験に英語が必須となりました。また，徹底した成果主義が導入され業績によって給料や昇進が左右されたり，指示された仕事を完遂できない場合は解

雇されるなど，企業も個人もグローバル化に対応しなければ生き残れないという感覚が広まっていきました。

　労働環境の変化とともにめまぐるしく変わる人々の生き方ですが，韓国には1997年の経済危機後の生きづらさを表す「38線・45定・56泥」という言葉が存在します。38線とは，「早期退職の適齢期のライン（線）にのる」ことをいいます。45定は「45歳で定年退職」，56泥は「56歳までいたら給料泥棒」という意味です。2013年の法改正によって企業の定年が55歳から60歳に引き上げられたものの，50代前半で「名誉退職」と呼ばれる早期退職勧奨がなされることが多いです。事実上の定年は55歳ともいわれる韓国で，50代は老後の不安が現実のものになる時期でもあるのです。

　韓国を代表する財閥や金融機関などにおいては，入社後も過酷な社内競争が待っており，40代後半までに役員になれなければ，会社を辞めていく人も多いのです。人がうらやむスーパーエリートの役員さえも実績が上がらなければ，その責任を取らされリストラにあいます。平均寿命が80歳を超えているのに，40代後半や50代前半で退職するサラリーマンは残る人生をどう過ごすのでしょうか。転職も考えられますが，期待している賃金とのギャップが大きいため，自営業に乗り出す人もいます。退職金でコーヒーショップ，フライドチキンの店など飲食店経営に乗り出す人も多いですが，大半は失敗するといわれています。韓国はほかの国に比べて自営業従事者が多いのですが，その理由がここにあります。

　2008年以降のグローバル規模の景気沈滞による経済成長率の低下が，先進国も含めた世界的な趨勢となっていますが，韓国も11年以降は低成長時代に入ったといわれています。現在の一人当たりGDP（国内総生産）は約3万ドルと先進国とほぼ同水準に達してい

ることを考えると，ある程度の成長率の低下は避けられません。韓国もほかの先進国と同様に経済の成熟にともなう内需の伸び悩みと，それによる低成長から逃れることはできません。いまや輸出促進を通じた高度成長が緩やかとなり，国民は生活水準の改善を実感しにくくなっています。

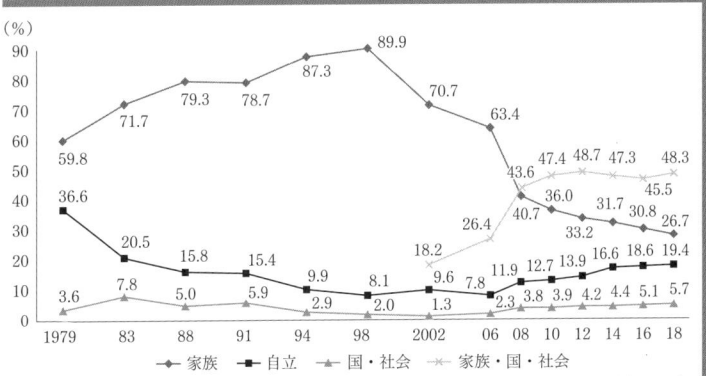

(出所) 韓国統計庁「社会調査」各年度（2006年以降は2年ごと，それ以前は不定期）を参考に作成。

図7-1　老親の扶養責任に関する意識

点となりました。しかし，問題は給付を増やすためには個々の国民の負担増が必要になるということです。増税など国民負担問題をどう解決できるかが，今後の韓国社会を左右するでしょう。韓国同様，日本においても福祉や景気対策が選挙の争点となっていますが，福祉供給における家族を強調する日韓は，多くのジレンマを抱えています。財政とのバランスのなかで社会保障をいかに充実させていくか，重要な課題といえます。

# 3　広がる格差と市民社会

### 広がる格差と深まる世代差

社会の不平等や格差を示す指標として「ジニ係数（0から1までの値をとり，1に近いほど格差が大きい）」が一般的に使われます。それをみると，2010年OECDの発表では，

韓国は 0.310，日本は 0.336 とほぼ同じレベルです。それでは，韓国の人々はなぜ格差問題に激しく反応するのでしょうか。その背景には，過酷な競争社会があります。格差はどの社会でも多かれ少なかれ存在する問題ですが，韓国では他国とは比較にならないほど敏感になっています。一方で過酷な競争社会のプレッシャーと大きな犠牲を払っても報われない現実があり，他方で財閥の2世，3世や一部のエリートはそうした競争を回避していい思いをしていることへの羨望が生じています。そうした葛藤が不満となり，鬱積しているのが「行き過ぎた競争社会」の現状です。

　韓国は，人口が日本の半分で内需基盤が弱いために，政府と財閥主導の輸出中心の経済政策を進め高度成長を実現してきましたが，それは国民が低賃金・長時間労働を耐え忍ぶことによって実現されたものでした。政府による積極的な経済投資が都市の産業部門に集中したことで，大量の人々が都市に仕事を求めて移動し劣悪な環境の工場労働者として経済発展を支えてきたのです。この過程で都市住民は低賃金や失業，住宅問題などの生活難に直面してきましたが，国民への分配は後回しとされ，国民一人ひとりの幸福よりも国の経済成長が最優先されてきました。

　韓国の労働環境は非常に厳しく，OECD が発表した「労働時間ランキング（2015年）」によると，世界で最も長時間労働をしているのはメキシコで，年間実労働時間は労働者一人当たり 2246 時間でしたが，次に労働時間が長かったのは韓国で 2113 時間，世界ワースト2位でした（日本は，1719 時間で9位）。韓国政府は，ワーク・ライフ・バランスを重視し労働時間短縮や働き方改革に力を入れてきていますが，雇用の不安定さや残業の常態化などが原因でなかなか改善されません。

長時間労働とともに格差問題をさらに深刻化させているのが，非正規職と低賃金問題です。1997 年の経済危機以降，大企業は社員の非正規化を進め，雇用を絞り込んできました。98 年から「整理解雇制度（企業の経営上の理由で行う解雇）」と「派遣労働制度」が導入されました。企業側は労働コストを抑えるために，正規職を減らして非正規職の採用を増やしており，正規職に比べて賃金の安い非正規職の増加による賃金格差が拡大しています。正規職といっても一部の中堅企業を除けば，中小企業の雇用は不安定です。中小企業で生涯賃金を保障できる職場は少なく，大企業を中心とした下請け構造になっています。輸出・海外市場中心の大企業と，内需・国内市場中心の中小企業との二極化がひどく，大企業の成長による潤いが国内経済全般に浸透しにくい二重構造が形成されています。

　IMF が発表した「アジアの不平等分析（2016 年）」によると，韓国では所得上位 10% が全収入の 45% を占めており，対象国のなかで最も高い数値を示しました（日本は 41%）。韓国も 1995 年は 29% と低水準でしたが，富の集中と格差の拡大が急速に進んでいることがわかります。深刻なのは若者（15〜29 歳）の失業率で，2018 年には 10% を超えており，若者の就職難は大きな社会問題となっています。この厳しい状況に対して，若者は「自分たちは，ゆがんだ成長の被害者だ」という意識が強まっており，ここ数年，広がる経済格差が世代間対立に拍車をかけています。

**デモに積極的な韓国人**　韓国で頻繁に行われる大規模集会，とくにソウル中心部の 光化門（クァンファムン）広場ではほぼ毎日デモが行われています。なぜ，そこまで持続的かつ爆発的なパワーをもっているのでしょうか。学生・市民に注目してみていきましょう。

韓国人は政治や社会への関心が高く，とくに 1980 年代，学生の力で民主化を勝ち取った歴史には大きな意味があります。人権や言論の自由，より良い社会を作りたいという学生・市民の強い意志が直接的な行動を促しました。87 年に韓国の民主化運動は頂点に達し，大学生と市民の力で軍事独裁政治に終止符を打ちました。その民主化の中枢にいたのが，「386 世代」です。この言葉が生まれた 90 年代当時，「30 歳代で，80 年代に大学生活を送った 60 年代生まれ」の世代として，現在は 50 歳代で「586 世代」とも呼ばれています。この民主化運動の時代を過ごした「386 世代」は政治的団結力が高く，盧武鉉（ノ・ム・ヒョン）大統領が当選するうえで大きく寄与したとされます。

　基本的な人権すら危機的だった 1987 年の民主化運動とは異なって，非暴力で平和的な集会として 92 年から行われたのが「ろうそくデモ」です。日没後，参加者たちはろうそくに火をつけて集まったことから「ろうそくデモ」と呼ばれますが，世間の注目を集めたのは 2008 年のことです。韓国の政治を動かした同年の「ろうそくデモ（米国産牛肉の輸入問題をめぐる一連の集会）」では，初めは狂牛病による食の安全に不安を抱いた中高生が中心でしたが，徐々に大学生や会社員，子ども連れの家族や芸能人も多く参加し，このデモは政府の方針を改めさせるに十分な効果がありました。

　そして，1987 年の民主化宣言以降 30 年が経った，2016 年の「ろうそくデモ」。そもそも，朴槿恵（パク・ク・ネ）前大統領の友人である崔順実（チェ・スンシル）氏の娘が名門女子大学に不正入学したのではないかという疑惑に対して，学生たちがキャンパスで声を上げたのがきっかけになりました。朴大統領の退陣を求めて老若男女が参加したこのデモには，一日で約 150 万人の市民が参加したといわれています。

国全体が豊かになったなかで，格差社会が生んだ現象といえる就職難に直面している若者たちが，自ら「ろうそくデモ」を主導してきたことは大きな意味をもちます。市民団体の影響力が強い韓国では，ツイッター，フェイスブックなどのSNS（ソーシャル・ネットワーキング・サービス）と連動した路上デモや，「認証ショット」のように「投票へ行きました」と投票場で写真を撮ってSNSに投稿するなど，若年層を中心とした積極的なネット選挙運動が，2017年の政権交代につながったといわれています。直接的な行動が，政治や社会を動かせると人々は思うし，SNSの普及は若者の政治参加を促しています。韓国の10代，20代の若者には，自分たちの置かれた状況は自己責任だけではなく，社会構造上の問題であるという認識が広がり，大学授業料半額デモなどさまざまなかたちで声を上げています。

　そして，学生・市民の動きを加速化させている要因として，ソーシャルテイナーの存在も欠かせません。「ソーシャルテイナー（社会参与芸能人）」とは，"social"と"entertainer"の造語で，SNSで積極的に発信する芸能人のことを指す言葉です。SNSの普及によるソーシャルテイナーの登場は，芸能人と若年層の連帯を可能としました。

# 4　インターネットと韓国社会

インターネットで変わる韓国

金大中政権は，1997年の経済危機で大打撃を受けた韓国経済を再生させるため，99年に「サイバーコリ

ア 21」計画を発表し，情報インフラ整備やベンチャー企業の育成，国民へのパソコン普及を積極的に進めました。これは韓国を「IT（情報技術）先進国」にするために，産業社会から情報社会へのパラダイムシフトを目指したものです。情報化への取り組みは，超高速通信網の構築として実行に移され，2000 年には世界でいちはやくブロードバンド利用者が 1000 万人を突破しました。ITU（国際電気通信連合）によると，韓国のインターネット普及率は，98 年にはわずか 6.7％ でしたが，2001 年には 50％ を超え，15 年以降は 90％ 台を維持しています。

韓国では，どこでも無線でインターネットができるし，買物はもちろん，金融機関や役所などでの所用は手軽にインターネットで片付ける場合が多く，あらゆることがインターネットで済みます。公共機関や学校，家庭に PC が普及するとともに，街中には「PC 房」が至るところにあって，低料金で高速ネットが使用できます。PC 房は，インターネットカフェとゲームセンターが合体したような空間で，24 時間営業で飲食もでき，オンラインゲームやチャットを楽しむ若者たちの憩いの場となっています。

IT 化の進んだ韓国では，若者を中心にインターネットは不可欠な存在になっており，インターネットが現実世界に与える影響力はとても大きいです。2002 年の日韓共催ワールドカップのとき，ソウル市庁前の広場を赤色でぎっしりと埋め尽くした「レッドデビル」も，インターネットによって集まった短期的市民サポーターでした。また，同年の大統領選挙では，盧武鉉候補を支持する若い世代が，インターネットを駆使して地縁や学縁という伝統的な組織に勝利した話は有名です。さらに，若者主導による「ろうそくデモ」や海外のファンに韓流の魅力を発信するなど，あらゆる分野で大き

な影響を与えています。

　また，多くの人が利用するSNSですが，フェイスブックやツイッターといったSNSの先駆けともいわれる韓国のサイワールド（1999年サービス開始）は，ユーザー個人のミニホームページを持つことができることで国民的人気を集めました。近年は，スマホ同士で無料の同時通話ができるアプリのカカオトーク（Kakao Talk）が人気があります。多様な情報源に個人がいつでもどこでも自由にアクセスすることのできるインターネットは，異文化交流にも積極的に利用されています。とりわけ10代，20代の若い世代はITを駆使して，国境を飛び越えてじかに接しています。

　　ネチズンの出現とネット中毒

韓国は自他ともに認める「IT大国」で，IT革命が世界で最も早く進行している国のひとつです。携帯電話やインターネットの普及率は，事実上の飽和状態に至っています。インターネット利用に関しては，政府主導型の革命が成功を収め，世界に類をみないインフラ大国といわれており，全国民の3分の2を超える人口が「ネチズン」と自称しています。

　韓国のインターネットユーザーは，一般的に「ネチズン（netizen）」と呼ばれていますが，ネチズンとはネット上のシチズン（市民）を意味する言葉です。韓国ネチズンの特徴を一言でいうと，まさに政治を文化的に受容する大衆だということです。韓国のネチズンパワーが世界的に注目を集めたのは，2002年の大統領選挙でした。市民たちが自発的に組織した「ノサモ（盧武鉉を愛する人たちの集い）」は，インターネットを利用した韓国初の政治家ファンクラブでした。

　現在，「ネチズン」という言葉は政治的な文脈を離れ，「インター

ネットの掲示板やブログに書き込みをする人々」を指すものになっています。たとえば，ネチズンの意見がテレビドラマの脚本までも書き換えてしまうことはよく知られています。2009 年，掲示板へのネガティブな書き込みに精神的に追いつめられ，人気女優が自殺した事件がありました。特定の人がネット上の不特定多数から攻撃を受ける危険性は，韓国だけのものではありませんが，インターネットやスマートフォンの普及が日本より進んでいる韓国では，スマホ・ネット中毒やそれによるいじめ，オンラインゲーム障害などが社会問題になっています。

　ネットでの攻撃が，特定の個人に集中する危険性は以前から指摘されていましたが，それより深刻なのは低年齢層によるネット依存やスマホ中毒です。校内でスマホのゲームをしたり，SNS を利用して特定の生徒を仲間はずれにするなど，正常な教育活動に支障が出ていることが明らかになりました。

　韓国では，ネット・スマホによるいじめの増加を受け，2013 年6 月に，小・中・高校で生徒らに対してスマホの使用を禁止する法案が可決されました。改正された初中等教育法では，学校長は校内でスマホなど情報通信機器の使用を裁量で制限できます。

　学校現場では，朝の会で，クラスごとにスマホを預かり，終わりの会で生徒に返すという方法で，教室内では使用できないことになりました。一部では，生徒たちが回収と保管に反発するケースもありますが，青少年のネット・スマホ中毒をこれ以上放置できないという法の趣旨は，おおむね同意を得ています。急速な IT 技術の発達で生活は便利になりましたが，ネット社会の弊害として新たな課題（ネット依存，ネットリテラシー，炎上問題など）が顕在化しています。

## 参 考 文 献

安倍誠『低成長時代を迎えた韓国』（アジア経済研究所，2017 年）

石坂浩一・福島みのり編『現代韓国を知るための 60 章〔第 2 版〕』（明石書店，2014 年）

岩渕秀樹『韓国のグローバル人材育成力——超競争社会の真実』（講談社現代新書，2013 年）

伊藤亜人編『暮らしがわかるアジア読本 韓国』（河出書房新社，1996 年）

伊藤亜人ほか監修『〔新版〕韓国 朝鮮を知る辞典』（平凡社，2014 年）

内山清行『韓国 葛藤の先進国』（日経プレミアシリーズ，2013 年）

大西裕『先進国・韓国の憂鬱——少子高齢化，経済格差，グローバル化』（中公新書，2014 年）

小倉紀蔵編『現代韓国を学ぶ』（有斐閣選書，2012 年）

金香男「韓国の高齢者と家族の変容——「家族扶養・介護」と「扶養・介護の社会化」の狭間で」（『現代韓国朝鮮研究』第 17 号，2017 年）

小林和美『早期留学の社会学——国境を越える韓国の子どもたち』（昭和堂，2017 年）

シンシアリー・室谷克実・宝島取材班『韓国の下流社会——貧国で絶望する若者たち』（宝島社，2016 年）

朴一編『変貌する韓国経済』（世界思想社，2004 年）

片茂永『韓国の社会と文化』（岩田書院，2010 年）

深川由起子『2 時間でわかる図解 韓国のしくみ〔Version 2〕——構造改革を成功させた国のことがわかる！』（中経出版，2002 年）

二川和彦『暮らしてわかった韓国の 71 の素顔』（文芸社，2013 年）

ヘンダーソン，グレゴリー（鈴木沙雄・大塚喬重訳）『朝鮮の政治社会——朝鮮現代史を比較政治学的に初解明〈渦巻型構造の分析〉〔第 2 版〕』（サイマル出版会，1986 年）

裵海善『韓国経済がわかる 20 講——援助経済・高度成長・経済危機・

グローバル化の 70 年の歩み』（明石書店，2014 年）

湯藤俊吾『危機に瀕する韓国教育——重圧に耐えられない生徒』（東京図書出版，2015 年）

第 **8** 章

# 韓国家族の「いま」

「娘・息子区別せず，たくさん産んでよく育てよう」と書かれている。しかしこの20年前までは「2人でも多い，1人だけ産もう」といった標語で「人口抑制政策」がとられていた。

出産奨励ポスター（2014年）

（出所）韓国保健福祉部，人口保健福祉協会。

# 1 儒教の国，韓国と家族

「血縁」を核とする韓国の家族

　韓国は儒教の国といわれます。儒教は朝鮮半島に4世紀に伝来しましたが，いまの韓国にみられるような儒教的な生活様式や習慣が浸透したのは朝鮮王朝時代を通じてのことです。朝鮮王朝では朱子学（儒教の学説のひとつ）が国家統治の理念とされ，朝鮮中期の16世紀半ばから「父系血縁」中心の家族主義が強化されていきました。もともと，儒教には男尊女卑を強いるような記述はありませんでしたが，朱子学が序列を徹底した結果，「王―臣―民」という国を治める図式が生まれ，家庭内では「夫―息子―婦」という序列が厳格になりました。そこでは，「夫婦の別（それぞれの役割をわきまえた夫と妻）」や「男系血縁原理（家系を継ぐのは男性のみ）」が重要視されました。

　韓国社会を捉えるにあたって，なぜ「家族」に着目するのでしょうか。それは，韓国社会を成り立たせている最も基礎的な構成要素が「家族」といわれているからです。もちろん，韓国にかぎらずいずれの国家であろうと，血縁を含めた家族は社会の基本的な単位となっています。そこで問題となるのは，家族とそれ以外の人々や集団とが，互いにどのように結びついているかです。家族と社会の関係性は，国や地域によって異なりますが，韓国の特徴は，「家族主義」や「血縁主義」だといわれます。というのも，家族や血縁という意識の延長線上から社会空間のみならず，国家などの「公」の領域までを捉える傾向がとりわけ強いからです。

韓流ドラマに興味を持っている人なら，韓国のドラマが家族を題材にした物語が多く，恋愛ものでも必ずといっていいほど，家族のシーンが頻繁に登場することに気づくでしょう。また，韓国には創業者一族による家族経営の財閥企業が多くありますが，なかでも最も影響力の大きいグローバル企業のサムスンが，従業員や消費者にアピールする企業イメージのモチーフは「家族」です。さらに，韓流スターがファンの心をつかむために口にする言葉にも「家族」が目立ちます。

　一方，「血縁」を中心とする「家族主義」は，韓国社会に深刻な問題を投げかけています。この家族主義が，韓国にとって汚職や腐敗を生み出す社会的な温床になっているのです。政治家や公務員，財閥の問題だけでなく，高学歴社会の副作用として大学の不正入学といった事件が起こっています。国家の元首であるはずの大統領でさえも，その家族や親族の不正蓄財などで任期の末期や退任の前後にはいつも問題になってきました。社会や国家の利益（公益）よりも，家族や親族の私益を最優先させようとする風潮のままでは，韓国社会の「公益性」が実現できないとの指摘もあります。

　もうひとつ深刻な問題として，家の跡継ぎのために男の子が生まれることを願う「男児選好」の思想があります。この考え方が根強いのは，たんに韓国の精神文化だけにとどまらず，それ以上に韓国家族法の制度的な要請として「家」を存続させるために，「男の子」の存在が不可欠だとされたからです。その根底には，長男や男の子が制度的に優先されており，男系の血統でもって地位を継承しなければならないという強い血縁観念があります。それは男尊女卑に起因したもので，憲法が規定する性差別の禁止原則に反するものでもあります。

表 8-1　女性に課せられた儒教の徳——「四徳」「七去之悪」

| 四徳 | 七去之悪 |
|---|---|
| 婦　徳——女性らしい礼節のある道徳 | 不　順——夫の親に従わない女 |
| 婦　言——丁寧で品のある言葉づかい | 無　子——男子を出産しない女 |
| 婦　容——清潔で見苦しくない身だしなみ | 淫　行——淫乱・淫倫な女 |
| 婦　功——家事や品のある立ち居振る舞い | 嫉　妬——やきもちを焼く女（妾への嫉妬もダメ） |
|  | 悪　疾——病気がちな女 |
|  | 口　舌——口論や悪口をいう女 |
|  | 窃　盗——他人の物を盗む女 |

（出所）　六反田豊監修『朝鮮王朝がわかる！』25 ページを参考に作成。

### 戸主制の廃止と家族のゆくえ

従来の研究では，歴史的に儒教を中心とした伝統文化が，韓国の人々を家族主義化させたものとしました。儒教の経典にある「女必従夫（嫁は必ず夫に従うもの）」「三従之道（幼いうちは父に，嫁したら夫に，老いれば息子に従え）」「四徳（女性がそなえるべき四つの美徳）」「七去之悪（夫から離縁されても仕方がない嫁の七例）」という言葉は，女性が自分の役割を知り，分をわきまえるように説いたものです（表 8-1）。これが，男性への服従が女性の美徳であるように曲解され，民衆への儒教の教化とともに，男性上位の考え方が強調され「父系血縁」中心の家族主義を形成するようになった，というわけです。

　他方，最近では個人より家族を重んじる「父系血縁」中心の家族主義が，国家によって制度的に作り出されたものだという研究が有力です。そのひとつの表れが，植民地時代に日本経由で導入された「戸主制」です。この制度は，国家が国民一人ひとりを個人ではなく，「家」単位で登録・管理し，かつこの家の代表者（家長）たる「戸主」を設け，「戸主」が家族の一切を統率するというものです。

戦後，日本は伝統的家父長制である「家（イエ）」制度を廃止しました。これに対して，韓国は民族アイデンティティーを確立するために，儒教的かつ家父長的な「家（チプ）」制度を維持しようとしました。その基盤として「戸主制」を修正し継承しましたが，そこにはアメリカの存在と朝鮮戦争が大きく影響しています。当時の韓国は，米軍政期にあってアメリカが主導した戦後の復興計画のなかで建国を進めるほかに選択肢はなく，また朝鮮戦争の影響で民法をはじめとした基本法典の編纂（へんさん）作業がうまく進まず，植民地法制がほとんどそのまま踏襲されていました。

　韓国にとって「戸主制」とは，父系・男系血縁の中心存在である家長が家族の構成員を監護し，その地位を原則として「長男」に引き継がせる制度です。長男は「戸主」の継承とともに，祖先祭祀を継承し財産相続においても優待されていました。この制度は，法律によって家族制度の根幹に位置づけられたことから，いまに至るまで強制力をもって韓国のあらゆる家族を拘束し続けてきました。その影響は，たんに家族のレベルだけにとどまらず，社会全般にわたって男女のあり方までも規定し続けてきたといわれています。

　さらに「戸主制」は，まさに性差別の象徴でもありました。男性の女性に対する権力支配や性的支配を概念化した社会学の用語に「家父長制」があります。韓国における戸主制は，まさに「家父長制」の象徴です。戦後から続いた女性運動からすれば，戸主制の廃止はいわば「男性支配からの女性の解放」を意味していました。戸主制の存廃をめぐって，伝統的な儒教思想を強化しようとする「儒林団体」と，男女平等にもとづく民主的家族を志向する「女性団体」が長年にわたり対立し，まさに「男権と女権の対立」の様相を呈するほどに激しさを極めました。

2005 年に戸主制は廃止されました（2008 年 1 月 1 日より施行）。韓国では「戸主制の廃止＝家族の民主化」ともいわれています。戸主制は，植民地時代に朝鮮半島に導入されて以来，実に長きにわたって韓国の家族制度を成り立たせてきましたが，08 年から「家族関係登録簿」が新設され，「家」は解体し「個人」単位となりました。

　家族にまつわる差別を生み出す制度的な温床になっていた「戸主制」の廃止は，韓国の家族制度にとって一大変革をもたらしたといわれています。それは，たんに日本の植民地遺制という過去の清算だけではありません。過去と現在を強く結びつけてきた家族制度が断ち切られることにより，女性たちが「いま」になってようやく家族からだけでなく，社会や政治の場でも「男性支配」から解放されたことを意味するのです。

## 2　家族の変化と結婚事情

　**数字でみる家族の変化**　　韓国の家族は，儒教的家父長制と父系血縁原理を基礎とする「家（チプ）」制度のもとで，家の継承者である長男が結婚後，老親と同居するのが一般的でした。

　しかし，1960 年代以降の急速な産業化および都市化によって，韓国の家族は大きく変化してきました。経済成長と同じく短期間で「圧縮的」な変化を経験したといわれており，最も顕著な変化は「小規模化」と「核家族化」です。以下では，60 年から現在に至るまでの家族の変化を，韓国統計庁のデータを引用しながらみていき

ましょう。

　まず，家族の平均人数をみると，1960 年は 5.6 人でしたが 2015 年には 2.5 人まで減っています。過去 55 年間で，家族を構成する人数が大きく減少しており，家族の小規模化が進んでいることがわかります。家族の小規模化は，産業化過程における世帯の分裂と核家族化，さらに子どもの数の減少によるものと考えられます。

　では，具体的にどのような人々が家族を構成しているのでしょうか。最も多いのは，夫婦と子どもの 2 世代で構成される核家族です。1960 年の 64.0% から 2015 年には 48.8% まで減少しているものの，いまだ全体の半分を占めています。とくに注目すべきことは，3 世代家族の減少と，1 人暮らしの単独世帯や夫婦 2 人だけの家族の増加です。孝行や敬老精神に代表される 3 世代，つまり祖父母，親および子どもで構成される 3 世代家族は，1960 年の 26.9% から 2015 年には 5.4% へと大幅に減少しました。今日においては，父系血縁を中心とする伝統的な大家族世帯の形態はすでに崩れたことがわかります。その反面，夫婦 2 人家族は 1960 年の 5.2% から 2015 年には 17.4% へ増加，また 1 人暮らしも 1960 年の 2.3% から 2015 年には 27.2% へと大幅に増加しており，世帯の分化が進行しています。

　このように，現代における家族形態の主流は「核家族」でした。それは夫婦 2 人と子どもからなる 2 世代で構成された家族が，その最も基本的な単位といわれてきました。ところが，今後の家族形態は子どもと一緒に暮らさない夫婦だけの家族の増加にともない，核家族そのものが減少していくことが予想されます。それだけではありません。家族は，少なくとも 2 人以上で構成される必要があります。なぜならば，家族は集団だからです。1 人を家族とはいわ

ず「世帯」という理由がここにあります。

　近年，結婚しない「シングル」や夫婦共働きで子どもを産まない「DINKs (double income no kids)」族や，離婚による一人親家族などが増えており，家族の多様化がいっそう進むことが予想されます。

### 結婚は選択──非婚化・晩婚化

　2018 年 4 月，「韓国は『未婚大国』」と書かれた新聞記事に目が止まりました。韓国の 20 代，30 代の女性が結婚しなくなったという内容です。近年，韓国では未婚率の上昇や晩婚化が急速に進んでおり，同じ問題に直面している日本以上に深刻といえます。かつて，日本も韓国も「皆婚社会」といわれ，結婚するのは当たり前と考えられていましたが，いまその状況が大きく変わりつつあります。では，韓国の「結婚」に，どのような変化が起きているのかをみてみましょう。

　韓国統計庁によると（図 8-1），2017 年に結婚した人々の平均初婚年齢は，男性 32.9 歳，女性 30.2 歳となり，男女ともに 30 歳を超えています。1990 年には男性 27.8 歳，女性 24.8 歳で，多くの人は 20 代に結婚しましたが，その後着実に結婚年齢が高くなっています。この傾向には歯止めがかからず，晩婚化が進む一方です。とくに，2015 年には女性の平均初婚年齢が 30 代に突入しており，晩婚化による出生率のさらなる減少が予想されます。就職までにかかる期間が長引き，近年では 30 代の結婚が一般的になっています。

　さらに，2016 年の婚姻件数は 1970 年の統計作成以来の最低値を記録，翌年もさらに更新しました（図 8-1）。結婚年齢の人口が減っているうえに，失業率や家賃が上がるなど結婚に関わる経済指標も現状を物語っています。これに結婚に対する価値観，つまり「結婚は人生の選択である」という認識の拡大も影響を及ぼしています。

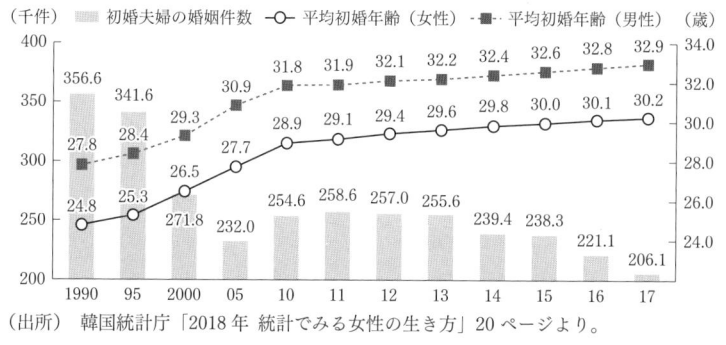

図 8-1　平均初婚年齢および初婚夫婦の婚姻件数

（千件）　▨ 初婚夫婦の婚姻件数　―○― 平均初婚年齢（女性）　‥■‥ 平均初婚年齢（男性）　（歳）

（出所）　韓国統計庁「2018 年 統計でみる女性の生き方」20 ページより。

　現代の韓国人が結婚しない，またはできない，あるいは結婚を先延ばしにする理由について，各種の調査をみると，男性の場合「結婚費用負担」「所得不足」「不安定な雇用」といった理由が大多数を占めています。韓国の男性には兵役の義務があるため，大学卒業と同時に職を得ても社会に出る頃には 25 歳を超えています。韓国では結婚後の新居を用意するのは男性側が，家財道具は女性側がそろえるというのが慣例となっています。韓国の住宅事情は非常に厳しく，新居を借りる場合はまとまったお金が必要ですので，男性側は資金がないと結婚することがとても難しくなります。

　このように，男性の未婚や非婚，晩婚の最大要因は経済的な問題です。一方，女性の場合は「適当な人にめぐり会わないため」「仕事と家庭の両立が困難」と答える人が多いです。女性は，新居の家具や家電製品などを購入することになりますが，これに加えて男性側の親と親族に物品（婚需）などを贈るという習慣があり，経済的・心理的に負担となります。

　また，女性は男性以上に就職が困難な状況で，非正規職の 7 割

は女性が占めています。韓国でも女性の大卒者が7割を超える高学歴化により，社会進出が増えています。結婚よりも安定した職に就くことが優先事項となり，「結婚適齢期」に対する意識も変わりました。しかし，性別役割分業は根強く残っており，家事や育児などの負担は女性に重くのしかかったままです。結婚後に課せられる負担の大きさや，家庭と仕事の両立の難しさを考えれば，以前ほど結婚に魅力を感じない女性が増えるのも無理はありません。

### 結婚に関するさまざまなルール

日本では，非婚化や晩婚化を背景に婚活が話題になっていますが，韓国でも同様だといえます。ただし実は，韓国では結婚に関するさまざまなルールがあるため，少しでも気になる人がいれば初対面でも，その点をまず確認する必要があります。いまでは恋愛結婚が当たり前になったはずなのですが，場合によっては悲劇的な結末がその恋愛には待っているかもしれません。

韓国は，家族および親族において父系血縁原理が貫徹されています。具体的には，「姓」と「本貫（ポングァン）」，「同姓同本不婚」および「姓不変の原則」などがあり，これらは家族と結婚に大きな影響を与えています。

まず，結婚にあたっては，「同姓同本不婚」の原則があり，これは姓と本貫を同じくする血族内での結婚を禁止する制度です。同じ「姓」で同じ「本貫（一族の発祥地）」の男女は，同一の父系始祖から由来する一族に属しているとみなされるため，結婚が忌避されました。同じ姓を持つ人同士が出会ったとき，「どちらの金さんですか？」または「本貫はどこですか？」という会話がよく交わされますが，同じ本貫かどうかは，「族譜（チョクポ）」があるからすぐにわかります。族譜は，父系を中心とする血縁関係を図表式に記録した家系図みた

いなもので，火事になったら最初に持ち出すのは族譜といわれたほど重要な地位を占めています。

　韓国で最も多い「金<sup>キム</sup>」という姓は，本貫の数が約 280 もあるようです。たとえば，金氏は「金<sup>キメ</sup>海金氏」「慶<sup>キョンジュ</sup>州金氏」など。同じ「金」という名字の人でも，本貫が違っていたら，血がつながっていない別の一族の人とみなされて，結婚するのは問題ありません。ただし，「慶州の金さん」と「慶州の金さん」は同姓同士でさらに本貫も同じなので，血のつながった一族内の結婚，つまり同族婚とみなされ，法律で結婚が禁じられていました。

　このルールのために，韓国ではいろいろな問題が起きていました。結婚できないことを悲観して心中したり，精神に変調をきたしたり，「同姓同本」の夫婦の子どもには戸籍が与えられないなどの問題が実際に起こっていました。同姓同本の結婚を禁止する法律は 2005 年に廃止されたので，いまは同じ姓・同じ本貫の人同士でも，結婚ができるようになりました。しかし，長年の歴史のなかで形成された韓国人の意識はそう簡単に変えられず，結婚に反対する人がいまだ多いといわれています。

　一方，「近親婚の禁止」は現在でも法律上規定されています。日本では 3 親等以内では結婚できませんが，韓国ではそれより広い 8 親等まで結婚できません。

　結婚と関連して，日本との相違点をもうひとつ紹介しておきます。韓国の場合，「姓不変の原則」に基づき，改姓することはできないため，結婚した夫婦であっても，各自生まれもつ姓を名乗る「夫婦別姓」となります。子どもは，父の姓と本貫を継ぐことを原則としています。ただし，戸主制の廃止とともに「姓不変の原則」が大幅に修正され，現在では子どもの姓と本貫を母親のものに変更するこ

とが可能となりました。

　韓国人にとって「姓」とは，自ら出生した父系血縁を表示する標識で，父系血縁のアイデンティティーを示すものであり，一生涯変更してはならないものだとされました。女性の立場からみると，結婚は実家を離れて自分とは異なる父系血縁集団に嫁として入るので，その立場はとても弱いものだといえます。実際，多くの韓国女性は，結婚とともに家族に対するアイデンティティーの揺らぎや喪失を経験しています。

## 3　深刻な少子高齢化

**出産抑制から出産奨励へ**　人口減少問題に直面する日本ですが，それを超える少子高齢化問題に苦悩しているのが韓国です。国家的災難が到来するとか，北朝鮮の核より恐ろしい少子化など，かなり強烈な言葉が使われています。なぜ，これほど少子化に危機感を持っているのでしょうか。

　2017年の合計特殊出生率（1人の女性が一生のうちに産む子どもの数。以下，出生率）は過去最低の 1.05 を記録し，OECD（経済協力開発機構）の平均 1.68 を大きく下回りました。出産が最も活発とされる 30 代前半女性の出生率の低下が影響していますが，さらに若年層の失業など雇用環境の悪化や晩婚化，未婚・非婚化も一因と考えられます。

　韓国経済新聞社が 2015 年に実施した調査によると，未婚女性のうち「結婚はしなくてもいい」と答えた人が 60％ を超えており，

また「子どもを持たなくてもいい」と答えた人も半数を占めています。なぜ，これほどまで結婚と出産に対して消極的になったのでしょうか。その要因は，「出産・育児にかかわる経済的な負担が重すぎる（59%）」が最も多く，「就職難による晩婚（17%）」「子どもより自分の生活を重視したい（12.6%）」の順になっています。韓国も日本と同じく，少子化は経済的な負担によるものが大きいといえます。

　韓国の国土面積は 10 万 km$^2$ で，日本の 4 分の 1 程度にすぎませんが，1960 年以降に人口が急増したため，政府は人口抑制政策を打ち出しました。当時の朴正熙政権は，経済成長を第一の政策目標に掲げ，家族計画を促し産む子どもの数を制限する「出産抑制」政策に積極的に取り組みました。その結果，83 年に人口の現状維持のために必要な出生率が 2.1 に下がりましたが，その後も「一人っ子運動」を実施するなど，1962 年から 95 年まで約 35 年間「出産抑制」政策を展開しました。しかし 96 年には「出産抑制」政策を廃止し，2004 年から「出産奨励」政策に切り替え，06 年には「低出産・高齢社会基本計画」を実施しました。韓国も日本と同じく少子化が社会問題になり，その克服のため多額の税金を投入していますが，なかなか改善されません。

　各種の調査が明らかにしているように，韓国の少子化は，結婚忌避と結婚後の出産忌避の 2 つの要因が結びついたもので，「子どもを産み育てながら生きていく」未来を確信できない社会になっています。男女差別，雇用不安，住居負担，保育と教育の私的負担などが複合的に作用する無限競争の韓国社会で，多くの人がリスクを回避するため「個人的に」合理的な選択をした結果，超少子化社会になったといえます。

2018年「第1回少子・高齢化フォーラム」で仁荷大学の尹洪植(インハ)（ユンホンシク）教授は，「遅く結婚したり，結婚しないのが問題といいますが，違います。スウェーデンと韓国の，第1子出生時の平均年齢はそれぞれ31歳，31.5歳とほぼ同じです。出生率はスウェーデン1.98（2013年），韓国1.25（2014年）と差が大きいです。韓国の出生率が低いのは，この社会が直面した『特殊な生活の質』に問題がある」，と述べました。さらに，韓国は相対的に賃金水準が高く雇用が安定した正社員を中心に社会保障を強化してきましたが，これは「持っている人だけ，より多く持つ」不平等の深刻化と国民の「生活の質の悪化」につながった，と指摘しました。

　このように，雇用不安や社会保障の二極化，不平等の深化は，結婚および出産に非常に甚大な影響を与えています。少子化は，ほとんどすべての社会・文化・経済問題が集約された社会問題といえます。深刻な職場の性差別，家族主義と婚外子への差別やシングルマザーに対する社会的偏見など，少子化は韓国社会に多くの疑問を投げかけています。2017年にスタートした文在寅(ムンジェイン)政権は，従来の「出産奨励中心」の国家主導の政策から，個人，とくに女性の人生と選択を尊重する「人間中心」の政策に切り替えることが，子どもを産み育てやすい社会となり，それが少子化の根本的な対策である，と強調しており，その動向が注目されます。

### 急速に進む高齢化と家族

　近年，韓国でタクシーに乗ると，70歳をゆうに超えている高齢者のドライバーがハンドルを握っていることも少なくありません。子どもの教育費などに全財産をつぎ込んでしまい，晩年もタクシー運転手として生活費を稼がなくてはいけない日々。韓国では，子どもの教育のために，親が多大な犠牲を払

## コラム⑨──いまでは考えられない，出産抑制政策

　今日，日韓ともに出生率の低下による少子化が共通課題となっていますが，韓国は少し前まで一組の夫婦が持つ子どもの数を制限していました。経済成長のため，1962年から95年まで約35年間にわたって「出産抑制（家族計画事業）」政策を実施しました。戦後，急速な社会変動のなかで，家族により直接的な影響を与えた「家族計画事業」とは，いかなるものだったのでしょうか。

　1960年代は「少なく産んでよく育てよう」を掲げ，産児制限に関する啓蒙教育と避妊普及がその主な事業でした。避妊に関する知識や情報を普及するとともに，避妊薬剤と器具の国内生産および輸入を許可しました。経口避妊薬（ピル）が無料で支給され，避妊や不妊手術が奨励されるなど，女性の身体は国家発展と経済成長のための統制対象でした。

　1970年代は「息子・娘区別せず，2人だけ産んでよく育てよう」という2人っ子運動が展開され，73年に「母子保健法」を制定し，条件付きではあるが事実上人工妊娠中絶を合法化しました。70年代後半になると，子ども2人以下の家庭に対して所得税を減免し，不妊手術を受けた家庭には公共住宅への入居を優先的に与えるなど，積極的な政策を打ち出しました。

　1980年代は「男女区別なく，1人だけ産もう」という1人っ子運動を実施し，事業はさらに強化されました。避妊手術に医療保険が適用され，子どものいない家庭には住宅資金の融資が優遇され，低所得層には不妊手術の補助金も支給されました。90年代には「男児選好」による性比不均衡が社会問題となり，94年には医療法を改正し胎児の性鑑別を行う医者の取り締まりを強化しました。96年になると避妊実行率が上昇したため，出産抑制政策は廃止されました。

　2000年以降，出生率は低下し続け，2002年には主要先進国を大きく下回る1.17を記録し，超少子化という事実は韓国社会に衝撃を与えました。少子化が予想より深刻で，将来人口減少に伴う労働力人口の減少と国家競争力の低下が懸念され，2004年から「出産奨励」政策へ転換し，現在に至っています。

　かつて，急激な人口増加が，経済成長＝国家発展を阻害する最も大きな要因とみなされたように，いまや少子化問題は，再び経済成長＝国家発展を阻害する問題として位置づけられています。出産という私的かつ個人的行為は，いつの時代でも人口・家族政策という名の下，公権力が介入することを忘れてはいけません。現在，日本においても，旧優生保護法下で障害者らに不妊手術が行われていた問題で，手術を強制された人たちが国家賠償を求めて訴訟を起こしており，国側の判断が注目されます。

うこともいとわないという考え方が存在します。このような，親の行き過ぎた教育費の支出は，老後の備えができない要因になっています。

　韓国は，日本の経験を上回るスピードで高齢化が進行しています。平均寿命の伸びや少子化を背景に高齢化が加速し，世界的にみてもきわめて速い水準にあります。2000 年に高齢化社会（65 歳以上高齢者が全人口に占める比率が 7%），18 年に高齢社会（同 14%），さらに 24 年には超高齢社会（同 21%）へ移行するといわれています。

　一方，1960 年代以降の社会変化のなかで，家族構造が大きく変容し，高齢者を取り巻く生活環境にも大きな変化がみられます。韓国統計庁の「高齢者統計」によると，高齢者が子ども家族や孫と同居する 3 世代家族の割合は，1990 年の 47.6% から 2015 年には 6.3% へ激減しています。その反面，1 人暮らしや夫婦で暮らす高齢者は，増加し続け 2015 年にはそれぞれ 32.9% と 34.0% になっています。高齢者の扶養と介護を保障すると考えられていた子どもとの同居が減少し，代わって子どもと別居して生活する高齢者が増加しています。

　韓国では血縁原理を基礎とする直系家族制度のもとで，家の継承者である長男（・嫁）が老親と同居しながら扶養するのが一般的でした。また介護など，福祉サービス供給を家族に依存してきました。しかし，産業化と都市化，核家族化，女性の社会進出の増加，要介護高齢者の急増などの理由から，家族による扶養と介護が困難な状況になっています。

　韓国の場合，社会保障制度がまだ成熟しておらず，公的年金は高齢者の所得源として十分な役割を果たしていません。社会保障の不備を家族が代替するか，あるいは家族機能が衰退しているなかで，

高齢者自らが自立せざるをえない状況にあります。韓国高齢者の貧困は非常に深刻な問題です。

先述の「高齢者統計（2015 年）」によると，高齢者 10 人のうち 8 人は年金をもらっていないか，月の受給額が 2 万円程度であることがわかりました。老後の生活費を稼ぐため，仕事をする高齢者が増え続けており，高齢者の半分は貧困状態に置かれています。貧困高齢者を生み出す要因としては，老親扶養意識の低下，年金制度の不備，子どもの教育と結婚費用の過度な支出，老後への準備不足，早期退職，老後の再就職への困難などがあげられます。

また，韓国では高齢者の貧困による自殺が多いといわれています。保健福祉部・韓国保健社会研究院の「老人実態調査（2014 年）」によると，自殺の理由としては，経済問題が最も多く，次に健康問題，寂しさの順になっています。社会文化的には，親孝行や家族互助といわれる倫理観が強調されていますが，現在の高齢者は，以前の世代ほど家族のサポートを受けられなくなっています。

**「孝」は過去のものか**　親孝行の国，家族を大事にする国，敬老精神が強い国，年長者を大事にする国などが，外国人の韓国に対するイメージのようです。実際，韓国では日常生活で電車やバスでお年寄りがいたら若い人が席を譲らなければならない，成人になったら親にお小遣いをあげなければならない，父母の恩に報いなければならないなど，「敬老孝親（老人を敬い，親に孝行を尽くす）」を強調する習慣や表現が多いです。

韓国では「孝」の観念が強く，先祖や親を大切にしつつ，家族が何より重んじられてきました。現在でも「祭祀（孝の延長）」を通して祖先を敬い，旧正月や旧暦のお盆（秋夕）になれば，「民族の大移動」といわれるほどに人々は故郷に帰って，親族が集まり一様

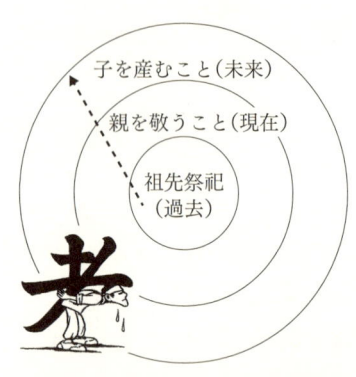

図8-2 韓国人の「孝」の観念

に儒教式の祭祀を執り行います。他方で，最近急速に「孝」が衰退しているともいわれます。祖先祭祀の形骸化にともなって，過去の象徴である「先祖」への追慕よりも，家族や血族の未来を担う「わが子」への愛が重視されるようになりました（図8-2）。家族や夫婦があまりにも子ども中心の生活になっていることが，しばしば指摘されるほどです。「親」中心から「子ども」中心へ，生き残りをかけた家族戦略ともいえます。

ところで，急速に高齢化が進行するなか，親の面倒をみない子どもを親が訴える「親不孝訴訟」が話題になっています。また，子を訴えるために事前に「親孝行契約書」を作成する動きも定着しています。近年の核家族化や価値観の変化などにより，若い世代は自分たちの生活を維持していくことが精一杯で，年老いた親の介護を一手に請け負うことは不可能に近いです。親子や兄弟姉妹，親族間で介護をめぐる衝突やいさかいも多くなっています。韓国においても2008年から介護保険が導入されていますが，その背景には，要介護高齢者の増加や介護供給源である家族の変化と多様化，そして介護の担い手である女性の意識や生き方の変化などがあります。

かつて韓国では，女性は結婚したら家庭に専念し，嫁ぎ先の夫の親に孝を尽くし，夫への内助と子どもの教育に献身すべきだという性別役割分業論や規範意識が強く残っていました。しかし，1990年代に女性運動が高揚し，誰かの嫁や妻，母として生きるしかない

男性中心の社会に対する異議申し立てが活発化しました。韓国社会に根強い女性差別や女性の地位改善を目指した女性運動によって，社会の基本単位は「家族」から「個人」へと移行しました。いまは多くの女性は家族のためではなく，自分のための人生を歩きはじめています。

# 4　グローバル化する韓国家族

**国際結婚の増加と多文化家族**

家族というと，身の回りのほんの親しい人々がつくるプライベートな集団と考えられがちです。しかし，近年「グローバル化する家族」という表現をよく耳にします。この小さな単位の集団がグローバル化するとは，いったいどういうことでしょうか。国際結婚の増加は韓国だけではなく，日本はもちろん東アジアに共通する現象であり，その背景には少子高齢化と結婚仲介業の普及があるといえます。もはや家族もグローバル化と無縁ではない時代になりました。

　韓国では，1990年代の半ばから国際結婚の増加がみられました。経済が成長するにつれて，都市と農村の経済的・社会的格差が顕著になると，農村で結婚する韓国人女性の数は減少の一途をたどり，農村男性の結婚難が社会問題になりました。そのなかで，1992年の「中韓国交正常化」がきっかけとなり，一部の自治体は，農村の独身男性と中国の朝鮮族女性との国際結婚支援事業を展開するようになりました。朝鮮族女性は，同じ民族であり韓国語が堪能で意思疎通に問題がないことから，国際結婚の相手として好まれたのです。

そして，1998年に結婚仲介業の規制が緩和されると，結婚仲介業のグローバル化が進み国際結婚は急増しました。既存の農漁村に加えて都市低所得層の結婚難を背景に，配偶者の斡旋元は中国からベトナム，フィリピン，カンボジアなど東南アジアへと拡大しました。韓国統計庁の「多文化人口動態統計（2016年)」によると，1990年に4710件（全婚姻数の1.2%）だった国際結婚の件数は，2005年に4万3121件（13.6%）に達しました。しかし，その後，国際結婚は減少に転じており，2015年は2万1274件（7.4%）になっています。国際結婚が減少したのには，国際結婚仲介業者が乱立し社会的な問題になったことで，韓国政府が2010年から管理・監督を強化したことが影響しているようです。

　一方，国際結婚が増えるにつれ，結婚移民者と国際結婚家庭の子どもの韓国社会への不適応や家庭内暴力と失踪，生活や教育の場での差別が大きな社会問題になりました。これを受けた韓国政府は2008年に「多文化家族支援法」を制定し，全国に「多文化家族支援センター」を設置しました。センターでは，韓国社会への適応と定住を支援するため，韓国語教室や相談窓口，就業・創業支援，子どもの学習支援などが行われています。

　しかしながら，「多文化家族支援法」に関しては，外国人女性の妻・母・嫁としての役割を強調し，家族に従属させる法律だという批判があります。また支援の対象が，韓国人の配偶者として韓国に合法的に居住する外国人と，その間で生まれた韓国の国籍を有する子どもに限定されていることから，疑問の声が上がっているのです。外国人配偶者は韓国内の結婚難を解消し，国益に合致した存在であるとみなされています。国際結婚家庭に生まれた子どもは，韓国籍を持つ「国民」であり，彼らに特別な学習支援を行い「韓国人」と

して社会化することは，少子高齢化対策の一環として重要視されているのが現状です。

　結婚移民者と国際結婚家族は，意思疎通の困難や文化的差異による相互の理解不足，あるいは無関心，夫婦間の葛藤などにより，韓国の一般家庭よりも家父長的な家族文化となったり，不平等な夫婦関係になってしまうことが多いことから，今後は男女平等かつ多文化共生の視点および多文化教育の推進が不可欠です。

　第 19 代国会議員（2012.5〜2016.5）で，多文化家族の権益のために尽力しているフィリピン移住女性のイ・ジャスミンさんは，「私は象徴的な存在にとどまらず，多文化家庭などの弱者階層のために頑張りたい」と抱負を述べました。韓国歴史上，外国出身者で初めて国会議員に当選した彼女は「多文化家庭を分離して支援したため，かえって多文化が差別的用語となってしまった」と指摘しました。

### よりよい生活を求めて
#### ──海外移民ブーム

　今日，私たちはグローバル化時代に生きています。資本の国際集中，企業の多国籍化，市場のグローバル化の進展によって，自国だけでは経済も成り立たない時代です。情報は瞬時に世界を駆けめぐり，交通手段の発達も伴って，ヒトもモノも世界をまたいで移動しています。いまや単一民族神話は成り立たず，世界各国で多民族化が進み，多文化共生時代となりました。

　世界の大都市に世界中の人々が流入し，ビジネスや新天地を求めて世界各国に移住していく時代です。このような流れのなかで，韓国人も自らのアイデンティティーや生活慣習を受け継ぎながら，移住先の慣習も受け入れてパワフルに生活しています。このように，自ら選択してハイブリッド化しようとするポジティブな考え方が広

がっています。

近年，ライフスタイルとしての移民が注目されています。ライフスタイル移民とは，「生活のより良いあり方（better way of life）を重視して移住する人々」と定義されます。主に 1990 年代以降にみられる現象ですが，その特徴として，比較的若く，中間層出身で移住に経済的必然性がなく，移住が理想の人生やライフスタイルをかなえる「手段」となる人々といわれています。彼ら彼女らの移住の理由として，子どもの教育環境，気楽なライフスタイル，現地での充実した社会保障と職業的安定，男女平等な価値観があげられます。

「ライフスタイル移民」は，韓国では 2000 年以降に活発化しています。過去のような政治・経済的要因による移民や移住というひとつのカテゴリーでは語れない多様性を持っています。冷戦終了後のグローバル化という新たな変化と，韓国の国内事情，たとえばセウォル号沈没や MERS など，国民の安全を脅かす大規模災害が起きるたびに「もう韓国では暮らせない」「移民したい」と叫び，もうひとつの人生を求めて，自分で選択したさらなる新天地に関わろうと移住する人々が増えています。

韓国人は留学や海外体験，海外移民に積極的で，すぐ外国に行ってしまいますが，最も多いのが子どもの教育のための移民です。グローバル化が進むなか，よりよい教育環境を求めるため，あるいは，子どもをグローバル時代に対応できるように育てたいため，韓国の学校教育に対する不満など，さまざまな動機をもつ人が，家族で海外移民を選んでいます。グローバル化時代を生きる子どもの人生をよりよいものにしようと，それぞれに模索しつつある韓国人の姿があります。

また，競争社会の生きづらさから人生にゆとりを求め，自分のい

まの人生を引き継がせたくないと思う人も増加しています。とくに，高学歴者を中心に福祉国家として知られているデンマークやスウェーデンなど，北欧の国々へ移民する30代，40代が急速に増えています。女性には，子育てと仕事が両立できる生活環境が好まれるようで，北欧の国々では高学歴・専門職の移民は，比較的歓迎されるといわれます。いずれにしろ，自分自身が納得する道を選ぶことは重要です。自国の枠にとらわれず，世界にも目を向けるなど，さまざまな選択をする道，開拓する道があるとポジティブに考えることが，人生をより豊かにするはずですから。

## 参 考 文 献

石坂浩一・福島みのり編『現代韓国を知るための60章〔第2版〕』（明石書店，2014年）

伊藤公雄・春木育美・金香男編『現代韓国の家族政策』（行路社，2010年）

岡克彦『「家族」という韓国の装置──血縁社会の法的なメカニズムとその変化』（三省堂，2017年）

小倉紀蔵編『現代韓国を学ぶ』（有斐閣選書，2012年）

韓国経済新聞（豊浦潤一訳）『韓国はなぜ危機か』中公新書ラクレ，2016年）

韓国統計庁『韓国の社会動向』（2017年）

金香男「韓国の高齢者と家族の変容──「家族扶養・介護」と「扶養・介護の社会化」の狭間で」（『現代韓国朝鮮研究』第17号，2017年）

高翔龍『韓国社会と法』（信山社，2012年）

小林和美『早期留学の社会学──国境を越える韓国の子どもたち』（昭和堂，2017年）

シンシアリー・室谷克実・宝島取材班『韓国の下流社会──貧困で絶望

する若者たち』（宝島社，2016 年）

春木育美・薛東勲編『韓国の少子高齢化と格差社会——日韓比較の視座から』（慶應義塾大学出版会，2011 年）

春木育美「結婚にみる韓国社会の変化」（『アジ研ワールド・トレンド』第 226 号，2014 年）

平田由紀江・小島優生編『韓国家族——グローバル化と「伝統文化」のせめぎあいの中で』（亜紀書房，2014 年）

本田洋編『海外・人づくりハンドブック韓国』（海外職業訓練協会，2000 年）

宮島喬・佐藤成基・小ヶ谷千穂編『国際社会学』（有斐閣，2015 年）

六反田豊監修『朝鮮王朝がわかる！』（成美堂出版，2013 年）

# 第 9 章

# 韓国の教育と就職事情

韓国の成人式

　成人式で伝統衣装に身を包み記念撮影する学生たち（韓国・ソウル）。韓国では 19 歳で成人を迎え，選挙での投票や飲酒が法律で認められる。日本の成人式とは異なり，地域で盛大な式典を行うわけではなく，それぞれが個人的に，友人同士で思い出をつくる。

（AFP＝時事）

# 1 韓国の教育制度

**韓国の学校と学生生活**　韓国は，国際的に学力が高いことで知られています。OECD（経済協力開発機構）が加盟国を中心に実施する PISA（学習到達度調査）で，韓国は毎回すべての項目で上位にランキングされています。本章では，日本以上に学歴が重視されており，熱心さの目立つ韓国の教育面についてみてみましょう。

　韓国の教育制度は日本と同じ 6・3・3・4 制であり，義務教育は初等学校（日本の小学校にあたる。以下，小学校と表記）と中学校の 9 年間です。なお，中学校が完全義務教育になったのは 2004 年で，それ以前は小学校の 6 年間だけが義務教育とされていました。授業料を払っていた 1985 年の時点で小学校から中学校への進学率が 99% に達していたほど，学歴志向は高いといえます。現在では，中学校から高校への進学率は 100% に近く，高校から大学への進学率も 70% を超えており，世界に類をみないほど高い進学率を示しています。

　新学期は 3 月からスタートし，翌年 2 月に修了します。1 学年は 2 学期制で，夏と冬に長期休みがあり，2012 年から学校 5 日制で土曜日は休みになりました。韓国では全国の小学校から高校まで，ほぼすべてが学校給食を実施しています。さらに驚かされるのは，ソウルでは 2011 年から小学校を対象に給食の無償化を開始したのをきっかけに，2012 年からは中学生まで対象を拡大して実施していることです。ソウル以外では自治体の方針や予算等によってやや

事情は異なりますが，この動きは全国的に拡大しつつあります。

　学校行事は日本と似ていますが，ひとつ大きな違いがあり，それは中学・高校では部活動が機能していないことです。日本では，学校教育と部活動は一体化してはじめて教育成果につながると考えられていますが，韓国では学校生活のなかで成績が最重要視されるため，中学・高校時代には部活動より勉強を優先します。日本の部活動にも問題が山積しているとはいえ，韓国で中高時代をすごした身からすると，勉強と部活動を両立できるのは羨ましいものです。

　最後に，クラス編成について少し触れておきましょう。韓国の中学・高校の男女共学率は 70% 程度です。とはいえ，韓国の「男女共学」とは，必ずしも男女混合クラスを意味するものではなく，同じ校舎内に男女がいるものの，男女別にクラスを編成している学校も含まれます。男女共学であっても，1・2 年生のときだけ男女混合クラスで，3 年生になると男女が別々のクラスに分けられる学校もあります。

　韓国では，2000 年以降から中等教育（中学・高校）における「男女共学の拡大政策」が実施されていますが，男女共学は大学入試に不利だとか，異性のいない学校こそ受験勉強に適しているといった意見も根強く，実際にエリート校を中心に一部の高校では男女別学への動きもみられます。こうして男女別学や男女別々クラスが存在するのは，受験勉強をいかに効率よく進めるかといった学力を第一に優先しようとする学校体制にほかならないことを示しています。

### 学校教育の選抜システム

　日本では「お受験」という言葉で表される幼稚園受験にはじまり，小・中・高校受験，大学受験と受験の機会が複数存在し，内部進学などの枠も設けられており，学校教育の

選抜システムが多様化しています。これに対して，韓国では基本的に大学受験まで本格的な入試はなく，大学に入学するには国公立・私立の別を問わず，志願者の全員が毎年11月に日本の大学入試センター試験にあたる修能（大学修学能力試験の略）を受験しなければなりません。これは，過度な受験競争に対処するためにとられた政策によるものですが，このことが結果的に受験戦争を大学入学段階に集中させ，大学入試をめぐる競争を熾烈なものにしています。

これらの選抜に関して日本との大きな違いは，全国の中学校と主要都市の普通科高校が「平準化」されていることです。「平準化」とは，学校ごとの入試選抜試験を行わず，地域ごとに進学する生徒全体を抽選によってその地域にある学校に振り分け，学校間格差をなくす制度です。つまり，実質中学・高校は無試験政策が実施されています。これは，進学に有利な一流校をめぐる入試競争の過熱に対処するため，中学校では1969年から，一般系高校（日本の普通科高校にあたる）では74年から実施されています。

中学の場合，私立校も含めて入学試験はなく，近隣の学校に割り当てられます。高校は，2011年に普通科高校と専門系高校の2つの種類に再編されました。大学進学を目指す場合には，普通科高校に行くのが一般的です。普通科高校は入学試験がなく，中学の成績を基礎として学区内の抽選制によって振り分けられるため，序列が存在しない学校システムです。

一方，平準化の枠外にある専門系高校は3種類に分類され，「特殊目的高校（科学高校，外国語高校，芸術高校，体育高校など）」と「特性化高校（職業系高校とオルタナティブスクール）」「自律高校（独自の学校運営）」があります。特定分野のエリートを育てる特殊目的高校は，一流大学進学のためのルートになっており受験競争が熾烈

です。これに対して，日本の工業高校や農業高校などにあたる職業系高校は，肉体労働に対する差別意識が根強い韓国では社会的に劣位の立場に置かれており，それが韓国で職人や技術者が育たない主な要因にもなっています。大卒者が多数を占める社会構造のなかで，大学を出ないと仲間の輪に入れず孤立しやすいことや大卒者と高卒者の間に存在する賃金格差もあって，働くことにつながる職業高校への進学は，普通科高校より下にランクされる傾向にあります。

　また，韓国の中学・高校では体育の授業や部活動が軽視されているため，一般の生徒はスポーツや音楽などの趣味活動を定期的に楽しむことができません。頂点を目指す体育高校や芸術高校へ進学するごく一部の生徒だけが，スポーツや芸術に特化した教育を受けられるだけで，一般の生徒には享受されません。韓国で「勉強ができない」ことは日本とは比べものにならないくらい劣勢に置かれますが，勉強のできない子どもたちのためた鬱憤にはやり場がないのが現状です。

## 2　激しい受験戦争と学歴社会

**人生を決める大学受験**　韓国では，近代化の過程で教育がきわめて重視されてきました。たとえば，学歴は儒教的な出自の問題を乗り越えて「身分上昇」を可能とする機会平等を実現するものでした。それゆえ学歴獲得競争は熾烈（しれつ）をきわめたのです。教育熱心さから質の良い労働者が広く世に送り出され，国際競争力を支えてきたことは否めない事実ですが，こうした教育風土の背景には儒教の影響もあります。

朝鮮王朝の支配階級の「両班」は学問（儒学）を重んじ，その両班たちを敬愛してきたのが韓国社会です（**コラム①**も参照）。韓国の紙幣に儒学者の肖像画が描かれていることからもわかるように，学問には高い価値が置かれています。人々は有名大学の権威に弱く，「科挙（官僚登用試験）」を連想させる合格者には多大な尊敬が寄せられます。子どもには学歴をつけさせ，汗水たらす肉体労働から解放してやりたいとする親も多く，大学受験は親の競争でもあります。

　このように，学問が重視され，科挙制度に代表される学問を通した立身出世の伝統を持つ韓国の受験戦争の厳しさは，日本でもよく知られています。学生たちは国公立，私立を問わず，大学に入るためには受験生のほとんどが「修能」試験を受けなければなりません。つまり，「修能」は大学に入学するための一発勝負であり，その出来次第で希望する大学に行けるかどうかがほぼ決まるといっても過言ではありません。そのため，放課後に教室や図書館に残って夜間自律学習を続け，22時頃まで勉強します。

　そして「修能」当日は，試験会場前に駆けつけて受験生を応援する後輩たちや，遅刻しそうな受験生を試験会場まで送り届けるパトカーと白バイ，教会や寺院で我が子の合格祈願をする母親たち，試験会場の入り口で祈り続ける母親もいます。通勤ラッシュと重ならないように役所や学校などの始業時刻を遅くしたり，英語のリスニング試験の時間帯には国内線の航空機の離着陸時間が調整されるなど，まさに国をあげての一大行事となっており，世界各国からも注目されるほどです。

　大学受験の成否が，残りの人生をすべて決めるという風潮があるため，大学受験は成功と出世の要という認識が非常に強くあります。「大学を出なければ人間扱いされない。大学を出なければ良い職場

も探せない。大学を出なければ配偶者選択に後れを取る」とまでいわれる韓国では，それゆえ大学進学率が 70% を超えているのです。

　なかでも，ソウルにある「ソウル大，高麗大，延世大」の名門 3 校（頭文字をとって「SKY（スカイ）という」）への進学を目指すには，まず特殊目的高校などの名門高校に入らなければならないのです。ですから受験競争が，小学生からスタートします。「貧しい家からソウル大には入れない」というのが，近年の定説のようで，塾や家庭教師など多大な経済投資があるからこそ，最高学府への切符を手にすることができるというわけです。

　この激しい受験戦争は，厳しい学歴社会の反映にほかなりません。高級官僚や検察官になるならソウル大学，民間企業でも出世するにはせめて高麗・延世大学といった風潮があり，学閥にも強いコネが存在し，どの大学出身であるかは結婚を含めて人生に大きな影響を与えます。大学進学が当たり前の現在では，さらなる学歴の差別化を図ろうとして大学院進学率も高く，海外の名門大学・大学院への留学も増加しています。

**勉強だけでは勝てない
受験戦争**

　このように，韓国の受験戦争は日本以上に激しく，親たちの子どもに対する教育熱は日本社会の平均的な感覚をはるかに超えています。良い大学を出ることは，良い職を得ることにつながるという意味では日本とさほど変わりませんが，より上のレベルの教育を受けさせようとする意識は，文武の「文（学問）」により高い評価を与える儒教の影響が強いからか，「孟母三遷の教え（孟子の母は，孟子の教育のために 3 回も引っ越しをした）」という中国の故事成語がよく引用されるほどです。

　この「孟母三遷の教え」ですが，韓国では 2 つの意味があります。

2012 年に世界的に大ヒットした K-POP の「江南スタイル」という歌を聞いたことがありますか。曲名の「江南」とは，富の象徴，高級住宅街やセレブエリアとして有名な韓国の首都ソウル江南区のことです。江南に暮らす富裕層の贅沢な暮らしぶりを題材にした歌詞とダンスは，この地域に住む人々を揶揄し，あるいは自嘲するものだと歌手の PSY は語っています。「江南」は，ソウル中心部を流れる漢江の南側にあたる地域で，主に 1970 年代以降急速に発展し，高層ビル群が林立する新しい政治・経済・商業の中心となっています。企業幹部や政府高官に就いた新興エリート，有名な芸能人が多く住んでいる「憧れの地域」でもあります。

韓国の親たちは，子どもによりよい教育環境を提供するために引っ越しをいとわない傾向があります。江南区の大崎洞（テナドン）には，名門高校，人気のある塾や予備校が集中しています。こうした有利な教育環境が教育熱心な親たちを呼び込み，この地域の地価が暴騰するといった現象が 30 年以上前から生じています。今日，江南は「教育特区」と呼ばれています。最近では「ドブか

まず，ひとつは子どもの教育における母親の役割です。韓国では大学受験の成否が，残りの人生をすべて決めるとまでいわれているので，希望の大学に合格するのは親子にとっても人生最大の目標となります。子どもを名門大学に入れ「人生の勝者」にすべく，韓国の母親はすべてを捧げます。

高 3 生がいる家庭では，旅行に出かけるどころか，家でテレビをつけることすらはばかり，日々，子どものために栄養価の高い食事を作り，健康を管理し，入試に関連する情報を収集したりするのは，母親の務めなのです。受験生の母のことを「高 3 オンマ（オンマはママのこと）」と呼びますが，高 3 オンマの役割は大変重いのです。韓国の受験戦争は親子がともに戦うもので，子どもを名門大学に入れるには，母親の能力までもが問われるといわれています。

ら龍が生まれる（トビが鷹を産む）を風刺化して「江南から龍が生まれる」という表現も生まれました。富裕層の家庭出身でないと成功できないという意味です。

　一方，同じ「江南」でも繁華街から少し離れた一角に有名な巨大スラム街「九龍村」（クリョンマウル）がありますが，まさに韓国の格差社会を象徴する光景といえます（第7章の写真も参照）。超高層マンションが立ち並ぶ道路の反対側には，ソウルにこんな場所があるかと思うほどのバラック小屋や狭い路地に数千人規模の人々が居住しています。元々，ソウル郊外の農村地帯だった場所に，ソウルオリンピックが開催された1988年以前の都市開発で，追い出された身寄りのない貧困層が山裾の土地を切り開いて不法占拠し，それが膨れ上がったのが現在の「九龍村」です。開発が遅れ，トイレは家の外に共同便所があるだけで，練炭で寒さをしのぐ住民の多くがすでに高齢化しています。この地区は2016年に再開発地域に指定され，住民との協議が始まっていると報じられました。

　もうひとつ，韓国では子どもの教育のために「人が動く」のです。農村から都市へ，都市からソウルの江南（カンナム）へ，韓国の教育が不動産の存在抜きには語れない理由がここにあります。韓国では，子どもの教育問題が人口移動を引き起こす大きな要因のひとつになっています。農村では，教育環境の良い都市の学校に通わせるため，子どもを都市に移住させる動きがあります。子どもにより良い教育を受けさせることによって，辛い農業から抜けだそうとする家族ぐるみの階層上昇移動戦略です。熱心に農業に取り組み，利益を上げている農家ほど，子どもには農業以外の職業に就くことを希望しており，子どもを都市へ送り出すことで，上級学校への進学により有利な条件を与えるとともに，都市的生活文化を早くから享受させようとします。

都市では，さらに良い教育環境を求める人々が教育環境の良い学区へ移住する現象がみられます。それは，良い学区とされる地域の不動産価格が上がってしまうほどで，ソウルの「江南8学群」は，その代表例です。富裕層や高学歴中間層が多く，名門大学への進学率の高い有名な高校，名門の学習塾や予備校が集まっていることでも知られるこの地域には，不動産価格の上昇にもかかわらず教育熱心な家庭の流入が後を絶ちません。これは一見したところ地域による教育格差とみえますが，実は親の経済力の差が，子どもの成績にそのまま反映されているといえます。所得格差が学力格差を生み，それが新たな所得格差を生む，出口の見えない競争に駆り立てられているのです。

### 家計を圧迫する私教育

　家計に占める教育費の増加は，日本でも問題になっていますが，韓国は幼児期からピアノやテコンドーなどの習い事，英語，数学などいくつもの塾（韓国では，学院<sub>ハグォン</sub>）に通っています。学校や家の前まで塾への送迎車が来てくれるので便利ですが，親にとっては塾の学費など経済的な負担は大きいといえます。小学校の高学年になると，塾で中学や高校の勉強の準備をしたりすることもあります。先行学習といわれるものですが，大学入試を見据えた教育が早い段階から始められています。

　日本では，学校教育において部活動が重要視されますが，先に述べたとおり韓国では部活動はあまり機能せず，それは学校ではなく個々の家庭の「私教育（塾・家庭教師・習い事などの公教育以外の教育）」に任されています。ほとんどの日本の子どもたちには，学校の体育の授業でも水泳を習う機会がありますが，韓国の場合には習いたい人だけがスイミングスクールに通います。

韓国統計庁によると（2015年），学校外での塾や習い事の私教育にかける金額は月に平均2万円程度です。しかし教育熱心な親は3歳児から習い事や英語塾などの私教育を開始し，習い事ひとつに月2万円ほど，いくつか掛け持ちすれば月10万円かかってしまいます。経済的に余裕があればあるほど，家計に占める教育費の割合が上がるともいわれていますが，行きすぎた私教育の是正が大統領候補者の公約のひとつになるほど，大きな社会問題になっています。

　韓国の教育は戦後，急速な成長を遂げましたが，それは国民の強力な教育的欲求の実現と平等の原則の実現に寄与し，経済発展に貢献する優れた人材を多数供給してきました。その過程で政府の教育予算も継続的に拡大しましたが，公教育に比べて私教育の比重が大きく，家計の負担はきわめて重いといわれています。韓国人の教育に対する強い信念は，「学歴社会」の重要性に負うところが大きいと考えられていますが，学歴偏重は私教育費の負担を増加させ，その結果，家庭崩壊に陥るケースも起こっています。

　韓国の場合，親の社会的・経済的状況が子どもの教育に非常に強く影響していること，そして先行きの見えない不安定な社会であるがゆえに，多少のリスクや負担を負ってでも子どもの将来に期待する親心が，家計に占める教育費の割合を高くしています。その結果，多くの「エデュプア」が発生します。エデュプアとは，英語のエデュケーションプア（education poor）の略語で，いわゆる「教育貧困層」のことです。その特徴は，所得に対する教育費の支出が多すぎることですが，最近では雇用者の約半数が自分のことをエデュプアと認識しているようです。

　多くの韓国人は，入試中心の教育，民間の教育市場の拡大，そして公教育の崩壊など現在の教育制度に不満を持っています。歴代政

権は国民の私教育費負担を減らそうとさまざまな対策を打ち出してきましたが，効果があったという人はほとんどいません。私教育の拡大はとどまるどころか，中間・庶民層の家計負担を増やし，生活の質を低下させる主な要因になっています。すなわち，ずさんな公教育のありかたが私教育市場を大きくし，私教育費の負担が中間層の生活を圧迫する悪循環が続いているのです。

## 3　英語教育熱と早期留学

#### 英語教育の早期化と過熱化

日本でも「グローバル人材」の育成が国家的課題とされ，英語の必要性や英語の教育熱が高まっています。東京オリンピックが開催される 2020 年には，現在は小学 5 年生から実施されている英語教育が，小学 3 年生から開始されることになります。

　他方，韓国では 1993 年に金泳三政権が発足すると「世界化（グローバル化）」が国家政策とされ，韓国が世界経済体制に組み込まれていくなかで，国際競争力を構築していくことが課題とされました。軍人出身の大統領が長く続いた後，文民政権を誕生させた金泳三大統領は積極的に教育改革を進めました。その主な内容は，世界化・情報化時代を主導し，国際競争を勝ちぬく人材の養成を主題としたものであり，グローバル化に対応するための教育改革の発端となるものでした。

　外国語教育は，グローバル化のための核心的課題とされ，韓国では 1997 年に小学 3 年生から英語教育が開始されました。小学校の

英語正規教科化は，幼稚園での英語教育などの早期英語教育熱を呼び起こし，英語塾や子どもの海外語学研修などの英語の私教育市場の膨張をもたらしました。韓国における英語早期教育は，「世界化」が国家政策となってからいっそう強化され過熱していきました。英語学習塾競争が過熱するにとどまらず，たとえば，主要都市には小学生らを対象とした「英語村」が建設されてブームにもなりました。英語村は，韓国にいながら自然に英語体験ができるテーマパーク風の施設で，とても人気があります。

英語過熱をさらに加速化させたのが，1997 年の経済危機です。IMF 管理体制のもとで新自由主義改革が進むなか，韓国はグローバルな競争力が要求される社会へと急変し，国境なき競争にさらされる時代が到来したといわれました。韓国の人々は経済危機を経験したことにより，時代の変化を，すなわち自分たちがグローバル経済時代のただ中を生きていかなければならないことを，強く意識するようになったのです。

韓国企業は海外市場への依存度が高く，1990 年代にサムスンや LG などの大企業は，就職試験などの英語試験を TOEIC に変更しました。就職や昇進などすべての試験に英語が必須となったのです。このことは，親たちに子どもをグローバル化時代に対応できるように教育しなければならないという切迫感を与え，英語教育熱を高めていきました。英語ができないと大企業に就職できない，大企業に就職できないと安定した生活が望めないなど，この時代を生き抜いていくため，英語教育の必要性がより大きく叫ばれるようになったのでした。

現在の日本において，「英語教育は必要か」と子どもを持つ親たちに問えば，その答えは要・不要両論あるかもしれません。一方，

韓国では親全員が口をそろえて「これから先は，英語が基本」と答えるでしょう。韓国における英語教育は「必要」を超え，「選択肢のない，必須不可欠」といっても過言ではありません。

### 海外早期留学と「キロギ・アッパ」

ある調査によると，韓国の高校生の8割以上が海外留学を希望しているようです。韓国には，子どもの教育のために，親が多大な犠牲を払うことや転居，家族別居もいとわないという考え方が存在しており，教育環境のより良い学区へ子どもたちを送り込む動きがみられます。そして，より良い教育環境を求める人の移動は，海外にも及んでいるのです。韓国ではなぜ，これほど多くの人たちが海外留学に関心を持ち，また大学より前の段階で子どもに早期留学をさせるのでしょうか。

海外留学に対する社会的関心が高い理由には，朝鮮戦争以降，韓国社会でアメリカが圧倒的な存在感を持つようになり，アメリカ留学経験者のサクセス・ストーリーが若者を留学に駆り立てる影響力を持っていたこと，また韓国企業が就職や昇進のさいに社員に高い英語力を求めていることなどがあります。

とくに 2000 年代に入ってからは，グローバル競争を生き抜いていくため英語の実力がより重要視され，学校教育においても小学1年生から英語が必修となりました。この影響で英語圏への早期留学が急増し，「教育移民」「キロギ・アッパ」という流行語まで登場しました。「教育移民」とは，留学をさせるために，アメリカやカナダなどの英語圏の国に数年間移住することを指します。「キロギ・アッパ」とは，「雁（キロギ）」と「パパ（アッパ）」の造語で，教育移民を目的に，海外に住む母親と子どもに韓国から仕送りをする「一人暮らしの父親（雁の父）」という意味です。子どものために懸命に働き，海を越え

て家族に会いに行く姿が，家族を大切にする渡り鳥の雁を想起させることから，このように呼ばれています。

このように，英語教育のために子どもを外国に住まわせ，外国の学校に通わせることを目的とした早期留学ですが，中高生だけでなく小学生にまで急速に広がっています。英語早期留学は，多額の経済的負担をはじめ，留学先および帰国後の学校での子どもの適応問題，キロギ・アッパの孤独と剥奪感による自殺や離婚に代表される家族問題など，大きなリスクがともなうことで社会問題になり，早期留学する小学生数は頭打ちとなりました。

早期留学生数の増減は，韓国の経済や社会状況に直接的な影響を受けています。2000年頃から06年にかけて急増しましたが，2007年以降は減少傾向に転じました。その理由はいくつか考えられます。第1に，08年の世界的な金融危機が引き起こした経済的事情による留学の断念や，子どもと離れて暮らすことのデメリットが話題になるなど，早期留学に否定的な意見が出てきたことが影響しています。第2に，政府が主導する英語都市の計画により，安価で質の高い英語教育が提供されることへの期待から留学が見合わせられる場合もありました。第3に，国内で幼児英語教育が定着したことがあげられます。英語の習熟についていえば，韓国国内の幼稚園で英語教育を行っても，早期留学と効果はさほど変わらないという認識が広がっています。

早期留学は，かつて一部の富裕層や海外駐在員の子女だけに限られていましたが，経済が成長して人々の生活が豊かになるにつれて中間層あるいは庶民層にまで拡大しているのが現状です。留学先として最も人気があるのはアメリカですが，近年では経済的な理由から東南アジアへの留学ブームが起き，フィリピンはいまやアメリカ

に次ぐ留学先として人気が高いです。グローバル化への対応の必要が声高に叫ばれるようになった今日，グローバル化時代を生きる子どもの人生をより良いものにしようとする，韓国の親たちの戦いはこれからも続くでしょう。

## 4　若者と就職難

大学生の就職活動　　　韓国では，どの大学を卒業するかによって「人生が決まる」といわれており，大学進学率は先にも述べたとおり OECD のなかでも最高水準の 70% 台という超高学歴社会です。しかしながら，大学を卒業しても半数の人が就職できない現実は，超が付くほどの就職氷河期とでもいうべき厳しいものです。雇用不安は，生活の不安定な要因となり，学生時代にさらなる競争心を植えつけることになります。

日本でも就職は若者の最大の関心事になっていますが，韓国の大学生の就職は日本に比べても大変厳しく，大学に進学しても競争は終わりません。次に待ち受けるのは，大企業や公務員への就職をめぐる熾烈な就職競争です。就職活動でより有利な立場になるために，在学中に単位や就職キャリアを積むことになりますが，書類選考で重要視される学業成績は最低限の就職スペックだそうです。

「スペック（SPEC）」とは，specification（詳記，明細）の略語で，就職のために準備しなければならない自分の能力を証明できる大学の成績や TOEIC の点数，インターンシップの経験，各種資格，海外留学などです。就職に必要なスペックを得るために休学したり，より差別化したスペックを獲得するために大学院に進学する若者ま

で含めると，韓国の20代の若者の大半が3，4年以上の就職準備期間を送っているといえます。

そもそも，こうした就職浪人ともいえる就職準備期間は，なぜ生じるのでしょうか。原因は多層的といえますが，1997年の経済危機以降，企業が正社員の新規採用を削減し非正規職採用が拡大したこと，若者の能力や期待と韓国の産業構造がミスマッチを起こしていることなどが主な要因としてあげられます。安定した職はごくわずかであり，結果，大学入試のように就職競争が激化しています。

さらに，スペック競争が繰り広げられ，スペックのインフレーションが生じざるをえない悪循環に陥っています。大学から職業への移行がスムーズにいかず，就職準備期間はより長期化し，出口の見えない競争に駆り立てられる若者の現状はかなり過酷です。就職のための費用が高すぎて，就職活動が長引けば長引くほど多くの投資が必要になり，より長く投資できる人だけが生き残る構造になっています。こうした構造では，親の支援を受けられない低所得層の学生は不利な立場におかれます。

苦労して大学を出ても厳しい現実が待っています。韓国は主要財閥10グループの総売上高がGDPの約75%を占めていますが，全求人のうち財閥系企業が占める割合は1%にすぎません。ある程度の企業に就職しようとすれば，TOEIC 800点以上は最低条件，大手企業ともなれば900点以上が必要です。入社試験の倍率は，サムスン電子では700倍を超えるといわれています。

現在，大卒者の労働市場は供給過剰の状態にあり，さらに大卒者が就職を希望する企業や職種，そして地域に偏りがあるためミスマッチが生じています。4年制大学を卒業しても働き口が見つからない求職者があふれていますが，企業は使える人材がいないといいま

す。就活中の学生はスペックを積むことが就職に有利と考えています
が，実際に企業が求める人材は華麗なスペック（specification）よ
り，誠実性（sincerity）や専門性（professionalism），実務能力（executive ability），創意性（creativity）の頭文字をとったスペック（SPEC）
を重視しており，教育と労働市場との間に「人材のミスマッチ」現
象が生じています。

### 将来に絶望する若者たち

3放世代（恋愛・結婚・出産を放棄した韓国の若者），さとり世代（金儲けや出世に関心のない日本の若者），ミレニアム世代（1980〜2000年代に生まれ，世界金融危機を幼児期に体験したアメリカの若者）など，いまを生きる若者たちに付けられた名称はそれぞれ異なりますが，これらには共通点があります。「この先，良くなる希望がない」ということです。その最大の理由として，2008年の世界金融危機以降，世界経済が本格的な低成長時代に入ったことがあげられますが，労働市場の変化に加えて人口構成の変化も主な原因といえます。

　韓国においても，若者を取り巻く環境はますます厳しくなっています。世界一厳しいといわれる受験戦争を終え，大学に進学しても希望の仕事を見つけることが難しく，多くの若者が失業状態におかれていたり，パートやアルバイトなどの非正規労働者として社会に足を踏み出します。韓国統計庁によると，2000年以降15〜64歳の失業率は3%前後ですが，若年層（15〜29歳）の失業率は10%水準で，実質失業率に該当する体感失業率は20%を超えています。大卒に占める非正規労働者の割合は2人に1人と高い数値を示しており，雇用問題は若者たちに大きなストレスをかけ，就職に成功できなかった人たちには大きな喪失感を与えています。

韓国では就職氷河期が始まった2010年頃から，恋愛・結婚・出産を放棄する若者を「3放世代」と呼んでいましたが，近年はさらに就職やマイホームだけでなく，人間関係や夢さえも望みが持てない「7放世代」を超えて，健康や外見など人生のすべてを放棄した「N放世代」という呼称まで登場しました。2015年頃からは人間としての希望を失い，将来に対する不安と韓国社会に対する不満から，地獄のような韓国という意味の新造語「ヘル（hell）朝鮮」という言葉も生まれました。また，「土のスプーン（生まれながらの貧富の差を意味）」など，若年層に存在する格差への認識からは新階級論的な言説も生み出されています。富裕層の子どもを意味する「金のスプーン」に対比される言葉で，自分が財産のない庶民層に生まれたことを自嘲する表現です。

　ハンギョレ経済社会研究院の，19〜34歳の若年層1500人を対象にした「青年意識調査（2015年）」では，社会的な成功において「自分の努力よりも，親の経済的地位が重要だ」と答えた人は7割を超えました。同年に発表された東国大学の金洛年（キムナクニョン）教授の論文「韓国における富と相続」によると，個人の財産に占める親からの相続（贈与を含む）の割合は，1980年代の27％から2000年代には42％へ増加しており，本人の努力や能力より親から受け継いだ資産や不動産によって，財産の規模が決定されることが明らかになりました。相続による富の格差がますます拡大している韓国では，本人が努力しても現状を打破できず，放棄・絶望・リセットという言葉が，今日を生きる若者のキーワードとなっています。

　また，同調査からは「韓国社会では一度失敗したら，再び立ち上がれない（65％）」，「韓国社会は努力に応じた公平な対価が支払われていない（86％）」という認識が，若年層に蔓延していることが

わかります。過剰な教育熱とそれにともなう私教育費の増加，大学進学率の上昇と就職浪人など，家族のライフスタイルをも巻き込む韓国の教育と就職事情。格差社会といわれて久しいですが，経済格差が教育格差に，教育格差がまた経済格差にという悪循環をどう断ち切るかが大きな課題となっています。

**教育と労働市場の不一致**　大学進学率が 70% を超え，いわゆる「全入時代」にある韓国の高等教育ですが，過剰な高学歴化のため，大卒者の半数が就職できないという事態が起こっています。かつて経済発展を支え，いまもその潜在的可能性を有している優秀な人材が，無為に過ごすことを強いられているのです。一方，「3K（きつい，汚い，危険）」といわれている職種では労働力が不足し，外国人労働力に頼らざるをえないなど，韓国の労働市場はミスマッチを引き起こしています。

2010 年以降，韓国における大卒者の就職率は 50% 台にとどまっており，多くの若者が社会に出る段階から「就職落伍者」として出発することになります。就職を希望する若者は就職がなかなか決まらないと焦ってしまい，希望や専攻とはまったく関係のない職に就く，あるいは非正規職として労働市場に参加するケースも少なくありません。若年層の失業や非正規職の問題は教育におけるさらなる激しい競争を生み，就職競争を激化させています。

このように，韓国の若者の未来を暗くする最も大きな要因のひとつは，労働市場の後進性です。労働市場の後進性は，生産性低下による企業の競争力の弱体化，正規職に対する過保護による労働市場の二極化につながります。とくに，全労働者のうち約 10% を占める大企業の正規職労働組合を中心とした現行の労働体系が，正規職

と非正規職，大企業労働者と中小企業労働者との格差を広げている
といわれています。韓国では，大企業を目指す若者が多くいますが，
それは大企業と中小企業ではかなりの賃金格差があるからです。
「大企業で労組がある正規職」と「中小企業で労組がない非正規職」
では賃金だけではなく，福利厚生などの面においても格差がみられ
ます。中小企業の賃金は大企業の約半分，非正規の賃金は正規の約
半分にすぎず，ますます深刻化しています。

そしてもうひとつは，韓国の古い企業・組織文化です。希望する
会社に正社員として就職したものの，10人に4人が入社後1年以
内に離職しています。企業の人事担当者は，若者の根性や忍耐力の
不足にその原因を求めていますが，若者たちは，上司が絶対的な存
在で，不条理な仕事を強要され，屈辱を経験するパワハラ文化を原
因として指摘しています。さらに，コスト削減による長時間労働，
度重なる残業による肉体的な限界を経験し，社員同士の競争を誘導
する過度な成果主義なども，その要因と考えられています。

しかしながら，このような若年失業問題や労働環境の厳しさは韓
国だけではなく，グローバルな規模で直面している危機であり，新
自由主義政策による産業構造，世代間格差，階級格差と関連してい
ます。そのような状況のなか，韓国では最近，社会的弱者に社会サ
ービスまたは雇用を提供し，地域住民の生活の質を高めるなどの目
的を追求する「社会的企業」で働くという，新しいライフスタイル
を模索する若者が注目されています。既存の限られたパイを奪い合
うような競争をするよりは，福祉や環境分野で自分たちで新しい仕
事を作ろうという取り組みですが，こういう新しい動きも徐々に出
てきています。

また，海外就職に乗り出す若者も増えています。韓国人の若者は

海外留学の経験が多く，近年の新しい動向として，就職難が続く韓国から抜け出して海外で就職しようというケースが急増しており，日本は韓国の若者が最も多く就職する国となっています。グローバル時代を生きる韓国の若者にとって，日本における就職活動はまさに現実的なグローバル戦略ともいえるのです。

## 参 考 文 献

石坂浩一・福島みのり編『現代韓国を知るための 60 章〔第 2 版〕』（明石書店，2014 年）

岩渕秀樹『韓国のグローバル人材育成力——超競争社会の真実』（講談社現代新書，2013 年）

禹哲熊・朴権一（金友子ほか訳）『韓国ワーキングプア 88 万ウォン世代——絶対の時代に向けた希望の経済学』（明石書店，2009 年）

梅田博之監修・松原孝俊編『ハンドブック韓国入門——ことばと文化〔第 2 版〕』（東方書店，2002 年）

小倉紀蔵編『現代韓国を学ぶ』（有斐閣選書，2012 年）

金明中「若者たちの悲鳴——韓国における教育事情と若者雇用を取り巻く現状と対策」（ニッセイ基礎研究所レポート，2014 年）

小林和美『早期留学の社会学——国境を越える韓国の子どもたち』（昭和堂，2017 年）

シンシアリー・室谷克実・宝島取材班『韓国の下流社会——貧困で絶望する若者たち』（宝島社，2016 年）

舘野哲編『韓国の暮らしと文化を知るための 70 章』（明石書店，2012 年）

鶴田義男『躍進する韓国教育の諸問題』（幻冬舎，2017 年）

長島万里子「韓国の留学生受入れ・送り出し政策」『日韓大学国際化と留学生政策の展開』（私学高等教育研究所，2014 年）

湯藤俊吾『危機に瀕する韓国教育——重圧に耐えられない生徒』（東京図書出版，2015 年）

第 IV 部

文　化

# 第 10 章

# 再考される伝統

平昌冬季五輪の公式マスコット

　白虎のスホラン（左）とツキノワグマのバンダビ（右）は，伝統的に愛されてきた動物をモチーフにしたもの。それぞれ「守護者」「忍耐・勇気」といった象徴的な意味がある。

（金浦空港にて著者撮影）

# 1　建国神話と陰陽五行

**檀　君**　2018 年に韓国で開催された平昌冬季五輪の公式マスコットキャラクターは，ある動物でした。熊と虎です。1988 年のソウル五輪のさいにも，熊と虎は大会マスコットとして大活躍しました。普段でも韓国のおみやげ屋では，伝統服を着た熊と虎の人形をよくセットで陳列しています。なぜ熊と虎なのでしょう。韓国の建国神話を読み解くと，その理由がわかります。

　神話の世界で古朝鮮は檀君（タングン）が建国したことになっています。檀君の誕生は，天帝である桓因（ファニン）の子の桓雄（ファヌン）が神木の下に降臨したところから始まります。桓雄は，人間になりたいと洞穴で祈願している熊と虎に対し，ヨモギとニンニクを食べて 100 日間太陽の光を避けてこもるように告げました。虎は耐えられずに途中で断念しましたが，熊は 21 日目に女の姿「熊女（ウンニョ）」となることに成功しました。熊女は神木の下で今度は子を身ごもりたいと祈り，桓雄との間に子どもが生まれました。この子が檀君王倹（ワンゴム）で，古朝鮮を建国し 1500 年の長きにわたり国を統治したと伝えられています。

　この神話は，朝鮮民族は天帝の子の子孫であるとして自尊心を高め，始祖を同じくする単一民族であるという意識を強化するために，韓国の歴史教科書に記述されてきました。北朝鮮でも始祖は古朝鮮の最初の王である檀君と，同じように教えられています。

　壇君が古朝鮮を建国するときに開花したのが，朝鮮半島に古くから自生する無窮花（ムグンファ）（木槿（むくげ））の花と伝えられています。無窮花には

「尽きることがない」という意味があり，ひとつひとつの花は1日でしおれてしまいますが，次から次に新しい花が咲き続ける生命力に溢れています。また，繁殖力が強い花であることから，朝鮮民族や子孫の繁栄を象徴する花として愛でられています。議員バッジや勲章には木槿のデザインが用いられ，最高位の勲章は「無窮花大勲章」といいます。現在は星に変更されたホテルの等級表示も，少し前まで無窮花の数で表していました。

檀君の父親は天帝の子ですが，母親はもともと熊ですから，韓国人は熊の子孫ということにもなります。平昌五輪の開会式では，セレモニーが最高潮に達すると真っ白なチマ・チョゴリを着た優美な女性が舞い降り，満面の笑みで観衆に手を振りました。この女性が「熊女」です。熊は忍耐や勇気，豊穣を象徴する動物とされています。

一方，人間になりそこねた虎は，山の神の使いで邪鬼から守ってくれる守護動物として多くの絵画や民画に描かれてきました。子ども向けの昔話に登場する動物は，圧倒的に虎が多く「むかしむかし，虎がタバコを吸っていた頃」と始まるのが昔話の定番となっているほどです。

神話に出てきたヨモギとニンニクは，古来，身近な食材であったことがわかります。ヨモギは霊験や呪術的な力を持ち，邪気を払い寿命を延ばすとして，祝いごとの餅に用いられてきました。ニンニクは熊を人間に変えるほどの力を持つ強壮剤であり，その強い匂いが厄除けに効くとされました。

陰陽五行　　　　　　　　陰陽（ウムヤン）は2つの対となる物事を示し，正反対のものが結びつく宇宙の調和を表します。たとえば，月と太陽，闇と光，夜と昼，女と男，偶数

と奇数，裏と表が，いずれも陰陽の組み合わせです。陰と陽は相反する性質ですが，互いがあって存在するものです。裏がなければ表がないように，どちらかがなければ，もう一方は成り立ちません。

この陰陽思想と結びついたのが五行です。五行とは，木，火，土，金，水の五つの要素が循環することで自然界が構成されているというものです。行は循環を意味します。自然界に存在するあらゆるものを5つに分類し，この5つが相互作用で循環すると考えられています。木は燃えて火を生じさせ，燃え尽きた灰は土の養分となります。土中から金属が産出され，金属は表面に水を生じさせ，水を吸った木が生長するという関係性で，相性が良いとされる「相生」と呼ばれます。一方，相性が悪いとされる「相克」とは，相手の要素を抑え弱めさせることを意味します。木は土から養分を吸い取り，土は水をせきとめ，水は火を消し，火は金属を溶かし，金属は木を切り落とすという関係性です。

口から体内に入る食べ物は，五行に基づいた五方色の食材を使用するのが理想とされます。五方色とは，青（葉物の野菜や山菜），赤（ナツメ，ニンジン，赤唐辛子など），黄（カボチャ，トウモロコシなど），白（ダイコン，トラジ〔キキョウ〕など），黒（キクラゲ，シイタケ，ナスなど）の五つの色を指します。ビビンバなどの韓国料理をみると，配色が五方色に彩られていることがわかるはずです。味付けも然りで，酸味，苦味，甘味，辛味，塩味の調和を図ることで心身の健康を保ちます。「薬食同源」の思想から，食べ物は栄養を補うだけではなく，身体や心の病を治療する薬であるとみなされています。

そのほかにも，韓国の王宮や寺院の天井や軒下，柱などには，五方色を用いた色鮮やかな文様が装飾されています。前述の平昌五輪

の開会式にメインキャストとして登場した5人の子どもたちは，それぞれ青，赤，黄，白，黒の上着を着て登場しましたが，こちらも木，火，土，金，水の五行をそれぞれ象徴する五方色です。

## 2　通過儀礼

誕生，入学

人間はこの世に誕生してから亡くなるまで，人生の節目を迎えるたびに行われる通過儀礼を経て成長していきます。この節では，現代の韓国人が経験するであろう通過儀礼を，「サラン」という名前の女性の一生に当てはめ，たどってみましょう。

「サラン」という名前は，漢字を使わないハングル名（「愛」という意味）です。サランのお母さんは，四柱推命にこだわり，最強の運勢を持って生まれるという日と時刻を占ってもらい，その日時どおりにサランを帝王切開で出産しました。いまでも韓国にはこういう人がいます。サランが生まれる前からお母さんは，懐妊，出産，養育を司る家神「三神ハルモニ（おばあさん）」に，供え物と祈りを捧げることを欠かしませんでした。

無事に出産を終えたお母さんは，毎日食事のたびにワカメスープを大量に飲みました。ワカメスープは，母乳の出をよくするうえ，体内の血を浄化する効果があるといわれているからです。母乳は血液から作られるため，ワカメスープは良質な母乳のために欠かせません。姑からは出産祝いとして，大量のワカメが贈られてきました。韓国で誕生日に必ずワカメスープを飲むのは，この世に産んでくれたお母さんに感謝するという意味が込められています。

サランが生後百日を迎えると，親族が集まり祝宴を開きました。そのさいに欠かせないのはうるち米の粉で作った「ペッソルギ」という真っ白な蒸し餅です。白は純潔の象徴で神聖さを表すので，サランのこれから始まる人生の門出にはふさわしい色です。

　年齢の数え方には「満年齢」と「数え年」がありますが，韓国では数え年が一般的なので，生まれた瞬間にサランは1歳となります。初めての誕生日を迎えると，もう2歳です。2歳の誕生日を「トル」といいます。トルのお祝いは特別です。かつては乳児死亡率が高かったためで，伝統的に健やかな成長を願って盛大な祝宴が催されてきました。こうした百日目と数え年で2歳の誕生日に行われる誕生祝いには，子どもが無事育ったことへの感謝と「この先も健康で長生きできるように」という親の切なる願いが込められています。

　近年はホテルやレストラン，式場などで，親類縁者だけでなく，職場の同僚や友人らを招いて，「トルチャンチ」と呼ばれる祝宴が開かれます。この時サランは，青，赤，黄など五色の縞々模様の袖がついた韓服を初めて着ました。この色は無病息災や厄除けの意味があるのです。子どもの前にいろいろな物を置き，何をつかむかによって子どもの将来を占う恒例の「トルチャビ」では，サランはおもちゃの聴診器を手に取り，お母さんを感激させました。

　満7歳になったサランは，小学生になります。サランの通う学校は児童数が多く，入学式は3月3日に校庭で立ったまま行われました。日本のように入学式用の服やランドセルといった特定のカバンを用意することはありません。サランも普段着に厚手のダウンコートを着込んでいったおかげで，寒い思いをしなくて済みました。

　さて，月日は十余年ほど流れ，高校を卒業したサランは「専門大学」と呼ばれる2年制の短期高等教育機関に進学します。4年制大

学を出ても就職できない人があまりに多いので，実践的な職業教育を行う専門大学で技能を身につけたほうがいいと考えたからでした。2009年以降，大学進学率は，女性が男性を上回るようになり，18年の大学進学率は69.7%で，男性の65.9%に対し女性は73.8%でした。進学者のうち4年制大学に進学するのは3/4ほどで，残りの割合，つまり4人に1人はサランのように2〜3年制の専門大学に進学しています。

　このときサランは満19歳になっていました。韓国の法律ではもう成人です。韓国では成人の通過儀礼として，日本のように各地で催される大きな式典はないので，「成人の日」となっている5月の第3月曜日も特段の感慨もなく，友達と映画を見に行きました。卒業した高校や公民館などでささやかな式が行われることはありますが，成人の節目に日本の振袖のようにチマ・チョゴリを着て写真を撮るといった習慣はそもそもありません。

　2年後，専門大学の卒業式が2月下旬に行われましたが，サランは就職先が決まっていませんでした。他の同級生も同様でした。幸いサランには，男子学生には義務となっている兵役という通過儀礼がなかったので，時間だけはありました。もっと勉強して技能（スペック）を身につけなければと思ったサランは，日本に行けば韓国よりも簡単に就職できると聞き，夜はコンビニでアルバイトをし，昼は日本語学校に通い始めました。昼間の時間帯，学校はサランのような20代の若者であふれかえっていました。そこで知り合った男性と，サランは付き合いはじめました。卒業から1年半が経ち，サランはようやく日本人客の多い市内の観光ホテルに契約職で採用され，社会人として働き始めました。

結婚，親との別れ　　　韓国では日本以上に晩婚化傾向にあり，2018年では女性の平均初婚年齢は30.4歳となっています。最近の韓国では，結婚はあくまで個人の選択の問題であり，女性にばかり犠牲を強いるような結婚はしたくないという女性が増えています。結婚はしても子どもができたら仕事を続けられないから産まない，という人も少なくありません（この節は通過儀礼の説明を目的としているため，サランは結婚すると仮定しています）。

　結婚前に行う「函」の儀式のため，友人たちがサランの家に集まりました。ハムとは，新郎の家が新婦とその家族への贈り物を入れた箱のことです。ハムは新郎の友人が担いで行きます。新婦の家に到着するまでに，スルメに穴をあけて作ったお面を付けた担ぎ手は，大声で「ハムを買ってください」と叫び，ハムを届けに来たことを知らせます。担ぎ手が途中で座り込むと，新婦の親族が道にお金を置いて誘導したり，新婦の女友達が酒を注いで手招きしたりして，家の中まで連れてきます。新婦の家では担ぎ手をはじめ新郎の友人をもてなすために，ごちそうを準備して迎えます。

　サランはこの日，薄い桃色と黄緑色のチマ・チョゴリを着ました。韓服を着るのはトル以来，2回目です。友人たちに促されて，届けられたハムをサランが開けると，なかには婚姻の礼状（婚書紙）のほかに，宝飾品や化粧品，ハンドバッグが入っていました。「これは高そうね」とお母さんは満足そうに微笑みました。

　結婚式は式場やホテルで挙げるのが一般的ですが，サランも新郎もクリスチャンだったので姑の通うプロテスタント教会で式を挙げました。挙式後は伝統的な婚礼衣装に着替えて「幣帛」を行いました。幣帛とは，新郎の両親や親族に新郎新婦が挨拶をする儀式のこ

とです。栗やナツメ，乾物などがお膳に盛られ，お膳を挟んで座り合った親族に新郎新婦が挨拶の礼をします。その後，新郎新婦は白い大きな布を広げて持ち，親族はお膳越しに栗やナツメを投げ，それを落とさないように2人でしっかりと受け止めます。最近では，栗は娘，ナツメは息子を意味すると説明されていますが，元来は「富貴多男」，つまり息子をたくさん産み豊かに暮らすことを祈願するものでした。次に新郎新婦がお酒を注ぎ合って飲み干し，新婦が口にくわえたナツメを2人でかじり合って食べます。「今後一生面倒を見ます」という意味として，新郎は新婦を背中におんぶして部屋を1周し，儀式は終わります。

新郎に背負われながらサランは，なぜ新婦である自分の両親や親族は幣帛の場に入れないのか，と納得できない気持ちでした。また，教育費がかかるので，今は子どもを産んだとしてもせいぜい1人，それも息子よりも老後に話し相手となり，世話もしてくれる娘を欲しがる女親のほうがはるかに多いのに，あんなにたくさんのナツメを投げられても，と溜息が出ました。それでも，おめでたい日なので笑顔でやり過ごしました。

2018年の韓国の合計特殊出生率は0.98と，日本（1.42）以上に低く，少子化が急速に進んでいます。非婚者の増加と子どもを生み育てにくい社会であることがその要因ですが，ここでは，サランは娘を産んだことにして話を続けます。

産休に入る前に，サランは夜勤の多いホテルの仕事は辞めました。2013年から韓国では，所得水準に関係なく0〜5歳児の保育費は無償となっています。サランは生後3カ月の娘を保育園に預けて，小さな貿易会社で事務の仕事を始めました。

月日は流れ，両親が鬼籍に入りました。以前は土葬が基本でした

が，土地不足や山に散在する墓地が引き起こす森林破壊が問題視され，1990年代以降，土葬ではなく火葬を奨励する政策がとられるようになりました。その結果，91年に17.8%にすぎなかった火葬率は，2015年以降は8割を維持しています。

　日本のお盆にあたる秋夕（チュソク）には婚家の墓参りに行かなければならないので，サランは別の日に実家の先祖代々の墓がある山に登り，子孫繁栄の意味が込められたナツメ，果物，酒などを供えてお参りしました。墓地は，家系図のように祖先を上にして世代が下がるにつれ順々に下の方に埋葬していくので，もう場所がなくなりつつありました。サランは，自分は土盛りの墓でなく手軽に墓参りに来てもらえる市内の納骨堂のほうがいいかな，いや樹木葬のほうが自然でいいな，とつぶやきながら帰宅しました。樹木葬とは，墓石の代わりに樹木を墓標にして遺骨を埋葬するものです。2007年の「葬事等に関する法律」の改正後，墓地として認許された場所に樹木や芝生を植え，その下に遺骨を埋葬する自然葬が徐々に増えました。16年の調査によると，火葬後の遺骨の埋葬場所として納骨堂は74.5%，自然葬は23.7%となっています（『時事ジャーナル』2016年9月25日号）。

**還暦，葬礼**　　　還暦のことを韓国語では「還甲（ファンガプ）」または「回甲（フェガプ）」といいます。孝行の気持ちを表すために，栗やナツメ，乾果や果物，餅などを高々と積み上げ「囍」「壽」などの文字で飾ったものを祝膳に並べ，親族が集まり盛大な祝宴が催されます。

　生まれた年と同じ干支の年がきて，5回目の年女になったサランは還暦を迎えました。1970年に61.9歳だった韓国人の平均寿命はいまや82歳で，男性は79.5歳，女性は85.6歳に延びています

（WHO『世界保健統計』2018 年）。とくに女性の平均寿命は日本，フランス，スペインに次ぎ世界 4 位です。「まだまだ先は長いから特別な還暦祝いはしなくていい」とサランは娘に言いました。娘は「還暦の記念に旅行にでも」とお金をくれました。社会保障制度が充実していない韓国では，「鳥の足の血（「雀の涙」の意）」程度の年金しか支給されません。これではとても生活できないので，娘にもらったお金は大事にとっておきました。OECD（経済協力開発機構）によると，韓国の 65〜69 歳の就業率（2015 年）は 30.6% と OECD 平均の 13.8% と比べて 2 倍超で，OECD 加盟国 25 カ国中 2 番目に高い水準です。75 歳以上については加盟国で最も高い 19.2% が働いています。一方，高齢者全体の貧困率は 63.3% で，こちらも OECD 加盟国中トップです。生きるためには 1 日でも長く働き稼がなければと思いながら，今日もサランはマンション清掃員のパートに出かけました。

　さらに月日は流れ，友人や知人のお葬式に行くことが増えてきました。今日もサランは総合病院の地階にある葬儀場にやってきました。葬儀は病院内に付設された葬儀場などで，3 日間にわたり行われます（三日葬〔サミルジャン〕）。入り口には「賻儀〔ブウィ〕」と書かれた香典袋用の封筒が置いてあり，お札を何枚か入れて渡しました。そして，遺影が置かれた祭壇に向かって正面に立ち，手をついて床に頭をつけるお辞儀を 2 回繰り返し，最後に立ちあがって一礼しました。次に，横に立っている遺族に向かって再び手をついて床に頭をつけるお辞儀を 1 回し，立ちあがって一礼して一言挨拶を交わしました。

　齢をとるとお辞儀するのも腰が痛くてたまらない，と思いながら，別室で弔問客にふるまわれる「ユッケジャン」などの食事や酒をいただいて帰りました。帰り際，3 日 3 晩葬儀場に待機し，24 時間

体制で弔問客を迎える喪主や故人の家族の疲れ果てた顔を，ふと思い出しました。遺族は葬儀が終わった 3 日後に，墓の前に供え物を並べ祭祀をします。その後も，秋夕や故人の命日には，息子や男性の親族が祭祀を主催します。

　サランに兄弟はなく，経済的理由から子どもは娘 1 人しか産みませんでした。自分が死んだ後，祭祀をするような息子はいません。2000 年代初頭までは息子欲しさに，お腹の子が娘とわかると中絶する人が大勢いました。そのため，1980 年代半ばから男女比のバランスが崩れるようになり，90 年代には出生時の性比のアンバランスがピークとなり，第 3 子や第 4 子にいたっては，女児 100 人に対して男児が 202〜224 人に上りました（1993 年）。

　息子に執着せざるをえなかったのは，老後の不安以外に，祭祀への執着が大きかったのだろうな，とサランは思いました。時代は変わり，今は娘が祭祀をする家もあります。プロテスタント信徒のなかには，祖先に対する祭祀はキリスト教が禁じる偶像崇拝になるとして執り行わない人も多く，サランは祭祀にこだわりはありません。

　数年後，サランはこの世を去りました。娘はサランの希望どおり，葬儀後に火葬し樹木葬にしてあげました。

# 3　食 文 化

**食 事 作 法**　　同じ用途で使われる道具でも，文化や風土によってその形状は異なります。たとえば，食事に使う箸です。形や色，材質，置く位置や向きなども，それぞれの文化で違いがみられます。日本の箸は主に木製

で，使い手に合わせて長さや色は多様です。また，魚などが食べやすいように先が尖っています。一方，韓国の箸はステンレスか銀製で細く平たい重さのあるもので，先もさほど尖ってはいません。日本の箸は家族がどれを使うか，それぞれ決まっていたり，男性や女性で長さや色が違ったりしますが，韓国の箸はそうした使い分けはしないため，長さや大きさに違いはありません。箸を食膳に置くときは，スプーンの右側に先端を自分とは逆に向けて縦に置きます。おかずは箸で，汁物とご飯は必ずスプーンで食べます。箸とスプーンを同時に使うことはマナーに反するので，この2つを交互に持ち替えながら食べるのはなかなか気ぜわしいものです。

　日本では，箸の使い方で禁忌となっているものがたくさんあります。たとえば，迷い箸，そら箸，寄せ箸，刺し箸，直箸，ねぶり箸，指差し箸などは無作法であると子どもの時から教えられます。とりわけ，お皿の上で2人一緒に料理を挟む二人箸や，箸と箸で食べ物のやりとりをする箸渡しは，火葬後の骨を拾う動作を連想させることから縁起が悪いと忌み嫌われます。これに対し，韓国では直箸も二人箸，箸渡しもとくにマナー違反とされてはいないので，韓国人との食事の場で戸惑う日本人は少なくありません。

　一方，韓国では，お椀を持って食べることは禁忌とされています。朝鮮時代，貴族にあたる両班階級は汁物とご飯の器として保温効果の高い真鍮器を使用していました。韓国の食堂でも基本的にご飯は保温のためにステンレスなどの容器に入って出てくるので，そもそも熱くて持って食べることはできません。汁物は右側に，ご飯は左側に置くのは日本と同じです。

　韓国では年長者を敬うなど日本以上に儒教の影響が強く残っています。食事のマナーも同様です。年長者が食べ始めるまで箸に手を

つけてはいけないのは日本も同じですが，目上の人とお酒を飲むときのマナーは大きく異なります。韓国ではお酒を飲む場合，自分のグラスを年長者よりも少し下げて乾杯し，飲む時は相手の視線を避けて横を向き，片手で口元を隠しながら飲みます。また，酒を注いでもらうときは右手でグラスを持ち，左手はひじまたは手首のあたりに添えます。片手で受けることはタブーです。自分が酒を注ぐときだけでなく，何か物を手渡しするときも同様です。目上の人に対して片手でのやりとりは禁忌です。韓国のドラマは食事のシーンが多いですが，そのときの手の動作に着目すると上下関係がすぐわかります。目上の人を敬いながら飲み食いするということが大事なのです。

　少し前の韓国では，ひとりでごはんを食べていると，一緒に食べる人がいない可哀そうな人という目で見られていました。非婚・未婚率の上昇や一人世帯の急増，若者の意識の変化などにより個食する「ホンパプ（一人飯）」が多くなったため，ひとりでも気軽に入れる飲食店が増えています。日本のマンガでテレビドラマ化もされた『孤独のグルメ』は，韓国でもたいへん人気がありますが，それも「ホンパプ」への抵抗感が薄れたことの証左でしょう。

　　　キ　ム　チ　　　　　韓国では，きめ細かい美しい肌が美の基準としてとりわけ重視されています。美肌の維持に一役買っているのは，食物繊維やビタミンB群が豊富に含まれる発酵食品であるキムチです。キムチづくりに欠かせないものは，オキアミです。発酵には動物性蛋白質が必要で，甲殻類のオキアミを入れることにより，腸内の善玉菌を増やす乳酸菌が爆発的に増えます。冬場に新鮮な野菜が手に入らなかった時代，ビタミン，食物繊維，乳酸菌と3拍子そろったキムチは冬の食生

活を支える貴重な栄養源でした。

　唐辛子はキムチづくりに必ずしも必要というわけではありません。唐辛子入りの赤いキムチが普及するようになったのは18世紀からといわれています。キムチはその地方の気候に合った漬け方をするため，地域によって色が違うことがあります。気温の高い朝鮮半島南部になるほど防腐作用のある唐辛子の量が増え真っ赤な辛いキムチになります。筆者が北朝鮮の平壌で食べたキムチは，唐辛子が使われていない真っ白いキムチでした。

　キムチの種類は多様で，白菜のほかに，大根，ニラ，ネギ，キュウリ，小松菜といろいろな野菜で作られます。なかでも多様な食材を白菜キムチで包んだ「ポッサムキムチ」は，大根やニラなどの野菜に加え，牡蠣やエビといった魚介類，ナツメ，松の実，梨，栗などが入り，滋味深い味わいです。キムチは漬けてから食べる時期をずらせば，漬けたてのパリパリした浅漬けキムチ，よく漬かった酸味の利いた熟成キムチの両方が味わえます。

　大量のキムチを家族や近隣住民が一緒に漬け込み分かち合うのが，ユネスコ無形文化遺産にも登録されている風習「キムジャン」です。「キムジャン休暇」や「キムジャンボーナス」を支給する企業もあります。とはいえ，少子高齢化により少人数世帯や単身世帯が増え，一家総出で「キムジャン」をする人は減りました。都心では，いまやキムチは家で漬けるのではなく，スーパーで買うものとなっています。

　韓国では大きい冷蔵庫が2台ある家庭が多く，そのうちひとつはキムチを保存するための専用冷蔵庫です。冷蔵庫内にはキムチを入れる容器がずらりと並び，冷気を逃さず温度を一定に保てる構造になっているため長期保存が可能です。また，好みに合わせて発酵

と熟成を調整できる機能も付いています。結婚して家電をそろえるさいにキムチ冷蔵庫も一緒に購入するカップルが多かったのですが，最近は結婚する人が減り，単身世帯が急増しているため，売り上げは伸び悩んでいるといわれています。

犬　と　豚　　　　　犬食文化の歴史は古く，韓国だけでなく中国や東南アジア，太平洋諸島などの広い地域でみられます。日本でも地域によっては，かつては犬を食していました。ただし，仏教では犬肉を食べることは厳禁で「犬は祖先の生まれ変わり（だから食べるなんてもってのほか）」という俗信もありました。日本の「土用の丑の日」のように，韓国では夏の暑気払いで滋養食を食べる「伏日」と呼ばれる日が7月から8月にかけて3回あります。こうした日に精がつくといって，鶏肉を朝鮮人参や漢方薬などと煮込んだ「参鶏湯」や犬肉のスープを食べる習慣があります。

　五輪やサッカーのワールドカップなど大規模な国際競技会が韓国で開催されるたびに，犬肉食の習慣を欧米のメディアが批判的に取り上げ，犬肉を出す食堂は路地裏の見えない場所に移転したり，補身湯や栄養湯といったメニュー名に看板を付け替えたりしてきました。犬肉や犬肉業者への風当たりは近年，とみに強くなっており，犬食禁止を訴えるデモと，飼育業者による抗議デモがそれぞれ絶えません。

　背景にあるのが，これまでにないペットブームにより犬の地位が急上昇し，家族の一員として存在感が増していることです。長い犬食の歴史を持つ韓国ですが，いまや犬はペット（愛玩動物）と呼ぶのは傲慢だとして，「コンパニオンドッグ（伴侶犬）」と呼ばれています。犬が生活をともにするパートナーであり家族の一員に昇格し

たのは，少子化と単身世帯の増加が急速に進んだためです。行動学研究者によると，人間にはもともと自分以外の生き物の世話をしたいという欲求があること，かわいいものへの愛着があることなどが，子育ての優れた動機になっているといいます。先にも述べたとおり，2018 年の合計特殊出生率は過去最低で，未婚や非婚の人はさらに増加し，子どものいない世帯も増えています。子育てほどは費用がかからない伴侶犬は，そうした人間本来の欲求を満たすものなのでしょう。

　犬はまた，政治の舞台で贈り物として献上されることがあります。2000 年に開催された史上初の南北首脳会談のさいには，南北の友好と平和の象徴として当時の金大中大統領は珍島犬を，金正日総書記は豊山犬を互いに贈りました。珍島犬，豊山犬のどちらも朝鮮半島を代表する名犬で，それぞれ天然記念物に指定されています。

　朴槿恵前大統領は，就任時にお祝いとして 2 匹の珍島犬を贈られましたが，大統領職を罷免され公邸を去る時に 2 匹の間に生まれた子犬を含む 9 匹の犬をそのままを置き去りにして，物議を醸しました。続いて行われた大統領選では，動物保護団体らの要請に応えるかたちで大統領候補者が競うように，当選後は保護犬を引き取り里親になることを公約として表明しました。なかには「犬肉食禁止」「大統領直属の動物保護部署新設」を打ち出した候補もいました。文在寅大統領は公約どおり，全身が黒いという理由で引き取り手がなかった保護犬を「ファースト・ドッグ」として迎え入れました。

　犬の次に韓国人の生活に身近な動物は，豚でしょう。韓国で焼肉といえば実は豚。値段も手ごろで味も抜群のテジカルビやサムギョプサルをはじめ，豚の足（豚足）や耳も人気メニューで，年間の豚

## コラム⑪──名　前

　韓国には250前後の名字があるといわれます。合計で人口の4割強を占める3大姓の「金」「李」「朴」がおなじみですが，「鮮干」「諸葛」「司空」「独孤」といった2文字の姓もあります。同じ名字が多く紛らわしいので，名前はフルネームで呼ぶのが基本です。名字に「さん」付けして「金さん」と呼ぶことは，本来は失礼に当たります。

　息子の命名は，日本でのように父親の名前の漢字から1文字とって名付けたり，次男だから「進次郎」といった続柄呼称を用いたりすることはありません。伝統的に息子の名前には「行列字」や「トルリムチャ」と呼ばれる方式で特定の漢字を用いるのが一般的でした。これは，木，火，土，金，水の五行に沿って，父から息子の世代へ決められた漢字を用いて命名する慣行です。たとえば，父親の名前に「基」や「培」など「土」の入った漢字が使われている場合，息子の世代には「錫」や「鍋」といった「金」の入った漢字を名前の一部に取り入れます。兄弟がいる場合は「錫明」「錫憲」のように同じ漢字を用いて名前を付けます。

　娘の命名は，1970年代以前は家父長的価値観に基づき「貞」「淑」「順」など従順さを表す漢字や，ミス・コリアの順位にも用いられる「眞」「善」「美」といった漢字がよく使われました。次は息子が生まれるようにと，娘の名前に「男」という漢字を付けるケースもありました。80年代以降は「ハヌル（空の意味）」や「アルム（美の意味）」など，漢字を用いないハングル名が増えています。

　韓国では，結婚後も夫婦はそれぞれの姓を名乗る「夫婦別姓」であるため，結婚しても女性の姓は変わりません。他家の血筋の女性は祖先を異にするため，婚家一族のメンバーに加えないという女性差別や排外意識が理由です。そうであるからといって韓国の家族の絆が弱いわけではありません。むしろ逆でしょう。

　日本では「夫婦同姓の原則」により，婚姻届を出すうえで女性の9割以上が夫の姓に変えることを余儀なくされています。改姓の負担や不利益は大きく，夫婦別姓を認めてほしいとの声は高まっていますが，「家族としての一体感を損なう」という反対論に阻まれいまだに実現していません。夫婦別姓が続く韓国における家族の絆の強さを思えば，一体感を損なうという主張は根拠に乏しいといえるでしょう。

の消費量は日本を大きく上回ります。古くから豚は富の象徴とされてきましたが，韓国語では豚という漢字は，お金を意味する「トン」と同じ発音なのです。市場に行くと，豚の頭部が売られていますが，これは新築や事業の開始，開店時には豚の頭が欠かせないからです。新車を買ったらその前に豚の頭と果物などを並べて拝礼し交通安全を祈ります。映画がクランクインする際も，同様に豚の頭を置き，撮影の安全と映画のヒットを祈願します。

# 4 年中行事

旧暦の祝日　　　　　　　日本は1年に16の祝日があります。韓国の祝日は日本より少ない11で，そのうち日付が毎年同じ新暦と，旧暦の太陰暦に基づき日付が毎年変わる旧暦による2種類の祝日があります。日本では，ほとんどの祝日は新暦に基づき日付が固定されているか，特定の週の月曜日となっています。春分の日と秋分の日だけは年によって日付が異なります。

　韓国では旧暦を基準とする祝日が「旧正月（ソルラル）」「仏様（プチョニム）がいらっしゃった日（釈迦誕生日）」「秋夕（チュソク）」の3つあります。旧正月が近くなると，新年の多幸と健康を祈願すると書かれた封書の年賀状が行き交います。大晦日には，「福笊籬（ポクチョリ）」と呼ばれる米研ぎに使うわらで作った道具を新年の幸運や金運の願いを込めて飾ります。伝統的な旧正月の迎え方は，まず朝に先祖の霊を迎え入れるための祭礼をします。これを「茶礼（チャレ）」といいます。祭壇にたくさんの供え物を並べ拝礼などの儀式を行った後，供え物のごちそうを家族や親

族で分け合って食べます。

　おめでたい日に欠かせない食べ物は，日本でも韓国でも餅です。正月には，楕円形の餅がたくさん入ったお雑煮「トック」を食べ，「またひとつ歳をとった」というのが習わしです。食事後は両親や年長者に新年の挨拶，「歳拝」を行い，子どもたちはお年玉をもらいます。

　釈迦が旧暦4月8日に生誕したという伝承に基づく釈迦誕生日には，全国の寺院や街中に仏に福を祈る蓮の花の形をした燃灯（ランタン）が飾られ，全国の寺には信者たちが集まり法事や奉祝行事が催されます。韓国最大の仏教宗派，大韓仏教曹渓宗の総本山である曹渓寺があるソウルでは，盛大な提灯行列が行われます。

　秋夕は先祖供養のための祝日を挟む連休です。この期間に帰省し祖先の墓参りや祭祀を執り行うのが慣習となっており，都市人口の大移動が続きます。日本でいうお盆のようなものですが，旧暦で行われるため，毎年，日付が変わります。近年はそうした風習に対する意識が変化し，墓参りよりも連休を利用して海外旅行に行く人も増えています。

　次に，新暦による祝日を年初から順番にみていきましょう。日本統治下の1919年3月1日に始まった「三・一独立運動」を称える「三一節」，1920年代に子どもの民族意識を高める運動が盛んになるなか，運動推進団体がはじめた「少年の日」記念行事に起因する「子どもの日（5月5日）」，国家のために命を捧げた殉国者に敬意を払い英霊の冥福を祈る「顕忠日（6月6日）」と続きます。

　日本では終戦記念日の8月15日は，韓国では日本の植民地支配から解放され光を取り戻したことを意味する「光復節」という名称の祝日となっており，毎年，忠清南道の天安にある「独立記念

館」で大統領が参席した祝典が開かれます。「三一節」と併せて，韓国では日本の植民地支配と直接関係する国家記念日が年に2回あります。

　秋になると，歴史上の人物に由来する祝日が続きます。10月3日は，神話上の朝鮮民族の始祖である檀君による古朝鮮建国を祝う「開天節（建国記念日）」です。ちなみに，檀君による建国から数えて，2019年の場合は「檀紀4352年」となります。この檀紀は公的には使用されることはありませんが，日付の表記に檀紀と西暦を併記する新聞もあります。

　続いて，10月9日は朝鮮王朝第4代の王である世宗が訓民正音（ハングル）を公布した日を記念した「ハングルの日」です。朝鮮独自の文字ハングルは，名君と名高い世宗の命により考案されました。ハングルの「ハン」は「偉大な」，グルは「文字」を意味します。韓国の中心街，光化門前の大通り（世宗大路）の間に広がる広場には，高さ6.2ｍの黄金色に輝く世宗大王の像が設置されています。朝鮮王朝時代の歴代王のなかでも最も尊敬され崇められている世宗は，ハングル創製のほかにも租税制度の改正，天文暦の制定などの功績も認められています。世宗という名前は文化ホールや大学，ホテルなどにも冠されており，韓国語普及のため57カ国・地域の174カ所（2018年現在）に設置された政府公認の語学教育機関も「世宗学堂」といいます。

　ハングルの日は1970年に祝日として制定されましたが，経済界から公休日縮小の要請があり10月1日の「国軍の日」とともに90年に廃止されました。ところが，海外からハングルの独創性に対する評価が高まると，「ハングルは我が国独自の優れた文化であり，民族の誇らしい遺産である」との声が国内で強まりました。休日を

減らすために祝日から外された「ハングルの日」でしたが，ナショナル・アイデンティティーの象徴として，2003年に再び祝日として復活しました。

　1年を締めくくる最後の祝日は12月25日の「聖誕節〔ソンタンジョル〕」，正式名称は「基督誕辰日〔キドクタンシンイル〕」です。イエス・キリストの降誕を記念するクリスマスが，韓国では祝日となっています。

　　　　白　色　　　　　　　朝鮮半島の庶民は伝統的に白一色の衣服を着用し「白衣の民」と呼ばれてきました。白色は，その明るさから永遠不滅を象徴する色であり，太陽の光明を示す色として神聖視され尊ばれてきました。華美を避け質素を美徳とするという儒教の思想からも，白衣は好まれました。

　慶尚南道〔キョンサンナムド〕の智異山のふもとの「青鶴洞〔チョンハクドン〕」には，儒教の伝統を守って暮らす村があります。その村の人々は朝鮮時代にタイムスリップしたような暮らしぶりで，日常的に昔ながらの白衣を着て農業や養蜂による自給自足の生活を営んでいます。

　韓国の歴史ドラマでは，赤や黄，緑など華やかなチマチョゴリに身を包んだ妓生〔キーセン〕らが登場しますが，当時の染料は草木染ですから実際には淡い色しか出せません。王家や貴族階級の女性が身にまとったような赤いチマは，インドネシア産の染料を用いて色付けされていました。たいへんに高価なものですから，庶民にはとうてい手が届きません。白衣は染める必要がありませんので，庶民の日常着にうってつけでした。ただ，白は汚れが目立つので，棒でたたきながら洗濯し，白さを保つため灰汁〔あく〕を入れた鍋で煮沸して漂白するなど，並々ならぬ手間がかけられていました。

　1980年代までは，韓国のどの家庭にも大きな鍋があり，鍋の中に洗濯物を入れてグツグツ煮こむ光景が見られました。煮洗いの効

果は高く，お湯が沸騰するさいに出る気泡が繊維に入り込み，衣服を真っ白に洗い上げます。煮沸は高い除菌効果もあるので，生地は多少傷みますが，清潔さを保つにも最適です。この伝統的な洗濯方式を製品化したものが，100℃のお湯で「煮る」コースが付いた洗濯機です。「煮る洗濯機」が発売されたのは90年代前半で，「もう鍋は要らない！」というキャッチコピーが話題となりました。最近はベビー服用のミニサイズの煮沸洗濯機が手ごろな価格で売り出されています。

　真っ白な豆腐にも特別な意味があります。刑務所を出所後，豆腐を食べるという慣習があります。これは豆腐のように真っ白な心で，二度と罪を犯さないようにという意味が込められており，韓国の映画やドラマを見ているとよく出てくる場面です。

## 参 考 文 献

韓国文化象徴辞典編纂委員会（伊藤亜人監訳・川上新二編訳）『韓国文化シンボル事典』（平凡社，2006年）

コナトン，ポール（芦刈美紀子訳）『社会はいかに記憶するか──個人と社会の関係』（新曜社，2011年）

土佐昌樹『韓国社会の周縁を見つめて──村祭・犬食・外国人』（岩波書店，2012年）

崔俊植（崔京国・荒井淑子訳）『やさしい韓国文化の話52──チョガクポから儒教まで』（かんよう出版，2016年）

中澤克昭『肉食の社会史』（山川出版社，2018年）

ヘネップ，ファン（綾部恒雄・綾部裕子訳）『通過儀礼』（岩波文庫，2012年）

# 第 11 章

# 交差する文化

日本の着物を着て自撮りをする韓国人観光客

　若い世代を中心に，互いの文化を楽しむ人が増えた。世代が若くなるほど相手国へ好印象を抱く層が厚いのは日韓に共通している。

# 1 スポーツ

**選択と集中**　　　　　　スポーツの語源は「気分転換」や「気晴らし」で，基本的には楽しみながら心と身体を鍛えるためのものです。しかし，超学歴社会である韓国では一般の中学や高校での学校生活は極端な学業優先になりがちで，体育の授業自体が少ないうえ，それさえも自習時間にあてられるなど，体育教育は軽視されています。日本では中学や高校で週末も含めて毎日のように行われる運動系の部活動も，韓国にはありません。深夜まで勉強に明け暮れる生徒の体力低下が顕著なことから，放課後の運動部活動を導入した学校もありますが，塾に行く時間がなくなると保護者から抗議が殺到したそうです。

　韓国のスポーツ政策の特徴は，「早期英才教育」と「選択と集中」です。国威発揚のための国策としてスポーツ強国を目指し，大国への仲間入りのためスポーツ競技の成果を求めてきました。特定種目の選手の育成と強化策に熱を入れるのも，短期間での確実な成果を求めるためで，スポーツ関連予算は，国家代表やプロ選手を目指す一握りのエリートに投入されます。韓国では，スポーツはいわばトップアスリートだけがするもので，競技者の裾野の拡大は等閑視されています。あらゆる層がスポーツに取り組める環境整備や，生活に根づいたスポーツを広めていこうという発想はなく，重視もされていません。

　大半の競技種目は，優れた才能や資質のありそうな子どもを早期に全国から発掘し，英才教育を行う選手育成システムが採られてい

ます。こうした選手を目指す子どもは，中学や高校の段階で全国に11校ある体育中学や16校ある体育高校に進学します。五輪などで韓国がメダリストを多く輩出している種目は，夏季はアーチェリー，射撃，テコンドー，フェンシング，レスリングなど，冬季はショートトラック，スピードスケートで，いずれも偏りがあります。国際大会でメダルを得られるような種目を選択し，少数のエリート選手を集中的に育成するという方法を採ってきたためです。そのために，巨大な国営のトレーニングセンターを設置し，国家代表やその候補として全国から選ばれた選手を高度な医科学研究に基づき指導しています。2017年には日本円で約506億円を投入し，最大35種目，1150人の選手が同時に訓練できる世界最大規模の鎮川トレーニングセンター（国家代表総合訓練院）がオープンしています。

このように多額の国家資金を投入した選手養成システムは，これまでそれなりの成果を出してきました。しかし，韓国は人口がもともと日本の半分ほどで，さらに急速な少子化の進行により，種目によっては秀でた選手の確保が困難になることが危惧されています。一部のエリート選手だけを育成するこれまでのやり方では早晩行きづまる，日本のように幼少期から生活に密着した草の根型のスポーツ教育を進め，スポーツの底辺を広げて競技者を増やし，頂点を支えるべきだという声が高まっています。もっとも，日本でもこれまでの育成スタイルは少子化による限界に直面しており，ジュニアからの英才教育に舵を切る方向にあります。打開策の方向性は違っても，少子化が進み将来有望な選手候補が減少していく状況に頭を悩ます点は，日本も韓国も同じです。

近年，対戦型のコンピューターゲームで競う「e スポーツ（エレクトロニックスポーツ）」市場が世界的に拡大しています。韓国は e

スポーツ先進国であり強国です。1997 年の通貨危機後，IT 関連産業の育成を国策として掲げた韓国では，IT インフラの整備が一気に進みました。これがオンラインゲームのビジネス拡大にもつながりました。街のいたるところに，安価でオンラインゲームができるネットカフェ（PC 房（バン））があります。高速のネット回線でオンラインゲームが手軽に楽しめることもあり，2000 年代中盤からｅスポーツが盛んになりました。韓国ではｅスポーツは，野球やサッカーと並ぶメジャーなスポーツとなっており，プロリーグの試合や世界大会はテレビやネット配信で中継され人気を博しています。

2012 年には「ｅスポーツ振興法」も施行されました。日本は高性能な家庭用ゲーム機が中心で多種多様なゲームソフトが販売されている一方，オンラインゲームの普及に時間がかかり，ｅスポーツの海外展開でも韓国の後塵を拝している状況です。

スポーツとナショナリズム　　国際大会となると，国家の威信をかけてメダルの色と数にこだわるスポーツナショナリズムが台頭します。韓国の代表選手からは，日本の選手のように「楽しみたい」という発言はあまり聞かれません。「何が何でも勝たねばならない」という切迫さや悲壮感が漂う厳しい表情ばかりが目につきます。

2018 年の平昌冬季五輪では，スピードスケートの小平奈緒選手と李相花（イ サンファ）選手の健闘をたたえあう姿や友情が話題となりました。金メダルを獲得した小平選手が，銀メダルとなり落胆のあまり泣き出した李相花選手を抱擁して励ましたり互いにたたえあったりした姿は，美談として韓国でもたいへん好意的に報道されました。五輪後，その二人の対談が東京の韓国大使館で開催されたときのことです。「今後，何をしていきたいですか」という司会者の質問に，小平選

手が「挑戦したいと思ってきたことに一生懸命取り組んでいきたい」と述べたのに対し，李相花選手は「やりたいことをずっと我慢してひたすら耐えてきたので，今のこの解放感を楽しみたい」と答えていました。

　サッカーのワールドカップ（W杯）の韓国戦ともなると，街頭に何万人もの人が集まり熱狂的な応援をして一体感に沸きたちます。ただ，韓国人は普段から団結力の強い国民というわけではありません。数万人規模の街頭応援の背後にはメディアや企業のサポートによる商業性も見え隠れします。とはいえ，ワールドカップや五輪の街頭応援や，朴槿恵政権の退陣を要求した街頭デモなどは，唯一といっていいほど韓国民としての一体感を味わえる場となっているという見方もできます。

　平昌五輪ではアイスホッケーで史上初の韓国と北朝鮮との単一チームが出場しました。しかし，この試合を観戦・応援をする人々の間で「朝鮮民族」としての一体感が深まることはありませんでした。むしろ，北朝鮮選手の参加で五輪出場を逃した韓国人選手に同情が集まり，スポーツの試合を政治利用したとして，政権批判につながりました。

　今の韓国では，プロ野球のスタンドは満員でもサッカーのKリーグはガラガラで，野球のほうが断然集客率が高く人気もあります。それが「ワールド」という冠がついた試合では，ナショナリズムがむくむく頭をもたげるのは何も韓国だけに限りません。ただ，自国チームが勝利したとき，とくに強豪国に勝ったときの韓国人の興奮ぶりやはしゃぎようは尋常でありません。2018年のロシア・ワールドカップで，1次リーグで敗退した韓国チームが最後の試合で強豪ドイツに勝利したときの歓喜はすさまじく，早々に敗退して帰国

したにもかかわらず，韓国選手団は「世界最強のドイツを沈没させた」「世界に衝撃を与えた」と英雄のように迎えられました。

　ワールドカップでは毎回，広場などに設置された巨大スクリーンの前に街頭デモかと見まがうほど，大勢の人が集まります。街頭デモといえば，憲法裁判所で朴槿恵大統領の罷免が言い渡された時，広場に集まり決定の行方を見守っていた人々は，罷免のニュースに大喜びしながらソウル中心部を意気揚々と行進しました。そのときの歓喜ぶりは国際試合で韓国が勝利した時の韓国人の姿と重なります。韓国の苦難の歴史を振り返ると，自分よりも大きな存在に打ち勝ったときの陶酔感たるや，日本の比ではないのでしょう。

　また，韓国社会の生きづらさを表す「ヘル朝鮮」という流行語にみるように，韓国の若者が直面しているアイデンティティーの喪失は日本の若者よりはるかに大きいものがあります。彼らの国際大会における韓国戦での熱狂的な応援は，まさに韓国民としてのアイデンティティーを再確認する場となっていると考えられます。

## 2　マスメディア

**新聞**　　　韓国で 3 大紙と呼ばれるのは，いずれも日本に植民地支配されていた1920 年に創刊した『朝鮮日報』と『東亜日報』，そして 65 年創刊の『中央日報』です。新聞発行部数の公式調査や発表を手がける韓国 ABC 協会（2019 年 5 月 27 日発表）によると，韓国には日刊紙 30社，地方紙 106 社，経済紙 16 社，スポーツ紙 7 社，英字紙 3 社と紙媒体の新聞が数多くあります。発行部数（2017 年）の 1 位は『朝

鮮日報』で，145 万部（実際の販売部数である有料部数は 123 万）と韓国最大の日刊紙です。2 位以下は，『東亜日報』（95 万部），『中央日報』（97 万部），『毎日経済新聞』（71 万部），『韓国経済新聞』（53 万部）の順となっています。

　日本では首都圏と大阪圏で全国紙の発行部数が多いのですが，地方では当地の県紙や複数県にまたがるブロック紙が 4〜7 割の地域シェアを誇るという特徴があります。これに対し，韓国では『朝鮮日報』『東亜日報』『中央日報』の 3 大全国紙が圧倒的なシェアを占めています。主要な地方紙には韓国第 2 の都市，釜山で発行される『釜山日報』と『国際新聞』，ソウルから遠いため全国紙が昼過ぎに届く済州島の『済州日報』がありますが，シェア 1〜2 割がせいぜいです。全国紙は地方に支局をほとんど置かずソウル以外の情報は軽視しており，極めて中央集権的な報道体制となっています。

　年配者は紙の新聞，若い世代はネットのニュースサイトから情報を得ていますが，「保守対進歩」のイデオロギー対立が激しく，同じニュースでも，その扱い方や記事の論調がかなり違います。これが世代間の認識ギャップを拡大する一因ともなっています。

　2001 年に，韓国の新聞社で初めて日本語のニュースサイトを開設したのは，最大手の『朝鮮日報』でした。現在は他にもネットで日本語版が読める韓国紙があります。『東亜日報』，『中央日報』，そして『ハンギョレ』です。『ハンギョレ』は 1970〜80 年代に軍事政権によって大手新聞社を解雇された記者らが中心となって 88 年に創刊したリベラル紙です。韓国を代表する通信社である『聯合ニュース』も日本語サイトを開設しています。

　これらのサイトにより，韓国語がわからない人でも国内向けに書かれた韓国語の記事が誰でも気軽にすぐ読めるようになりました。

ただ，記事やコラムの内容や論調によっては日本の読者から大きな反発や反感を買うことがあり，かえって嫌韓感情をあおる結果になっているのではないかという指摘もあります。書き込まれるコメント内容が見るに堪えないということで，『朝鮮日報』の日本語版は現在コメント欄を閉鎖しています。

**放 送 局**　　韓国の主要な地上波テレビの放送局は，視聴者から受信料を徴収する公共放送のKBS（韓国放送公社，KBS1とKBS2の2チャンネル），教育放送のEBS，公営放送のMBC（韓国文化放送）と民放のSBS（旧ソウル放送）です。KBSは政府が100％出資する放送公社で，毎月の受信料（約250円）は電気料金と一緒に徴収されています。受信料で運営されていますが広告料収入が認められているため，番組の前後にはCMが放送されます。

　1990年に設立したSBSは純然たる民間放送局です。一方，KBSは公共放送局，MBCは公益財団が大株主で経営陣の選出にも政府が深く関与している半官半民の放送局です。KBSの社長人事は最高議決機関である理事会が決定し，大統領が任命します。理事会メンバーの11人のうち，7人は政府与党の推薦枠となっています。MBCの理事長と社長もまたKBSと同様に理事会で選ばれます。この理事会は，与党や大統領府の推薦による理事6人と，野党からの推薦による理事3人で構成されているため，大統領府の意向を汲んだ人事になりがちです。

　韓国では長らく新聞社が放送局を兼営することは法的に禁止されてきました。それが，メディアの多様性確保という理由で，新聞社などが，ニュースやトーク番組，バラエティ，ドラマなど，地上波並みの番組放送が許可される「綜合編成チャンネル」に新規参入す

ることが認められ，2011 年に『中央日報』，『朝鮮日報』，『東亜日報』，『毎日経済新聞』の大手新聞 4 社が，それぞれ JTBC，TV 朝鮮，チャンネル A，毎日放送といった放送局を新規開局しました。地上波をしのぐ人気ドラマが続々と放映され，日本でもリメイクされるなど話題には事欠かない総合編成チャンネルですが，地上波に比べて報道内容が保守，進歩のどちらかに論調が偏っているといった批判も少なくありません。

### 政治介入

政治権力がメディアを掌握しようとすることは日本でもみられますが，李明博政権，朴槿恵政権は，露骨にメディアに圧力をかけ支配しようとしました。意に沿わない報道があると，KBS や MBC の社長を大統領府に呼び出し叱責し，政権に批判的な番組の打ち切りや内容変更，社内の記者や番組制作担当者の左遷や解雇，アナウンサーや出演者らを降板させるなどしました。朴槿恵政権は，政権に批判的で左寄りだとして公的支援やメディア放送から排除すべき芸能人や文化人らの情報を網羅した「ブラックリスト」まで作成していました。

KBS や MBC では権力の顔色をうかがうあまり，政権批判や政府の意向に反する報道や番組の制作を控えるようになり，その結果，偏向放送が目に余るとの批判が高まり，地上波からの視聴者離れが進みました。

保守であれ進歩であれ，政権交代により人事が一新されるのは同様です。文在寅政権誕生後はオセロのコマが一気にひっくりかえるように，公共部門のトップは進歩勢力寄りの人物に入れ替わりました。公営放送の KBS と MBC でも同様です。

新しい MBC の社長となったのは，MBC の元 PD（番組制作担当

者）で，労組のストを主導したとして李明博政権下の 2012 年に MBC を解雇された崔承浩（チェスンホ）でした。崔承浩は MBC を追われた後，ネットの独立系メディア「ニュース打破」でニュースをネット配信するかたわら，保守政権下の言論統制や弾圧を扱ったドキュメンタリー映画「共犯者」を監督し一躍脚光を浴びました。解雇された元社員が新社長として MBC に帰還したことは，大きなニュースとなりました。

大手メディアは保守政権下の偏向報道により，信頼性が大きく揺らぎました。「言論の自由を守る」との看板を掲げて出帆した文在寅政権下で，政権批判もいとわずに権力監視役という本来の役割をきちんと果たしていけるのかどうか，厳しく問われています。

## 3　韓国の若者と日本文化

**日本観光ブーム**　　近年，韓国では日本への旅行が大ブームとなり，観光目的の訪日韓国人が激増しています。2017 年には過去最高の 714 万人が日本を訪れ，その 92.3% が観光目的でした。国別の訪日観光客数では，中国を抜いて韓国がトップです（日本政府観光局「国籍別/目的別訪日外客数（確定値）」2017 年）。韓国文化観光研究院の「国民旅行実態調査（2017 年）」によると，「最も行きたい海外旅行先」の 1 位は日本で，続いて米国，フランス，スイスの順でした。韓国の人口は 5145 万人（2017 年）ですから，単純に計算すると 1 年間に韓国の総人口の 7 分の 1 が日本に来たことになります。

韓国人観光客の特徴は，第 1 に，西日本エリアの訪問が多いこ

とです。都道府県別訪問率を高い順にみると，大阪が最も多く，次いで福岡，京都，東京が続きます。関西国際空港に韓国発の格安航空会社（LCC）が数多く就航していることが理由で，とくに釜山から福岡は地理的に極めて近く，航空便のほかに釜山港から博多港まで約3時間で到着するフェリーが1日に20〜23便運航していることも関係があります。他の外国人観光客と比較すると，韓国人は福岡への訪問率が極めて高く，逆に東京への訪問率は非常に低くなっています。

第2に，訪日韓国人観光客は20代以下の比率が51.8%（2016年）と圧倒的に高いという特徴があります。これは他の外国人観光客と比較しても顕著な傾向です。中国や台湾の観光客は団体旅行や夫婦・家族連れの旅行が多いのですが，韓国では団体旅行客は20%以下と少なく，1人または友人と訪問するケースが多くなっています。

第3に，個人手配の短期旅行で平均宿泊数が3泊と滞在期間が比較的短く，リピーターが多いという特徴があります。リピーターは約7割で，来訪回数が4回以上という人は34.8%にも上ります。10回以上という人も15.3%います。ただ，リピーター旅行客の多さは韓国人だけの特徴ではありません。日本への来訪回数が4回以上という人の比率は，台湾51%，香港55.7%で実は韓国より多いのです。東アジアの人々にとって日本はたいへん身近な旅行先であることがわかります。

なぜ日本に？　韓国人が旅行先に日本を選ぶプッシュ要因として，距離的な近さに加えて，LCCなど航空便の日本路線の大幅拡大，円安ウォン高，日本旅行を特集するテレビ番組やブロガーやSNSの日本関連情報，韓

国政府が消費促進と景気浮揚策として休日を増やしたことなどがあげられます。

　韓国人を惹きつけるプル要因としてよく言われるのは，質の高いサービス，相対的に安い物価，街のきれいさや治安の良さ，音楽，アニメ，マンガ，キャラクターなどの文化コンテンツの豊富さ，地方独自の伝統文化の魅力，祭や特産品などに見られるストーリー性などです。とはいえ根底にあるのは，「近い，安い，安心」の3要素がそろっているからでしょう。

　言論NPOによる世論調査（2018年6月発表）によると，世代が若くなるほど日本に対しよい印象を抱く人が多いことがわかります。韓国人観光客の過半数を占める20代の若者は何を求めて日本に来るのでしょうか。JTB総合研究所の調査によると，日本を旅行先に選んだ理由として，18〜29歳の男性の場合は，1位「食が楽しめる」，2位「好きで繰り返し訪れる」，3位「個人的な趣味・興味により」があがっています。女性の場合は，1位「食が楽しめる」，2位「ショッピング」，3位「治安が良く安全」がトップ3でした。男女ともに，日本の文化に親近感を持つ層が厚く，とりわけ日本の食文化への高い関心がうかがわれます。韓国では日本のテレビドラマ「孤独のグルメ」が，最も人気の高い海外ドラマとして受賞するほど話題作となっており，ドラマに登場した料理を食べるために来日する人も後を絶ちません。

　何度も日本を訪れている韓国人リピーターに，訪日理由を個別にきいてみると「温泉宿宿泊」「美容院」「カフェ巡り」「裏通りの細道散策」「居酒屋巡り」「登山」「古民家巡り」「下町散策」「ラーメン三昧」「ドライブ」「ネコグッズ購入」「高校卒業記念旅行」「独りになりたい」など，個別化や多様化が進んでおり，日常生活の延長

として週末にちょっと遠出する国内旅行感覚で日本に来ていることがわかります。

　　　日本の小説・マンガ　　　　　韓国の大型書店の一角には，日本語のエッセイや小説，雑誌のコーナーがあります。それとは別に，あらゆるジャンルの日本の書籍を韓国語に翻訳した本が，そこかしこに平積みにされています。ベストセラーに日本の小説がランクインしているのは1990年代からおなじみの光景です。人気の理由は，さまざまな見解があります。一般論としては，ジャンルが非常に多様であること，個人の私的な話を情緒豊かに描き，読み手に緊張感を与えないため，読んでいて気持ちが安らぐというものです。

　なかでも圧倒的な人気を誇るのは，翻訳本が出るたびにベストセラーとなる「ハルキとケイゴ」です。「ハルキ」は村上春樹，「ケイゴ」は東野圭吾のことです。とりわけ東野圭吾の作品は，次々に映画化や舞台化され，それにともない原作本がさらに売れるという相乗効果により，ケイゴ全盛期が到来しています。じつはミステリーものは韓国ではあまりなじみがありませんが，東野圭吾の作品は犯人も含めてたんに善悪で切り捨てず，登場人物への温かい視線に情愛が感じられて心が動かされるといった評価を受けています。

　韓国では日本のマンガやアニメを見て育った若者が多く，その人気は絶大です。アニメソングのライブでは観客全員が日本語でアニメソングを大合唱する盛り上がりを見せています。また，日本のマンガは，世代を超えて愛読されています。日本で大人気のマンガは，ほぼ翻訳されているといっても過言ではありません。日本の大衆文化が公式に開放されたのは1998年のことですが，すでに60年代から日本のマンガの海賊版や密輸品が広く出回っており，「貸しマ

ンガ屋」では，日本の最新マンガの海賊版がずらりと並んでいました。

　日本のマンガのなかには，韓国の酒文化を変えたとまでいわれたほどの影響力を持ったものもありました。ワインを題材にした『神の雫』というマンガです。韓国で累計 130 万部も売れた記録的な大ヒット作品になり，それまであまりワインになじみのなかった韓国で，空前のワインブームを引き起こしたほどです。サムスン財閥トップをはじめ，大企業の役員や高級官僚らが，『神の雫』を「ワインの教科書」「必読書」として職員や社員に読むよう勧めたり，マンガの特装版セットが贈答用として飛ぶように売れたりと，世代を超えた社会現象となり，韓国におけるワインの普及と売り上げに多大な影響を及ぼしました。

　韓国の，日本のマンガ好きにはジェンダー差がみられます。観光旅行で日本に来た 18〜29 歳男女を対象にした調査では，「日本のマンガを持っている，集めている」と答えた男性は 80.0% だったのに対し，女性は 45.7% でした。同様に「日本のマンガに興味がない」と答えた男性は 16.4% でしたが，女性は 48.9% と開きがありました。

　韓国のドラマ制作でも日本のマンガの存在は欠かせないものとなっています。韓国のみならず日本でも人気を博した『花より男子』は，台湾で先にドラマ化され，日本，韓国と続きました。3 つの「花男」を見比べてみると，文化の違いが鮮明にわかります。

## 4　文化産業と大衆文化

コンテンツ産業の戦略的育成

1997 年のアジア通貨危機に見舞われた韓国は，国家破たんの危機に直面し国際通貨基金（IMF）から緊急支援を受けました。その直後に就任した金大中大統領が財政の立て直しと国家再生戦略として，IT 関連産業の育成とともに掲げたのが，コンテンツ産業の振興でした。韓国は人口が日本の半分で内需基盤が弱いため，輸出依存型の経済政策を採用してきました。新たな海外輸出品として目をつけたのが，文化コンテンツです。

金大中政権は 1999 年に「文化産業振興基本法」を制定するや多額の国家予算を投入し，国策として映像産業やゲームなどのコンテンツ産業振興に打って出ました。2000 年以降は文化予算に占めるコンテンツ産業のシェア拡大を図り，海外展開プロジェクトには政府が補助金を出すなど，資金面でも積極的に支援しました。さらに 09 年には韓国コンテンツ振興院を設置し，翌年には「コンテンツ産業振興法」を制定するなど，国をあげて産業育成に取り組んでいます。

コンテンツのなかで輸出売り上げトップの座を占めるのはゲームですが，韓流ブームを引き起したのはテレビドラマでした。2000 年代前半の連続ドラマ「冬のソナタ」の爆発的ヒットに象徴されるように，韓流ドラマは莫大な経済的効果を生み出すようになりました。これをはじめ「宮廷女官チャングムの誓い」は日本だけでなく，中国，東南アジア，イラン，トルコ，ハンガリー，イスラエルまで

連続テレビドラマ「冬のソナタ」にはじまる日本の第1次韓流ブームでは，ドラマと韓流スターが注目を浴びました。第2次韓流ブームの中心はK-POP でした。「日経エンタテインメント！」によると，2017年の国内コンサート動員力ランキングでは，2位がBIGBANG，7位が東方神起，8位がSHINeeと，トップ10に3組もランクインしており，K-POP は絶大な集客力を維持していることがわかります。BTS（防弾少年団）のように，韓国人歌手としてはじめて米国「ビルボード」のアルバムチャートで初登場1位を獲得し，世界の音楽市場に影響を及ぼすアーティストも登場しました。K-POP といえばキレのよいダンスの美しさなど，レベルの高いパフォーマンスに定評がありますが，MV（ミュージックビデオ）のクオリティが高いという評価もみられます。その一方，MV で女性アイドルに過度にセクシーな演出をしているとの批判もあります。

K-POP アイドル候補生は，デビュー前に練習生として，ダンス，歌唱力，外国語能力といった猛特訓を受けますが，実際にデビューできるのはほんの一握りです。デビュー後に不当な雇用契約を迫られるといったケースもあり

世界65カ国に輸出され，海外で13億3000万円を稼ぎ出しました。なかでもイランでは同ドラマは86%の高視聴率を得るなど，圧倒的な人気を呼びました。

米国や中国，東南アジア諸国では，もはやドラマはリアルタイムにテレビで視聴するものから，動画サイトを通じて配信されたものをスマホやタブレットで見る時代となっています。世界各国の動画配信サービスにとって海外の人気ドラマは，会員や利用者を獲得するうえで重要なコンテンツです。韓国はNetflix（米国）やYouku（中国）といった世界の巨大動画配信サービスと配信契約を結び，コンテンツ輸出にいそしんでいます。こうした海外輸出で得る収益のおかげで，韓国ドラマが制作できるといわれているほど，その比重は大きくなっています。

ます。それでも K-POP スターに憧れる 10 代は後を絶たず，日本でも K-POP を楽しむだけでなく，スターになりたいという夢を抱いて韓国に渡る若者が出てきています。

K-POP ブームの幕開けを牽引したガールズグループの代表格であった少女時代は，日本での初ライブのさい，男性客の多い韓国とは異なり，観客の大半が女性であったことに仰天したといいます。当時，日本の女性ファンは，メンバーのバービー人形のような身体，圧倒的なダンススキル，堂々とした立ち居振る舞いを憧れの眼差しで見上げていました。日本では未熟なアイドルにいち早く目をつけ応援して育てることを楽しむファンが目立ちます。一方，韓国ではデビュー前に育成を終え完成品として世に送り出すシステムで，日本のアイドルに見られるあどけない可愛さとは対極にあったのが少女時代でした。

少女時代のメンバーはみな韓国系でしたが，その後，世界各地でオーディションが開催されるようになったこともあり，多国籍のメンバーによる K-POP グループが目立つようになりました。韓国，日本，台湾出身のメンバーからなる TWICE の成功が，そうした傾向に拍車をかけています。

金大中政権はまた，それまで公的な流入を制限してきた日本の大衆文化の開放策にも果敢に取り組みました。1998 年の第 1 次開放（マンガ，一部の邦画の国内公開）を皮切りに 99 年以降も解禁を続け，2006 年まで計 4 次にわたり歌謡曲やゲームソフト，アニメ映画，日本語でのライブといった大衆文化の開放が段階的に進められました。ただ，地上波テレビでの日本のドラマやバラエティ番組の放映はいまなお規制されている状況で，すべてが自由化されたわけではありません。

**K 文学・マンガ**　日本では韓国の作家の知名度は高くなく，ベストセラーになるような小説もありません。ところが近年，韓国の人気作家の邦訳本が複数の出版社から続々と刊行されるようになり，新聞の書評欄などに頻繁

に掲載されるようになりました。こうした作品を「K文学」として取り上げる動きも広がっています。

　その背後には，韓国政府による手厚い支援体制があります。韓国文化体育観光省の傘下にある韓国文学翻訳院が，翻訳出版にかかる費用を支援しています。作家の来日イベントの費用や現代作家の作品を紹介する小冊子の作製費用にも助成金を出しています。

　K文学が日本で活況となった要因は何でしょう。従来，韓国文学といえば民主化や人権といった重厚なテーマが目立っていました。これに対し，1970年代以降に生まれた作家は，同時代を生きる人々の孤独や疎外感，たくましさや生命力，人間の暴力性や心の闇といった個人の普遍的な心情を描いています。格差問題や性差別，若者の貧困，高齢化といった日本にも通じるテーマを扱い，ストーリーの面白さや力強さ，人物造形の巧みさもあり，多様な魅力が増しています。日本で2018年末に刊行された『82年生まれ，キム・ジョン』（趙南柱著）は発売4カ月で発行部数13万部を突破しており，「K文学」は新たな読者を獲得しつつあります。

　韓国の現代小説を邦訳，出版する環境が整ってきたことに加え，日本で韓国語学習者の層が厚くなり，実力と才能がある翻訳家が多数輩出されていることも「K文学」の活況を支えています。韓国政府は，2年制の翻訳アカデミーを開講し，国をあげて韓国文学を世界に広める担い手となる翻訳家の発掘と養成に尽力している点も注目されます。

　ところで，日本で爆発的に売れている超人気韓国マンガがあるのを知っていますか。日本の小学生とその親なら一度は目にしたことがある学習マンガ，『科学漫画サバイバルシリーズ』です。2008年に朝日新聞出版から発行され，2019年5月現在，通算67巻まで刊

行されています。日本だけでもシリーズ累計830万部を突破しており，東映アニメーションによるアニメ化も決定しています。基本的にパターンはいつも同じで，主人公らが無人島やアマゾン，砂漠，深海，南極などに取り残され，そこでサバイバルを成しとげて生還するまでの話のなかに科学の知識などの学習的要素が盛り込まれるというものです。読めばさまざまな知識が身につくということで，多くの学校の図書室や公立図書館に入っています。図書館によっては，数十人の予約待ち状態になることもあるなど，このサバイバルシリーズは「とにかく面白い」「主人公たちの必死さに引き込まれる」と，日本の小学生の間で爆発的な人気を呼んでいます。親たちも「勉強にもなるなら」と喜んで買い与えています。2016年には漫画家のサイン会が開かれ，大勢の小学生が列を成しました。

　サバイバルシリーズは，その後，中国，台湾，タイ，マレーシア，米国，フランスなどで翻訳出版され，国内外で3000万部以上売り上げた韓国発の大ベストセラーマンガとなっています。同じく韓国の翻訳学習マンガである「実験対決」（既刊30巻）や「発明対決」（既刊14巻）のシリーズも続々と出版されて人気を呼んでいます。いまや，韓国の学習漫画シリーズは，日本全国の小学生の愛読書となっているのです。

## 参 考 文 献

イ・ヨンチェ『韓流がつたえる現代韓国——『初恋』からノ・ムヒョンの死まで』（梨の木舎，2010年）
小倉紀蔵・大西裕・樋口直人『嫌韓問題の解き方——ステレオタイプを排して韓国を考える』（朝日選書，2016年）

筧誠一郎『e スポーツ論——ゲームが体育競技になる日』（ゴマブックス，2018 年）

観光庁「訪日外国人消費動向調査」（2018 年）

木宮正史『ナショナリズムから見た韓国・北朝鮮近現代史』（講談社，2018 年）

ゲルナー，アーネスト（加藤節監訳）『民族とナショナリズム』（岩波書店，2000 年）

JTB 総合研究所「韓国の旅行者の訪日旅行に関する調査研究」（JTB，2017 年）

羽田功編『民族の表象——歴史・メディア・国家』（慶應義塾大学出版会，2006 年）

文京洙『新・韓国現代史』（岩波新書，2015 年）

*260*　　第IV部　文　化

# 第 12 章

# 模索しつつある韓国

韓国では国民に兵役の義務を課している。一部を除いて，芸能人も例外ではなく，多くの若者がいまも向きあわざるをえない問題である。

兵役に就く前にファンに挨拶をする
人気俳優のチ・チャンウク

（EPA＝時事）

# 1 整 形

### 理想的身体

　韓国というと，整形手術を思い浮かべる人が少なくありません。もともと整形手術は，刑罰などで失った鼻や耳を修復するといった身体的欠損の治療法として発展しました。儒教的価値観が色濃く残る韓国ですが「親からもらった身体髪膚を傷つける」ことを気にする風はみられません。むしろ，自分自身を高め，磨き上げ，理想とする姿に近づくための自己開発と肯定的に捉える人も少なくありません。理想像に近づき他者から認められることで，承認欲求が満たされているのかもしれません。

　韓国は相手の外見について，日本よりも気軽に言及する傾向が強く，このことは他人の視線を過度に意識することにつながっています。背の高さも外見を評価する際のひとつの尺度となっており，子どもの背を高くするために成長ホルモンや漢方薬を投与したり，「成長クリニック」で鍼やマッサージの施術を受けさせたりする親もいます。現在，韓国の 20 代の平均身長は，男子が 174 cm，女子は 161 cm で，日本の平均（男子 171 cm，女子 158 cm）よりも 3 cm ほど高くなっています。

　いまは下火になりましたが，以前は英語の発音が良くなるといって，子どもに舌の一部を（舌小帯）を切開する手術を受けさせる親がいました。英語の早期教育に熱心な親です。本来，舌小帯短縮症の場合に行われる手術を，健康な子どもに英語目的で施術するのですから，さすがに社会問題となりました。国家人権委員会が人権意

識を高めるために製作した『もしもあなたなら』（2003年）という啓発映画に，この話が収められています。映画は，子どもが実際に舌の手術を受ける場面が続き，手術の残酷さを強調することで，親の欲望による子どもへの人権侵害を告発する内容となっています。

　この映画には容姿差別と整形をテーマにしたエピソードもあります。そこで描かれるのは，ある女子高生が女子商業高校の教室で体重を量り，もっと体重を落としてスリムにならないと就職できないぞ，と教師から説教される姿，整形費用を貯めようとアルバイトに応募しても容姿を理由に採用されない姿，就職の面接試験で容姿を理由に差別されたり整形で失敗した顔を笑われたりする姿です。主人公の女子高生は，容姿格差を埋める手段として，整形手術に希望を託し，キレイでないことからくる差別や疎外感から逃れようとします。映画のテーマは，容姿・身体の美醜評価による序列に基づく差別や外見至上主義は，深刻な人権侵害であると警鐘を鳴らすことです。同時に，この映画は社会が要求する美の基準に否応なく従わされていくある女子高生の姿を描くことで，容姿に磨きをかけろと抑圧する構造的暴力を浮き彫りにしています。

　　　整形に追い立てるもの　　個人のレベルから見て，身体にメスを入れて行う整形手術による容姿の変化を恐れないのをふしぎに思う人もいるかもしれません。外見的に美しくなること自体が，市場価値や競争力を高めるための投資の一環であるとみなされていることがその一因と思われます。「美は競争力」「（美しい）肌は権力だ」と謳う化粧品会社のキャッチコピーが街中にあふれ，容姿が人生を左右するとあおる社会のなかで，変化のリスクを恐れていては，美醜による序列や疎外感から逃れることも，抑圧から自由になることもできません。

また，同性同士ではあいさつ代わりのように，痩せた，太った，きれいになった，劣化したといった会話が交わされることが少なくなく，整形手術の経験談を語り合うことも特別なことではありません。そうした会話が，身体を変える整形手術を促す契機となるとともに，施術に対する心理的抵抗感を下げているといえます。

　整形は映画が製作された2003年よりも，さらに一般化しています。卒業アルバム撮影前や大学進学時に，目を二重にしたり，鼻を高くしたりといった手術が，歯の矯正をするような感覚で行われています。10代の子でも整形手術を受けられるのは，親のバックアップと金銭的援助があるからです。親の勧めで施術を受けることさえありますから，我が子を，社会が要求する美しさの基準や理想像に近づけようとする親の欲望も無視できません。

　その背景には，不確実な未来に対する不安感も見え隠れします。求職や経済活動，結婚市場でも損を被ることがないよう，見た目においても市場価値を最大限に高めておかなければという強迫観念が，日常に溶け込んでいます。小学生（初等学校）の子どもが将来の夢は「正社員」になることと言うくらいに，若者の就職難は深刻です。2018年の若年層（15〜29歳）の失業率は10.5％と，高止まりしています。理想とする姿に少しでも近づくため，他人に引け目を感じないように，あるいは自分という存在を他者から認めてもらいたいという承認欲求が，男女問わず身体の改造をもいとわない整形と結びついているともいえるかもしれません。

　個々人のサバイバル手段として美容整形という選択がなされる場合でも，看過できないのは，前述したような身体にメスを入れたり（美容整形），薬品を注入して高身長にしたりする行為を促すような構造的な抑圧と，その暴力性です。あるがままの姿であること自体

が差別や疎外の対象となるような社会は，きわめて生きづらい社会であるといわざるをえません。

# 2　宗　教

**無宗教の増加**　韓国で「信仰する宗教がある」と答えた人の割合は，2015 年の調査（韓国統計庁『人口住宅総調査』）で 43.9% でした。プロテスタント（改新教〈ケーシンキョ〉）が 19.7%，カトリック（天主教〈チョンジュキョ〉）が 7.9% で，キリスト教だけで計 27.6% と 3 割近くを占めます。プロテスタント教会のなかには，信者が数万〜数十万人に上るマンモス教会も多数あります。コンビニの数（2 万）よりも教会の数（7 万 8000）のほうがはるかに多く（『ハンギョレ』2014 年 12 月 9 日），日が落ちると夜の街には赤く光る十字架が無数に浮かび上がります。韓国が「東アジアのキリスト教大国」と呼ばれるゆえんです。

　キリスト教に次ぐ宗教では，仏教が 15.5% を占めています。仏教徒とキリスト教信者を合わせると信仰する宗教がある人は 43.1% となり，男女比でみると，女性 48.4% に対して男性は 39.4% と，女性のほうが多くなっています。

　一方，「無宗教」と答えた人は過去最多の 56.1% でした。アメリカの調査機関「ピュー・リサーチ・センター」によれば，日本の場合は無宗教が 57% で，実は韓国とあまり変わりません。一番大きな違いは，日本はキリスト教信者が 1.6% と極めて少ないことです。これだけキリスト教系の幼稚園，小・中・高校，大学がたくさんあるにもかかわらずです。「信仰する宗教あり」と答えた人のうち最

も多いのは，葬式仏教と揶揄されることもある仏教（36.2％）でした（Pew Research Center "Religious Landscape Study", 2012）。

韓国では1995年には信仰する宗教がある人は50.7％と，国民の半数を超えていました。プロテスタントの比率は20年前も19.7％で変わっていませんが，仏教は7.7ポイント多い23.2％の人が信仰していました。一方，カトリックは1.3ポイント少ない7.9％でした。

韓国で現在，無宗教の人は30代以下に多く，20代の65％は何の宗教も信仰していないと答えています。2014年の調査で，信仰する宗教があると答えた20代は31％にすぎず，30代も38％にとどまります（韓国ギャラップ「韓国人の宗教」2014年）。

これに対し，60代以上は6割近くが何らかの宗教を信仰しているようです。社会福祉の水準が急速な高齢化に追いつかず，生活や心理的な不安感から宗教を心の支えとするとの解釈もできます。ただ，宗教団体が長年にわたり国家の代わりに福祉サービスの担い手として，高齢者に手を差し伸べてきた点も看過できません。

学歴別にみると宗教を信仰する人は，中卒以下が63％，高卒54％，大学在学以上が41％と，学歴が高くなるほど比率が下がります。韓国の宗教の現状を表すとすれば，若年層と高学歴層の宗教離れ，そして信徒の高齢化です。韓国の大学進学率は2009年の時点で77.8％，2016年で69.8％と7割近い水準で，いまの若者はみな高学歴です。前述したように高学歴者ほど無宗教の割合が高くなっていますから，このまま信徒の高齢化が進んでいけば宗教団体は現状維持が難しくなり，縮小を余儀なくされるでしょう。

政治と宗教　　　　　韓国でクリスマス（聖誕 節）が祝
日であることは前述しました。クリ
スマスが法で定める祝日に指定されたのは1949年のことでした。
当時の大統領李承晩は，米国のプリンストン大学で政治学博士号を
取得した独立運動家です。植民地からの解放後，初代韓国大統領に
選出されました。李承晩は大統領府で祈禱会を開くなど，敬虔なク
リスチャン（プロテスタント）でした。

　仏教は，キリスト教受容の歴史よりはるかに伝統があり，仏教徒
も多くいるにもかかわらず，釈迦の誕生日が大統領令により祝日と
定められたのは聖誕節の祝日指定から26年後の1975年でした。
当時の大統領は朴槿恵前大統領の実父である朴 正 熙で，夫人はた
いへん熱心な仏教徒として知られていました。

　朴正熙大統領が側近に暗殺された後，軍事クーデターで政権を握
った全 斗 煥 元大統領，次に1987年の民主化宣言後に導入した大
統領直選制で初めて大統領に選出された盧泰愚は，ともに仏教徒で
した。その後は，金泳三（プロテスタント），金大 中 （カトリック），
盧武 鉉 （カトリック），李明 博（プロテスタント），朴槿恵（カトリ
ック），文在寅（カトリック）と，6人続けて20数年間クリスチャ
ンの大統領が就いています。もっとも盧武鉉は，洗礼は受けたもの
の真面目に聖堂には通っていないので，無宗教であると自称してい
ました。朴槿恵は「ユリアナ」という洗礼名を持っていましたが，
新興宗教の教祖に傾倒し，大統領当選後は教祖の娘で親友の崔順実
による政治介入を招いたことが大スキャンダルとなり，大統領職を
罷免されました。

　政治家にとって，何らかの宗教と関わり，牧師・神父や僧侶，ま
たは信徒と強力な人脈を形成しておくことは，選挙キャンペーンを

考えれば有用です。僧侶や牧師・神父らが信徒らに特定の候補者の支持を直接的に訴えることは選挙法違反ですが，礼拝や法会のさいに信徒の前で候補者に挨拶する機会を提供することは可能です。

　大統領選ともなると，候補者には掲げる公約や政策の内容について各宗教団体から有形・無形の圧力がかかります。たとえば，幼い頃から聖堂に通っていたカトリック信者の文在寅大統領は，大統領選の直前に仏教界からの求めに応じて「釈迦誕生節」の名称を，漢字語ではなく純粋な韓国語である「仏様がいらっしゃった日」に変更することを新たに公約に掲げました。この公約は当選後に実行しています。

## 3　兵役問題

検査と判定　　　韓国では国民の義務として男子に兵役が課せられています。兵役判定検査により，1級から7級の等級に分類され，1～3級が「現役（兵）」として軍務に就くことになります。

　4級は「補充役（社会服務要員）」として，軍隊ではなく国の機関や地方自治体，公共団体，社会福祉施設などで，社会サービスや行政事務の業務補助に従事します。検査で現役兵としての服務が困難と判定されたわけですが，休みも多く，自宅から通うことができ，過酷な軍事訓練や任務は課せられないため，できれば補充役に回りたいというのが多くの男子の本音でしょう。

　5級は「第二国民役」で，有事のさいに出動し物資運搬などの後方支援を行います。事実上の兵役免除です。永住権や外国籍を持つ

者，孤児，性同一性障がい（トランスジェンダー），一部の実刑宣告者，自閉症などの発達障がいを持つ者，体格指数（BMI：体重〔kg〕を身長〔m〕の2乗で割った数値）が14未満や50以上の場合などが該当します。報道によると，たとえば身長が175 cmの男性であれば，体重が42.8 kg以下，あるいは153.2 kgを超えている場合であり，該当者になるのはかなり難しい基準です。これは，兵役免除を受けるため，徴兵検査の前に体重を意図的に増やしたり減らしたりする事例が後を絶たず，基準が厳しくなったからです。

6級は兵役免除で，1～5級までの服務が困難な疾病や心身の障がいを持つ者，脱北者などがその対象です。脱北者は志願すれば入隊できます。これまでに空軍と海兵隊に2人の脱北者が入隊しています。7級は再検査対象者です。

なお，韓国の履歴書には兵役満了の可否を記載する欄があり，就職活動をする際は，兵役の区分，免除理由などを必ず申告しなければなりません。

兵役期間は，大統領選を重ねるたびに短くなってきました。文在寅政権は大統領選での公約どおり，2020年3月までに陸軍は現行の21カ月から18カ月に，海軍は2年2カ月から1年8カ月に，空軍は2年3カ月から1年10カ月に兵役期間を短縮することを決定しています。

次に，兵役特例者をキーワードに，多様な韓国人が兵役問題とどう向き合っているのかをみていきましょう。

### 在日コリアンと国際結婚家庭の子ども

日本には現在，約45万人の在日コリアンが居住しています（「国籍・地域別 在留資格（在留目的）別 在留外国人」統計センター，2018年6月）。在日コリアンの歴史や現状を

知る韓国人は，そう多くありません。そのため，よく知らない韓国人のなかには「在日コリアンは韓国籍なのに兵役が免除されているのはなぜなのだ，不公平だ」と言う人もいます。「兵役法」に基づき，韓国国籍を有する男子には兵役義務が課されています。これは韓国外に居住している韓国国籍者に対しても適用されます。しかし，兵役法が規定する「在外国民2世」と認定されれば，在日コリアンに兵役が課されることはありません。

在外国民2世とは，外国で出生した場合や，満6歳以前から外国に両親と一緒に継続して居住し本人と両親がその国の国籍や市民権，永住権などを取得している場合，韓国の小・中・高校在学歴が通算3年以内の場合，韓国籍であっても特例として兵役の義務を事実上免除する制度です。これは登録制で，自動的に与えられるものではなく各国の領事館に申請しなければ認められません。また，永住する目的で韓国に帰国した場合や，住民登録を行い韓国に滞在する場合には兵役の義務が生じます。

兵役の公平性が年々問題になるなか，2012年から施行された改正兵役法により，1994年1月1日以降に生まれた男子については，7歳から17歳までの間に，1年につき通算90日以上韓国に滞在した場合，18歳から37歳までの期間は，韓国に通算3年間滞在したのち，さらに6カ月以上韓国に滞在すると，「在外国民2世」とは認められなくなります。韓国国内の大学や語学学校での修学や留学の期間に限っては国内滞在期間としてカウントされませんが，旅行や休暇，出張などで往来していると，気づかないまま3年を超えてしまう場合があります。本人のみならず，両親が通算3年の韓国滞在歴を超えて，さらに6カ月以上滞在した場合も同様に「在外国民2世」と認められなくなります。「在外国民2世」の資格を

喪失することになると，兵役義務が課せられる可能性が高まります。

　つまり，1994 年 1 月 1 日以降に生まれた韓国籍の在日コリアン男子は，韓国で生活，または働こうと思っても，最大で 3 年 6 カ月未満しか韓国にいられないということになります。日本から韓国に海外転勤になった場合でも，韓国で結婚して現地で暮らそうと思っても同様に，兵役を果たさない限りは期限付きの滞在しかできません。

　こうした制度改正に対し，韓国での留学を終えて，そのまま韓国で就職しようと考えていたある在日コリアンは，「兵役に行かないなら，韓国民として認めない。日本に帰化しろと言っているようなものだ」と憤っていました。

　一方，韓国では 2000 年以降国際結婚が急増し，2016 年現在，約 20 万人の国際結婚家庭の子弟，いわゆるハーフ（ダブル）の子どもたちが国内に居住しています。国際結婚家庭の子どもで両親のどちらかが韓国籍の場合，兵役はどうなるでしょうか。韓国も日本も国籍の取得においては，出生した国の国籍が付与される出生地主義ではなく，親の国籍を継承する血統主義をとっています。そのため，韓国人と日本人との間にできた子どもは，どこで生まれようと出生届が出された時点で韓国籍と日本国籍の二重国籍になります。もし出生地主義の米国で出生した場合は，米国籍も得られるので三重国籍になります。

　韓国では，出生など先天的な理由で重国籍になった男子の場合，満 18 歳になる年の 3 月末までにひとつの国籍を選択しなければなりません。その際，韓国の国籍を放棄し国籍離脱申告をしない場合には韓国籍が維持されるので，兵役義務を履行しなければなりません。さらに，兵役を果たさない限り，満 37 歳で兵役義務が免除さ

れる時点まで，韓国籍を離脱することはできなくなります。

　そのため，韓国で暮らしている日韓国際結婚家庭のなかには，息子に日本国籍を選択させようとするケースもあります。その場合，韓国で生まれ育ち，生活拠点は韓国にあっても日本国籍を持つ外国人として生活することになります。

　以前は，肌の色などにより，外見上ハーフ（ダブル）であることが明らかにわかる場合，容貌が異なることにより諸々の問題が生じるという理由で徴兵対象から外されていました。こうした規定は2010 年の法改正で削除されました。背景にあるのは，国際結婚家庭の急増と，急速な少子化の進行です。これにともない，1992 年1 月 1 日以降に生まれた韓国籍を持つ国際結婚家庭の子どもは，容貌や肌の色とは関係なく兵役賦課の対象者となっています。韓国国防省は，国際結婚家庭の子どもを「多文化兵士」と称し，彼らを「大事な兵役資源」とみなしています。もし国際結婚家庭の子どもを徴兵対象外とすれば，2029 年には兵力が 3 万人不足するとまで言い切っています。

**財閥ファミリー**　　韓国は今なお移民送出国です。以前と比べて減ってはいますが，英語圏はもちろんのこと，東南アジアやアフリカ，最近は北欧へと海外への移民が絶えることはありません。米国だけでも約 170 万人のコリアン・アメリカンが居住しています。満 18 歳になる前に韓国籍を放棄し米国市民権者となった場合でも，ほとんどすべての就業が許容される「F-4 ビザ」と呼ばれる「在外同胞ビザ」を取得すれば，韓国で自由に経済活動ができます。

　そのため，富裕層のなかには臨月が近づくと，わざわざ出生地主義をとる外国に行って子どもを産む「遠征出産」が後を絶たず，義

望と批判の的になってきました。最大財閥サムスングループの事実上のトップ，李在鎔（イ ジェヨン）の2人の子どもも米国生まれで，財閥ファミリーの国籍は，米国の市民権者など韓国籍でない場合が少なくありません。

　とりわけ財閥3世にあたる子どもは，重国籍や外国籍が目立ちますが，その親の世代，つまり財閥2世の御曹司たちは兵役の義務を果たしたのでしょうか。兵務庁によれば，サムスン，現代（ヒョンデ），LG，GS，SK，ロッテ，韓進グループなど国内11の財閥家の成人男性のうち，1960年代生まれの兵役免除率は37％，70年代生まれは41.7％でした。「一般」国民の免除率は，60年代生まれが30.5％，70年代生まれが18.3％ですから，不自然に免除率が高いことは一目瞭然です。前述したサムスングループの経営トップである李在鎔は，ゴルフはプロ級，飛行機で世界中を飛び回る生活ですが，「入隊できないほど」深刻な椎間板ヘルニアが理由で兵役免除判定を受けています。「兵役免除者は神の子，補充役は将軍の子，現役（兵）は闇の子」といわれるゆえんです。

　兵役法は悪質な兵役逃れの発覚などの問題が起きるたびに改正が重ねられ現在に至ります。富裕層といえども兵役免除に関わる不正は，以前ほどあからさまには行うことが難しくなっています。そんななか，過酷な訓練で知られる海軍に志願して入隊し，職業軍人となった財閥3世が大変な話題となりました。父親は総資産34億ドル（約3600億円）の富豪であり，財閥ランキング3位のSKグループ総帥，母親は盧泰愚元大統領の長女という，韓国ドラマに出てきそうな大財閥の家に生まれた崔敏静（チェミンジョン）は，約3年間，海軍中尉として軍服務を果たしました。ちなみに崔敏静は，男性ではなく「女性」です。

## コラム⑬──良心的兵役拒否者

　韓国にも，良心的兵役拒否者と呼ばれる人々がいます。韓国では，これまで1万9000人余りが良心的兵役拒否により処罰を受けており，その大半が「エホバの証人」の信者です。宗教的な理由などで兵役を拒否した場合，3年以下の懲役刑となり，年間400〜600人が「懲役1年6カ月」の実刑に処せられてきました。そうした状況に対し，韓国の人権団体や国家人権委員会，国連の自由権規約委員会や国際アムネスティなどは，韓国政府に対し，良心的兵役拒否を認め，代わりに病院や療養機関などの公的な福祉分野で服務する代替服務制度を導入するよう勧告してきました。

　兵役を理由に，難民申請をする者もいます。当時20歳だったイ・エダは2012年にフランスに観光客として入国し，仏政府に，「兵役拒否者は収監され，社会的に迫害を受ける」と難民申請をし，11カ月後に認定されました。それまで，性的マイノリティであることや，特定の宗教的な理由で申請が認

### スポーツ選手と芸術家

　次にスポーツ選手です。韓国では，オリンピックなどでメダルを獲得すると，政府や自治体，各競技協会，スポンサー企業などから多額の報奨金が出ます。さらに，メダルの色に応じて月々約5万〜10万円の年金が生涯支給されます。そして，男性メダリストにとって重要なのは，メダルを獲得することで，兵役免除の恩恵が受けられることです。

　現行の兵役法によれば，「スポーツ要員」の特例として，五輪で銅メダル以上，アジア競技大会で金メダルを獲得した場合，事実上の兵役免除である補充役に編入されます。4週間の基礎軍事訓練を終えれば，競技を継続することができます。選手にとって，キャリアの全盛期に兵役で2年近い空白が生じるのは選手生命の危機です。サッカー選手や野球選手の場合，兵役問題をクリアしなければ海外移籍もままならず，米国のメジャーリーグや欧州のトップリーグで

プレーする夢はついえてしまいます。

2002 年のサッカーのワールドカップでベスト 4 入りを果たした韓国代表選手は，特例により兵役免除となりました。しかし，こうした特別待遇は不公平だとの声が高まり，その後はワールドカップにともなう兵役免除は認められなくなりました。そのため，韓国の男性選手は，とにもかくにも五輪かアジア大会でメダルを獲得しなければ選手生命は終わるという悲壮な覚悟と壮絶な思いで試合に臨んでいます。

韓国のピアニスト，チョ・ソンジンは，5 年に 1 度ポーランドで開催される世界最高峰のショパン国際ピアノ・コンクールで，2015 年に韓国人として初めて優勝し，一躍世界にその名を知られるようになりました。彼はまた，15 歳の時に浜松国際ピアノ・コンクールで過去最年少の 1 位（2009 年），11 年にはチャイコフスキー国際コンクールのピアノ部門でも第 3 位を獲得しています。こ

れらの賞歴により，チョ・ソンジンは基礎軍事訓練のみ受ければよい「芸術要員」の特例者と認定され，事実上の兵役免除となっています。

そのほかにも，兵務庁が定めるクラシック音楽，バレエ，現代舞踊などの国際芸術コンクールで2位以上，国楽などの国内コンクールで1位になると，「芸術要員」の特例者に選抜されることがあるため，アーティスト生命をかけて死に物狂いで臨みます。

そのほかの分野でも，韓国が誇る囲碁棋士で歴代最高，世界最強と呼ばれた李昌鎬（イ チャン ホ）は，あまりの強さに国会議員たちが動き，彼を兵役特例者とするために兵役施行令の規定変更がなされました。李昌鎬は15歳の時に最年少で世界タイトルを獲得し，2000年代まで世界の頂点に君臨した囲碁界のレジェンドです。1995年に4週間の軍事訓練を受けた後，通常の活動を継続し世界囲碁選手権など連覇を重ねました。

とはいえ，特定の芸術分野の人材だけを優遇するのは，兵役義務の公平性に欠けるとの批判もあります。また，防弾少年団（BTS）が世界的にブレイクしたことにより，「大衆音楽（K-POP）」は特例から外されているのはおかしいという声が上がりはじめたこともあり，兵務庁は兵役の特例制度を見直すことを表明しています。

## 4 災害と危機管理

セウォル号沈没と
MERS

2014年4月，旅客船セウォル号が韓国南西部の珍島沖で沈没し，299人が死亡，5人が行方不明となる大

惨事が発生しました。事故の直接的な原因は，船の違法な増改築や積み荷オーバー，ずさんな安全点検，運航の過失などでしたが，政府の初動対応が遅く救助活動が不十分であったことが被害を拡大させました。299 人の犠牲者のうち，116 人は修学旅行中だった高校生でした。

多くの若い命が奪われた人災ともいえるセウォル号沈没が韓国社会に与えた衝撃は甚大でした。韓国中が追悼の雰囲気に包まれ，イベントのキャンセルが相次ぎました。海底に沈んでいった亡き高校生のことを想い，我が子を亡くしたかのように嘆き悲しむ年配層の姿が韓国中で見られました。

2015 年には，MERS（中東呼吸器症候群）に感染した男性が中東から韓国に帰国した際，ウイルスが持ち込まれ，約 2 カ月の間に死亡者 38 人，感染者 186 人が発生しました。感染予防対策が不十分であったため，MERS の大規模感染による混乱はすさまじく，各種イベントや旅行などは相次ぎキャンセルとなり，休校となる学校もありました。韓国を訪れる旅行客も激減しました。

問題となったのは，感染者との接触者を把握できないといった政府の初動対応のまずさや，隔離などの措置が適切になされなかったという防疫体系のお粗末さでした。最初の感染者が発生した病院で，感染の拡散を食い止めるための措置がきちんとなされず，政府は混乱を避けるためという名目で，どの病院で患者が発生したかという情報すら公表しませんでした。結局 MERS は大災害となり，国家への不信感が増長される結果となりました。

国民の安全を脅かす大規模災害が起きるたびに「もう韓国では暮らせない」「移民に行きたい」と叫ぶ韓国人の姿が見られます。危機管理体制の不備や，不適切な対応をした政府の責任は重大です。

ただ違う角度から見れば，構造的な問題が災害の引き金となっているという事実が浮かび上がります。リスク管理は個人でしろといわんばかりの政府の対応は問題ですが，個人の利益しか考えない公共性の欠如，個人の危機管理意識の低さが原因で起きてしまった災害もあります。

構造的な問題　　　　　　　　セウォル号沈没の惨事では，乗客に船内待機を指示しておきながら船員は真っ先に脱出しました。船内に残された修学旅行中の高校生をはじめ，沈没する船体で恐怖におののく乗客たちに対しては「そのまま動かないでじっとしていてください」という船内放送が繰り返し流されました。乗客を残して逃げ出した船長が，船の様子を案じる風もなく濡れたお札をいそいそと乾かす様子が報道され，世間を啞然とさせました。さらに，その無責任極まりない船長は 68 歳の非正規雇用で，乗組員 15 人のうち 7 人も低賃金で乗務経験も十分でない非正規雇用であったことがわかり，やり場のない怒りと嘆きが渦巻きました。

　惨事では行方不明者を含む 304 人が溺死しました。実際には多くの高校生が船体とともに海の底に沈んでいったにもかかわらず，公共放送の KBS や公営放送の MBC は，きちんと事実確認もしないまま，「全員無事救助」という誤報を流し続けました。このことは救助の初動体制に甚大な悪影響を及ぼしたと言われています。

　MERS 感染がわかったときも，感染者はきちんと隔離されませんでした。保菌者がいる病棟は患者の家族や看病人でごった返しており，またたく間に外部への感染が広がることになりました。患者の家族の多くは，見舞いよりは患者の世話をするために病院に来ていた人です。韓国では看護師の数が十分でなく，また身体に関わる

ケアは看護師の仕事ではないとされるため，患者を着替えさせたり食べさせたり，身体を拭いたり体位を変えたりといったケアは，家族または家族から雇われた看病人が行います。そもそも拡大志向の大病院は病床を増やすために，大部屋に複数の患者がひしめき合っています。直接的あるいは間接的に MERS 感染者と接触して二次感染の疑いで隔離されたにもかかわらず，その多数は無断で外出し，なかにはゴルフに出かけた隔離者もいました。

　過去にも，手抜き工事が原因とされる，5 階建ての高級デパートが営業中に突然崩壊したり，漢江に架けられた大橋が崩落したりした大惨事がありました。短期間で急速に近代化を推し進めるために浸透した「パルリパルリ（早く早く）文化」と揶揄される風土にも問題があります。とにかく早期に目に見える成果を出すことが優先され，きちんと段階を踏んだ手続きや綿密な計画に基づくプロセスをすっ飛ばして短期間で物事を進めようとするため，細部の詰めが甘く，安全性の確認もおざなりという結果に陥りやすいのです。災害による被害を最小限にとどめることは国家の責任ですが，こうした複合的かつ構造的な問題が背後にあるかぎり，同じ事故が繰り返される恐れがあります。

　初動対応の失敗を検証し災害を通じた教訓を忘れないこと，初動対応の失敗をきちんと検証することが，二度と同じことを起こさないようにするためには重要です。個人の危機管理意識の向上も課題といえます。この点に関しては，日本で暮らす私たちにとっても他人事ではないといえます。

## 参 考 文 献

浅見雅一・安廷苑『韓国とキリスト教——いかにして“国家的宗教”に
　なりえたか』(中公新書, 2012 年)

ウェールズ, ニム, キム・サン (松平いを子訳)『アリランの歌——ある
　朝鮮人革命家の生涯』(岩波文庫, 1987 年)

川添裕子『美容整形と＜普通のわたし＞』(青弓社, 2013 年)

権仁淑 (山下英愛訳)『韓国の軍事文化とジェンダー』(御茶の水書房,
　2006 年)

崔実『ジニのパズル』(講談社, 2016 年)

澤田克己『韓国「反日」の真相』(文春新書, 2015 年)

春木育美「韓国の徴兵制と軍事文化の中の男性と女性」(韓国・朝鮮文化
　研究会編『韓国朝鮮の文化と社会　10』風響社, 2011 年)

# ブックガイド

第 1 部　歴史

①水野俊平『庶民たちの朝鮮王朝』角川選書，2013 年。

　韓国の時代劇をみると朝鮮王朝は固有文化の咲き誇るきらびやかな時代だったと錯覚してしまいますが，実際はどうだったのでしょうか。本間九介著，クリストファー・W・A・スピルマン監修『朝鮮雑記』（祥伝社，2016 年）とあわせて読むことで，テレビドラマには描かれない（描けない）リアルな庶民の暮らしを垣間見ることができます。

②加藤聖文『「大日本帝国」崩壊——東アジアの 1945 年』中公新書，2009 年。

　日本が太平洋戦争に敗れた 1945 年の様子を，東京だけでなく，京城，台北，重慶，新京，南洋群島，樺太から描き出しています。「大日本帝国」が崩壊して東アジアが現代へと移行する過渡期を立体的にとらえるためには必読の書です。

③木村幹『韓国現代史——大統領たちの栄光と蹉跌』中公新書，2008 年。

　李承晩から李明博まで，歴代大統領の「目」を通して韓国の現代史を描いています。済州島 4・3 事件や光州事件など民衆に焦点を当てた文京洙『韓国現代史』（岩波新書，2005 年）とあわせて読むことをオススメします。

第 2 部　政治

④四方田犬彦『われらが＜他者＞なる韓国』平凡社ライブラリー，2000 年。

　朴槿恵大統領の弾劾・罷免について，韓国政治は不安定で，劣っていると形容する人がいます。一方，不正な権力者を国民が自ら放逐したの

は民主主義の成熟にほかならず，日本もみならうべきだと称賛する人も
います。どちらも韓国の等身大の姿というより，「われら」の願望が投影
されているだけなのは，1979 年に 20 代だった著者が日本語教師として
韓国に赴いた頃と何も変わっていません。韓国を論じることは「われら」
を問うことでもあるのです。

⑤趙世暎『日韓外交史——対立と協力の 50 年』（姜喜代訳）平凡社新書，
2015 年。

　韓国外交部で東北アジア局長などを歴任した「ジャパン・スクール」
の外交官が執筆した日韓関係の通史。2019 年 5 月に第 1 次官に就任。李
鍾元・木宮正史・磯崎典世・浅羽祐樹『戦後日韓関係史』（有斐閣アルマ，
2017 年）とあわせて読むと，事実関係に関する基本的な知識と日韓双方
のスタンダードな見方を知ることができます。日韓関係に限らず，歴史
をめぐっては複数の perspectives が常にあるため，他者の視点取得（per-
spective-taking）と内在的な理解が欠かせません。

⑥礒﨑敦仁・澤田克己『新版北朝鮮入門——金正恩体制の政治・経済・
社会・国際関係』東洋経済新報社，2017 年。

　在中国日本大使館での実務経験を有する中堅の研究者とソウルやジュ
ネーブで特派員を歴任した記者によるコラボレーション。金正恩体制，
経済，社会，南北朝鮮関係，日朝関係，中朝関係，核ミサイル開発など
利害＝関心事（interests）を網羅しています。旧版から 7 年でアップデ
ートされましたが，私たちの知的インフラこそ「OS」の更新が欠かせま
せん。近年，社会科学でも共同研究が一般的になっているなかで，異業
種間コラボのかたちとしても先駆的です。

第 3 部　社会

⑦石坂浩一・福島みのり編『現代韓国を知るための 60 章〔第 2 版〕』明
石書店，2014 年。

　韓国の政治・社会・経済・文化とあらゆる分野を幅広く理解するため
の入門書です。写真やグラフなども含めてわかりやすく工夫されており，

章ごとに参考文献も掲載されています。さらに特定の分野について知りたい人にもおすすめの本です。2000年の旧版（55章）を新たな資料や研究動向をふまえて補完・修正した新版で、『現代韓国を知るための55章』『韓国の暮らしと文化を知るための70章』とあわせて読むと、理解が深まります。

⑧韓国経済新聞『韓国はなぜ危機か』（豊浦潤一訳）中公新書ラクレ、2016年。

　少し刺激的なタイトルですが、話題作の日本語版・翻訳書です。2015年に韓国経済新聞社が出版した『大韓民国希望探し（壊れた大韓民国、改革なしに未来はない)』という韓国語版が元になっています。韓国社会に向けて警鐘を鳴らすために特別版として執筆された自己診断書で、韓国では大きな反響を呼びました。市民5000人、識者400人へのアンケートを分析した本書は、韓国の多様な争点や側面を実証的に解明しています。

⑨春木育美・薛東勲編『韓国の少子高齢化と格差社会——日韓比較の視座から』慶應義塾大学出版会、2011年。

　韓国は先進国へと飛躍する一方で、新たな社会問題に直面しています。韓国社会が直面する3つの課題（少子高齢化、格差社会、多文化共生）についての、日韓の研究者による現状分析と問題提起が、共通の課題を持つ日本に重要な示唆を与えてくれます。慶應義塾大学東アジア研究所の現代韓国研究センターによるプロジェクトの一環として、日韓の若手・中堅研究者による共同研究の成果をまとめた専門書です。

第4部　文化

⑩木宮正史『ナショナリズムから見た韓国・北朝鮮近現代史』講談社、2018年。

　南北朝鮮の近現代史をナショナリズムの切り口から論じた力作です。日本の植民地支配から南北分断を経て現在にいたるまで、韓国と北朝鮮において、ナショナリズムがどう変容してきたのかたどることで、韓

国・北朝鮮の現代史を連続した時間軸で理解することができます。ナショナリズムの多面性と変容，背景を論じた一連の分析から，「国民」を統合し分断国家としての存立基盤を示すために，韓国と北朝鮮がそれぞれの時代的要請に即したナショナリズムをつくりあげ，鼓舞してきたということがよくわかります。

⑪崔俊植『やさしい韓国文化の話 52 ——チョガクポから儒教まで』（崔京国・荒井淑子訳）かんよう出版，2016 年。

　本書はもともと韓国人向けに，自国の伝統文化を理解できるように書かれたものですが，平易な言葉で簡潔に説明しているために読みやすく，韓国文化の豊かさや生活世界が感じられる好著です。知っていそうで知らない伝統文化や暮らしぶりが，写真とともに網羅されており，ページをめくるごとに新しい発見があるでしょう。さらに深く知りたくなった読者には，伊藤亜人監訳・川上新二編訳『韓国文化シンボル事典』（平凡社，2006 年〔原著は，韓国文化象徴辞典〕）をあわせて読まれることをおすすめします。

⑫ニム・ウェールズ，キム・サン『アリランの歌——ある朝鮮人革命家の生涯』（松平いを子訳）岩波文庫，1987 年。

　1905 年に朝鮮で生まれ，33 歳の若さで中国共産党によって処刑された，キム・サンという名の朝鮮人革命家の波乱に満ちた短い生涯を綴った名著です。キム・サンのライフヒストリーを通じて，当時の朝鮮の人々の信念や愛，葛藤や悩み，苦しみといった心象風景が，実に鮮やかに浮かび上がり，胸を打ちます。人は往々にして自分の立ち位置からでしか他者を理解できないものですが，植民地の被支配者であった当時の朝鮮の人々の心情を知るうえで，植民地時代を生きた個人のライフヒストリーをひもとくことはたいへん有用です。

韓国をより深く理解するのに役立つリスト

　　　　創作物には性質上脚色がなされていることに留意して鑑賞してください。

映画編（作品名，監督，日本公開年）

① 『あなた，その川を渡らないで』チン・モヨン，2016 年。

② 『怪しい彼女』ファン・ドンヒョク，2014 年。

③ 『1987，ある闘いの真実』チャン・ジュナン，2018 年。

④ 『おばあちゃんの家』イ・ジョンヒャン，2003 年。

⑤ 『王になった男』チュ・チャンミン，2013 年。

⑥ 『カエル少年失踪殺人事件』イ・ギュマン，2012 年。

⑦ 『京義線　レイルウェイ・ラブ』パク・フンシク，未公開（2007 年韓国
　　公開）。

⑧ 『クロッシング』キム・テギュン，2010 年。

⑨ 『KT』阪本順治，2002 年。

⑩ 『建築学概論』イ・ヨンジュ，2013 年。

⑪ 『高地戦』チャン・フン，2012 年。

⑫ 『国際市場で逢いましょう』ユン・ジェギュン，2015 年。

⑬ 『殺人の追憶』ポン・ジュノ，2004 年。

⑭ 『サニー　永遠の仲間たち』カン・ヒョンチョル，2012 年。

⑮ 『JSA』パク・チャヌク，2001 年。

⑯ 『シュリ』カン・ジェギュ，2000 年。

⑰ 『シルミド』カン・ウソク，2004 年。

⑱ 『太白山脈』イム・グォンテク，2000 年。

⑲ 『タクシー運転手　約束は海を越えて』チャン・フン，2018 年。

⑳ 『小さな池　1950 年・ノグンリ虐殺事件』イ・サンウ，2011 年。

㉑ 『チェイサー』ナ・ホンジン，2008 年。

㉒ 『トガニ　幼き瞳の告発』ファン・ドンヒョク，2012 年。

㉓ 『飛べ，ペンギン』イム・スルレ，2010 年。

㉔ 『夏物語』チョ・グンシク，2007 年。

㉕ 『7 番房の奇跡』イ・ファンギョン，2014 年。

㉖『ノーザン・リミット・ライン　南北海戦』キム・ハクスン，2016 年。

㉗『拝啓，愛しています』チュ・チャンミン，2012 年。

㉘『はちみつ色のユン』ユン／ローラン・ボアロー，2012 年。

㉙『バッカス・レディ』イ・ジェヨン，2017 年。

㉚『ハナ──奇跡の 46 日間』ムン・ヒョンソン，2013 年。

㉛『パラサイト　半地下の家族』ポン・ジュノ，2020 年公開予定。

㉜『ハロー⁉　ゴースト』キム・ヨンタク，2012 年。

㉝『ブラザーフッド』カン・ジェギュ，2004 年。

㉞『ベテラン』リュ・スンワン，2015 年。

㉟『ペパーミント・キャンディー』イ・チャンドン，2000 年。

㊱『弁護人』ヤン・ウソク，2016 年。

㊲『もしもあなたなら　6 つの視線』イム・スルレほか，2005 年。

㊳『ラブストーリー』クァク・ジェヨン，2004 年。

㊴『私の頭の中の消しゴム』イ・ジェハン，2005 年。

㊵『悪いやつら』ユン・ジョンビン，2013 年。


文学編

①高銀『いま，君に詩が来たのか』青柳優子ほか訳，藤原書店，2007 年。

②パク・ミンギュ『カステラ』ヒョン・ジェフン／斉藤真理子訳，クレイン，2014 年。

③ハン・ガン『菜食主義者』きむふな訳，クオン，2011 年。

④ハン・ガン『少年が来る』井手俊作訳，クオン，2016 年。

⑤キム・エラン『どきどき僕の人生』きむふな訳，クオン，2013 年。

⑥朴景利『土地　完全版』（全 20 巻）吉川凪・清水知佐子訳，クオン，2016 年〜。

⑦パク・ミンギュ『亡き王女のためのパヴァーヌ』中川美津穂訳，クオン，2015 年。

⑧キム・エラン『走れ，オヤジ殿』古川綾子訳，晶文社，2017 年。

⑨チョ・ナムジュ『82 年生まれ，キム・ジヨン』斉藤真理子訳，筑摩書房，2018 年。

⑩申京淑『離れ部屋』安宇植訳，集英社，2005 年。

⑪申京淑『母をお願い』安宇植訳，集英社文庫，2011 年。

⑫チョ・ナムジュ／チェ・ウニョンほか『ヒョンナムオッパへ——韓国フェミニズム小説集』斉藤真理子訳，白水社，2019 年。

⑬チョン・イヒョン『マイ　スウィート　ソウル』清水由希子訳，講談社，2007 年。

⑭李光洙『無情』波田野節子訳，平凡社，2005 年。

⑮キム・ヘジン『娘について』古川綾子訳，亜紀書房，2018 年。

⑯パク・ヒョンウク『もうひとり夫が欲しい』蓮池薫訳，新潮社，2008 年。

⑰姜英淑『ライティングクラブ』文茶影訳，現代企画室，2017 年。

⑱姜英淑『リナ』吉川凪訳，現代企画室，2011 年。

⑲孔枝泳『私たちの幸せな時間』蓮池薫訳，新潮社，2007 年。

⑳李文烈『われらの歪んだ英雄』藤本敏和訳，情報センター出版局，1992 年。

ブックガイド　　287

# 索　引

## 人名索引

●著者紹介

新城道彦（しんじょう みちひこ）
　フェリス女学院大学国際交流学部准教授

浅羽祐樹（あさば ゆうき）
　同志社大学グローバル地域文化学部教授

金　香男（きむ ひゃんなむ）
　フェリス女学院大学国際交流学部教授

春木育美（はるき いくみ）
　早稲田大学韓国学研究所招聘研究員

知りたくなる韓国
*Korean Studies for Beginners*

2019 年 7 月 5 日　初版第 1 刷発行
2020 年 11 月 15 日　初版第 5 刷発行

| | | | | |
|---|---|---|---|---|
| | 新 | 城 | 道 | 彦 |
| 著　者 | 浅 | 羽 | 祐 | 樹 |
| | 金 | | 香 | 男 |
| | 春 | 木 | 育 | 美 |
| 発 行 者 | 江 | 草 | 貞 | 治 |
| 発 行 所 | 株式会社 | 有 | 斐 | 閣 |

郵便番号101-0051
東京都千代田区神田神保町 2 - 17
電話(03) 3264 - 1315 〔編集〕
　　(03) 3265 - 6811 〔営業〕
http://www.yuhikaku.co.jp/

印刷・大日本法令印刷株式会社／製本・大口製本印刷株式会社
© 2019, M. Shinjoh, Y. Asaba, H. Kim, I. Haruki. Printed in Japan
落丁・乱丁本はお取替えいたします。

★定価はカバーに表示してあります。

ISBN 978-4-641-17449-8